幼儿园活动设计指导丛书

丛书主编 卓萍 金东波

幼儿园科学活动设计案例

主 编 吴伟俊 成 静
副主编 彭代斌 徐 竽 李 敏 刘春苗

WUHAN UNIVERSITY PRESS
武汉大学出版社

图书在版编目(CIP)数据

幼儿园科学活动设计案例/吴伟俊,成静主编.—武汉:武汉大学出版社,2018.3

幼儿园活动设计指导丛书/卓萍,金东波主编

ISBN 978-7-307-19984-2

Ⅰ.幼…　Ⅱ.①吴…　②成…　Ⅲ.科学知识—教学研究—学前教育　Ⅳ.G613.3

中国版本图书馆 CIP 数据核字(2018)第 017922 号

责任编辑:罗晓华　　　责任校对:汪欣怡　　　版式设计:韩闻锦

出版发行:**武汉大学出版社**　(430072　武昌　珞珈山)

(电子邮件:cbs22@whu.edu.cn 网址:www.wdp.com.cn)

印刷:湖北金海印务有限公司

开本:787×1092　1/16　印张:21.5　字数:481 千字　插页:1

版次:2018 年 3 月第 1 版　　2018 年 3 月第 1 次印刷

ISBN 978-7-307-19984-2　　定价:46.00 元

幼儿园活动设计指导丛书
丛书主编　卓萍　金东波

教材编委会名单

WUHAN UNIVERSITY PRESS
武汉大学出版社

序　　言

高职高专学前教育专业培养的是适合幼儿园需要的“高素质、牢基础、强能力、有特长”的应用型专门化人才，应该构建“多形式、全过程、高质量、全覆盖”的实践教育体系，把学生的实践能力培养融于师范教育的全过程，把职场适应贯穿于整个专业学习的全过程，着力提升学前教育专业学生的学习能力、实践能力和创新能力。

我国《现代职业教育体系建设规划（2014—2020年）》（教发〔2014〕6号）明确提出“坚持产教融合发展推动专业设置与产业需求、课程内容与职业标准、教学过程与生产过程对接”，“将工学结合贯穿职业教育教学全过程，学生从入学开始就接受相应的动手和实践课程”。这就明确了实践教学是职业教育质量保障体系中非常重要的教学环节。

《幼儿园教师专业标准（试行）》（以下简称《专业标准》）在实施建议中明确指出“幼儿园教师要将《专业标准》作为自身专业发展的基本依据。制定自我专业发展规划，爱岗敬业，增强专业发展自觉性”。教师专业发展规划不但适用于在职教师，也适用于在校师范生。所谓专业发展，从教师个体角度理解，是指教师个体知能素质的完善和社会环境适应能力的增强。个体专业发展有两个维度，一是自身素质结构与工作岗位的要求相互磨合、不断适应，这是个体内在品质的完善过程；二是在职业生涯进程中个体不断适应社会环境和工作经验逐步丰富的过程，这是个体外在行为的规范过程。

专业发展规划对于学前教育专业毕业生来讲，实际上是一种职业生涯规划。《专业标准》对学前教育专业的独特性有着明确的“专业导向”，即：幼儿园教师必须具备综合性的教育支撑能力，包括创设和利用环境、安排和组织一日活动、支持和引导幼儿游戏、计划和实施教育活动四种职业核心能力，激励与评价、沟通与合作、反思与发展三种教育方法能力，观察、沟通、评价、合作四种专业行为能力，以及幼儿教师必备的为幼儿提供适宜教育的意识和能力。

《专业标准》具有鲜明的专业实践能力导向，而实践教学的目的就是有效提高学前教育专业学生理论与实践相结合、教育实践和反思的能力，使学生在毕业时能够适应幼儿园一线教育教学工作的实际需要，更是为学生入职指导、幼儿教师专业化成长和职业可持续发展奠定良好的基础。

《幼儿园教育活动设计与指导》是学前教育专业学生的核心课程，在学前教育专业课程中起到承上启下的作用，是学前教育理论和学前教育实践的中介和桥梁。幼儿园教育活动设计与指导能力是高职高专学前教育专业学生必须具备的核心能力。

幼儿园教育活动设计立足于学前卫生学、学前心理学、学前教育学、儿童行为观察与指导等专业理论知识，将课程理论与教学设计相结合，既是系统地对活动主题、目标、内容、活动过程以及评价进行科学的设计和有效的教学指导活动，又是在学生具备相应的专业技能，即说、弹、唱、跳、画的基础上，围绕某一活动主题进行设计并通过校内课堂理实一体化、校外教育见实习加以实施的实践活动。活动设计课程目标是：学习、了解基本概念和基本知识，掌握五大领域课程的理论体系和活动案例；学会利用多种途径收集、整理资料，运用案例分析、模拟试教、实境课堂、保教实习等方法，解决幼儿园教育活动实际的问题，凸显实践运用能力，这种能力必须在实践中经过持久淬砺才能获得。

《教育部关于大力推进教师教育课程改革的意见》提出“精选对培养优秀教师有重要价值的课程内容，将学科前沿知识、教育改革和教育研究最新成果充实到教学内容中，特别应及时吸收儿童研究、学习科学、心理科学、信息技术的新成果。要将优秀中小学教学案例作为教师教育课程的重要内容”。目前有些活动设计教材的理论观点滞后，难以反映学前教育的政策和发展动态信息，不能达到《教师教育课程标准（试行）》《幼儿园教师专业标准（试行）》《中小学和幼儿园教师资格考试标准（试行）》《3—6岁儿童学习与发展指南》对学前教育专业实践能力的新要求，有的活动设计教材理论知识描述太多，教学活动案例太少，无法提供优质的幼儿园实践的范例。

《幼儿园活动设计指导丛书》是按照职业教育发展的指导思想，根据国家颁布的《幼儿园教育指导纲要》《幼儿园教师专业标准》《3—6岁儿童学习与发展指南》等相关文件的要求，根据学前教育专业的人才培养目标和培养规格编写的符合学前教育专业特点和幼教岗位实际需求的核心课程——“幼儿园活动设计”的训练指导教材。力求比较全面地反映国家教师教育和职业教育发展倡导的教育教学改革的新理念和新要求，同时在吸收学前教育专业课程改革优秀成果的基础上，努力完善学前教育专业“幼儿园活动设计”课程的实践教学体系。

《幼儿园活动设计指导丛书》一共有六册，涵盖了五大领域的内容，以训练学前教育专业学生岗位职业能力为主线，力求实现“学前教育专业与幼儿园工作岗位、课程标准与幼儿园教师专业标准、教学过程与幼儿园工作过程”无缝对接。呈现出以下特点：

1. 结构合理，内容实用，可操作性强。

《幼儿园活动设计指导丛书》在内容上实现了整体性和分层性的统一，既可以作为学生学习“幼儿园活动设计”综合课程的案例，也可以作为学前教育专业分领域的教学内容。五大领域有很强的综合性，每个领域都有自身的领域核心要素和核心能力的训练，学生只要练就了比较扎实的领域教学指导的本领，再通过幼儿园教育实习的具体实践，加上入职后根据主题活动进行具体的活动设计，就能够迅速提高综合运用能力。学前教育专业学生“幼儿园活动设计”课程选择实用性突出的内容，学生在具体实施中具有很强的操作性。

2. 层次清晰，材料丰富，岗位性突出。

《专业标准》对幼儿园教师必须具备的教育教学能力提出了明确要求，特别强调幼儿园教师要具有观察了解幼儿、掌握不同年龄幼儿身心发展特点和个体差异的能力；要具有环境的创设与利用、一日生活的组织与保育、游戏的支持与引导、教育活动的计划与实施、对儿童的激励与评价等基本专业能力；能根据幼儿的特点和需要，给予适宜的指导，并能引发和支持幼儿的主动活动，引导幼儿在游戏活动中获得多方面的发展。《幼儿园活动设计指导丛书》按照幼教岗位科学保教的标准和要求，按照“幼儿园活动设计”这门课程在幼儿园集体教学活动中的地位，达到能够指导幼儿进行各领域集体活动顺利开展的实践运用能力。《幼儿园活动设计指导丛书》要成为学生从模仿到运用、从运用到反思、从反思到创造这样一个成长过程的“脚手架”和“桥梁”，案例材料内容丰富，教学环节设计合理，教学过程体现幼教岗位的教育思想和教学方法手段的合理利用，突出了学前教育专业职业性、岗位性的特点，力争实现教学内容和方法与幼儿园活动设计理念和方法的零对接。同时，我们不希望学生成为模仿的机器，希望借助于具有现代新的教育观念和实践性极强的活动方案，帮助准教师们深入理解学前教育领域和这个岗位的新观念，掌握与之相适应的教育实践的特征和方法，实现知识和能力的迁移，学会离开拐杖，树立现代教育观和育儿观，自己独立而富有创造性地开展活动设计。

3. “院园合作”，采用“双导师”指导实践，体现“产教融合”。

学前教育专业实践教学应该按照“产教融合、资源共享、优势互补、合作多赢、共同发展”的发展理念，与优质幼儿园和幼教机构建立“学前教育实践研究基地”，通过“院园合作”，建立教学实践岗位成长的“双导师”指导机制。《幼儿园活动设计指导丛书》的内容都是幼儿园非常实用的集体活动内容，也可以成为幼儿园教师的参考用书。通过“双导师”理论和实践相结合的配合指导，由高校专任教师和幼儿园骨干教师共同合作，根据学前教育职业岗位的实际需要和高职学生的能力要求，共同设计若干“全真”或“仿真”的工作情景和案例，进而转化为一系列学习项目，通过这些真实案例的分析和真实项目的演练，将理论课教学过程与实践操作紧密结合，以激发学生的学习兴趣、探究兴趣和职业兴趣，在一定程度上实现学生职业道德、教育理念、专业知识、能力培养的提升。

参加本套丛书编写的教师，都是来自高校教学一线有着理论和实践经验的“双师”型骨干教师，和来自幼儿园一线有着丰富实践经验的专家、名师，他们带着对培养高素质应用型学前教育专门人才的责任感和使命感，怀着提升幼儿园教师专业化成长质量的美好愿望，结合自身多年来对实践教学的指导经验，力求体现出新形势下学前教育专业教学改革特别是实践教学改革的新成果。

由于编写人员的学识与经验有限，本套丛书还存在许多不足和缺憾，恳请各位专家、老师和同学在使用的过程中，提出宝贵的意见和建议，帮助我们进一步改进和完善本套丛书的质量。

本套丛书在编写过程中，参考借鉴了相关的教材和资料，采纳和引用了许多研究者的观点，在此特向这些作者表示诚挚的敬意和衷心的感谢。

卓萍

2018 年 1 月

前　　言

科学是认识世界的过程，是探索客观世界最可靠的实践方法。在与社会进步的相互作用中，科学技术改变着我们的生活方式，改变着我们的文化，进而对人类历史的发展产生重大影响。

孩子是天生的科学家，他们天生具有强烈的好奇心和求知欲：为什么有白天和黑夜？地球为什么是圆的？飞机为什么能在天上飞？植物为什么要喝水？我们为什么会做梦？……在日常生活中，孩子们好奇好问、生机勃勃、精力充沛、不知疲倦地探索周围世界。

可以说，探究活动是儿童成长不可或缺的重要组成部分，探究能力是儿童持续一生的重要能力，而幼儿园的科学学习正是重在激发探究兴趣，体验探究过程，发展孩子们初步的探究能力。

《幼儿园科学活动设计案例》这本书充分地体现了新《纲要》和《3—6岁儿童学习与发展指南》的知识观和教育观，不再注重静态知识的传递，而是着眼于情感态度和探究解决问题的能力，强调儿童与他人及环境的积极交流与和谐相处。案例编排上遵循幼儿的年龄和思维特点，充分结合自然和实际生活，引导孩子通过直接感知、亲身体验和实际操作进行科学学习，不断积累经验并运用于新的学习活动，最终形成终身受益的学习态度和能力。

本书在编写过程中，得到有关专家和一线骨干教师的热心指导和大力支持，武汉城市职业学院吴伟俊老师编写了中班和大班的活动案例，成静老师编写了小班和学前班的活动案例，湖北省实验小学附属幼儿园徐竽老师、李敏老师和武汉城市职业学院彭代斌老师参与了部分章节的审读和修改，武汉大学出版社的编辑们对本书的审定出版倾注了大量心血，在此一并表示衷心感谢。

由于时间较紧，工作量大，本书疏漏之处在所难免，敬请各位专家、老师批评指正，我们不胜感激。

为了更好地理论联系实际，提高广大师生的实际操作能力，本书还配有相应的活动资源课件内容。这些活动资源可与武汉大学出版社教材推广部（E-mail 地址：cbs22@whu.edu.cn）联系使用。

吴伟俊

2018年1月

目　　录

小班（上）

一、大与小 …… 3

二、多与少 …… 5

三、“1”和“许多” …… 7

四、拾落叶 …… 9

五、好吃的食物 …… 11

六、方糖不见了 …… 13

七、分辨上下 …… 15

八、辨别左右 …… 17

九、区别前后、远近 …… 20

十、我和小兔做朋友 …… 22

十一、好玩的水之一

——能在水中玩的东西 …… 24

十二、好玩的水之二

——小棒和水娃娃 …… 26

十三、会唱歌的瓶娃娃 …… 28

十四、让玩具动起来 …… 30

十五、我的耳朵真灵敏 …… 32

十六、我的小脚 …… 34

十七、天气冷了我不怕 …… 36

十八、圆圆的轮子 …… 38

小班（下）

一、寻找小树芽 …… 43

二、动物的冬眠 …… 45

三、动物吃什么 …… 47
四、可爱的蜗牛 …… 49
五、认识小乌龟 …… 51
六、谁的小脚丫 …… 53
七、各种各样的鱼 …… 55
八、瓶瓶与盖盖 …… 58
九、滚滚乐 …… 60
十、让乒乓球听话 …… 62
十一、我和数字做游戏 …… 64
十二、能干的小嘴巴 …… 66
十三、鸡蛋的秘密 …… 68
十四、各种各样的汽车 …… 71
十五、雷雨轰隆隆 …… 73
十六、我是小小人工降雨师 …… 75
十七、传声筒 …… 77
十八、对应 …… 79

中班（上）

一、伞的系列活动之一
——怕水的伞 …… 83
二、伞的系列活动之二
——小伞变魔术 …… 85
三、伞的系列活动之三
——大自然中的“伞” …… 88
四、毛毛虫化装舞会 …… 90
五、我会分类 …… 92
六、沉下去，浮上来 …… 94
七、动物的尾巴 …… 96
八、圆形和三角形 …… 99
九、房门号码真有趣 …… 102
十、火车开来了 …… 104
十一、正方形和长方形 …… 106
十二、灵活的关节 …… 108
十三、泥土的本领大 …… 110

十四、椭圆形和半圆形…………………………………………………… 112
十五、有趣的镜子………………………………………………………… 114
十六、雪花………………………………………………………………… 117
十七、图形变变变………………………………………………………… 119
十八、让乒乓球听话……………………………………………………… 122

中班（下）

一、迎春花………………………………………………………………… 127
二、人体的对称器官……………………………………………………… 129
三、有节的竹子…………………………………………………………… 131
四、“10”以内数的相邻数 ……………………………………………… 133
五、家畜和野兽…………………………………………………………… 136
六、可爱的蜻蜓…………………………………………………………… 139
七、勤劳的小蜜蜂………………………………………………………… 141
八、可爱的蚕宝宝………………………………………………………… 143
九、“轻轻”和“重重” ………………………………………………… 146
十、捉迷藏………………………………………………………………… 148
十一、豆宝宝的本领大…………………………………………………… 150
十二、香甜的爆米花……………………………………………………… 152
十三、“10”以内的序数 ………………………………………………… 154
十四、水…………………………………………………………………… 156
十五、水果的浮沉………………………………………………………… 158
十六、舞台灯光师………………………………………………………… 161
十七、梯形宝宝过生日…………………………………………………… 163
十八、有趣的电池………………………………………………………… 166

大班（上）

一、变化…………………………………………………………………… 171
二、泡泡系列活动之一
——泡泡水的秘密………………………………………………… 173
三、泡泡系列活动之二
——吹泡泡的工具………………………………………………… 175
四、厨房专用小工具……………………………………………………… 177

五、好吃的鸡蛋…… 179
六、神奇的风…… 181
七、躲迷藏…… 183
八、自制饮料…… 185
九、蹄形磁铁…… 187
十、火箭上天了…… 189
十一、鞋底上的花纹…… 191
十二、滑滑梯…… 193
十三、奇妙的光…… 195
十四、燃烧的秘密…… 197
十五、我来搭纸桥…… 199
十六、浮与沉…… 201
十七、空气的压力…… 203
十八、奇妙的云…… 205

大班（下）

一、长长的海带…… 211
二、根的秘密…… 213
三、奇异的植物…… 215
四、“动物之最”大比拼 …… 217
五、自然界的食物链…… 219
六、一起来玩沙…… 221
七、筛子本领大…… 223
八、垃圾山…… 225
九、奇妙的温度计…… 227
十、我从哪里来…… 230
十一、妈妈和宝宝…… 232
十二、不停跳动的心脏…… 234
十三、声音…… 237
十四、奇妙的对称…… 240
十五、好玩的磁铁玩具之一…… 242
十六、好玩的磁铁玩具之二…… 244
十七、信息的传递之一
——神奇的电话…… 246

十八、信息的传递之二
——各种各样的通信工具…… 248

学前班（上）

一、有趣的影子…… 253
二、杯子编钟…… 255
三、可爱的小兔子…… 257
四、有魔力的静电…… 259
五、不一样的树…… 261
六、生豆芽…… 263
七、会变的水…… 265
八、水的表面张力…… 267
九、溶解的秘密…… 269
十、轮子真有用…… 271
十一、磁铁找朋友…… 273
十二、弹力运动会…… 275
十三、我是小小预报员…… 277
十四、颜色变变变…… 279
十五、有趣的膨胀…… 281
十六、制作不倒翁…… 283
十七、冬天里的昆虫…… 285
十八、动物怎样睡觉…… 287

学前班（下）

一、藏在滑梯里的秘密…… 291
二、风车转转转…… 293
三、各种各样的布料…… 295
四、观察蚯蚓…… 297
五、种大蒜…… 299
六、报纸也好玩…… 301
七、物体间的空隙…… 303
八、神奇的指纹…… 305
九、向下落的物体…… 307

十、气球动力小车…… 309
十一、彩虹出来了…… 311
十二、奇妙的小细管…… 313
十三、认识雷电…… 315
十四、什么东西能导电…… 317
十五、讨厌的沙尘暴…… 319
十六、季节的变化…… 321
十七、食物的包装与储存…… 323
十八、让热水快点变冷…… 325

小班(上)

一、大与小

设计意图

儿童感知大小的能力发展较早，很小的孩子就知道要拿大的苹果。但在幼儿尚未学会测量之前，对物体“量”的认识实际上是对它们的感知，因此，幼儿认识大小主要是通过视觉等各种感官来进行观察比较的。由于物体“量”的差异程度会随幼儿认知水平的提高而减少，所以小班幼儿在进行比较大小的教学时一定要选择差异程度明显的物体。同时，3~4 岁幼儿常常用大、小的词汇来代替长度、容积、轻重(如把长铅笔说成大铅笔，短铅笔说成小铅笔等)，教师要帮助他们逐步使用准确的词汇。

活动目标

1. 通过观察比较，分辨出物体的大和小。
2. 能从 3 个大小不同的物体中指认出最大的和最小的。
3. 培养幼儿的观察、比较和判断能力。

活动准备

物质准备：大碗、中碗、小碗、大勺、小勺及篮球、网球若干；比较大小的相关图片及游戏伴奏音乐带。

环境准备：用大小不同的呼啦圈竖放摆成山洞。

活动过程

1. 观察、比较、感知大小。

(1)教师给幼儿提供篮球和网球，请幼儿观察、触摸，感知两个球外形大小的区别和占据空间的不同，引导幼儿比较，并用语言说出哪个球大，哪个球小。

(2)教师给幼儿提供大碗和小碗、大勺和小勺，请幼儿观察、触摸、叠放。引导幼儿比较，并用语言说出哪个碗大，哪个碗小；哪个勺子大，哪个勺子小。并将大勺子放进大碗内，小勺子放进小碗里。

2. 学习儿歌《大和小》。

(1)出示相关图片，引导幼儿观察并进行比较：

如：老虎和小花猫相比，哪个大，哪个小？

飞机和小鸟相比，哪个大，哪个小？

西瓜和桃相比，哪个大，哪个小？

(2)一起念儿歌《大和小》。

注意：教师边念边配以夸张的动作和声音，引起幼儿的注意，加深幼儿的理解和认识。

3. 找出最大和最小。

教师请幼儿自由摆放、叠放大、中、小三个碗，指认出哪个最大，哪个最小。然后通过再次叠放加以验证。

4. 游戏活动。

(1)吹泡泡。

教师和幼儿围站成一个圆圈，随着音乐，拍手念儿歌《吹泡泡》。

教师要求幼儿念到“吹出一个大泡泡”时，双臂向上打开划一个大圆圈，念到“吹出一个小泡泡”时，双手合拢放在胸前，以示区别。

注意：可根据音乐的节奏调整游戏的快慢，以增加游戏的趣味性。

(2)钻山洞。

在教室里放置两个大小不同的呼啦圈当作大山洞和小山洞，教师和全体幼儿排成一纵队，模仿一列火车，后面的幼儿拉着前面幼儿的衣服下摆，师生一边随音乐钻山洞，一边念儿歌《钻山洞》。

注意：目的地可以换成不同的地名。

活动延伸

领域内活动延伸：在三个以上的同类物品中，找出最大和最小的物品。

领域外活动延伸：尝试用不同的身体动作表示大和小。

亲子活动延伸：和爸爸妈妈一起做“吹泡泡”和“钻山洞”的游戏。

二、多与少

设计意图

在小班上学期安排的“比较活动”是教幼儿用一一对应的方法比较两个集合中元素的数量，确定它们哪个多、哪个少或是一样多。幼儿由于年龄小，往往容易受物体大小及空间排列位置的影响，学习一一对应的比较方法可以帮助幼儿得出正确的结论。这是不用数（不要求幼儿说出数词）的比较活动，是幼儿数概念学习和形成的必要心理准备。

活动目标

1. 尝试用一一对应和重叠摆放的方法比较两组物体的数量，锻炼手眼协调能力。
2. 练习用右手从左到右有顺序地摆放物品。
3. 会用“多”、“少”、“一样多”、“不一样多”等词语表达比较结果。

活动准备

知识经验：会摆放图片。

物质准备：娃娃图片 4 张；苹果图片 4 张；帽子图片 4 张；杯装牛奶图片 5 张。

活动过程

1. 游戏一：娃娃过家家。

（1）教师出示 4 张娃娃图片，从左至右依次排成一行。

（2）教师出示 4 张帽子图片，让幼儿给每个娃娃送一顶帽子戴在头上。

请幼儿观察、比较并回答：每个娃娃都有一顶帽子吗？娃娃和帽子是不是一样多？（引导幼儿说出娃娃和帽子一样多。）

（3）教师出示 3 张苹果图片，让幼儿给每个娃娃送一个苹果，一一对应放好。

请幼儿观察、比较并回答：每个娃娃都有苹果吗？娃娃和苹果是不是一样多？（引导幼儿说出娃娃和苹果不一样多。）谁多？谁少？（娃娃多，苹果少。）

教师提问：没有苹果的娃娃着急地哭了，怎么办呢？

引导幼儿添上一个苹果(1 张苹果图片)，再次进行观察比较，得出“这时苹果和娃娃一样多”的结论。

(4)教师出示 5 张杯装牛奶图片，让幼儿给每个娃娃送一杯牛奶，一一对应放好。

请幼儿观察、比较并回答：每个娃娃都有牛奶吗？娃娃和牛奶是不是一样多？(引导幼儿说出娃娃和牛奶不一样多。)谁多？谁少？(牛奶多，娃娃少。)

教师提问：多出来了一杯牛奶没人喝，可别浪费了，送回去吧。

引导幼儿拿下一杯牛奶(1 张牛奶图片)，再次进行观察比较，得出“这时牛奶和娃娃一样多”的结论。

2. 游戏二：笨笨猪请客。

(1)教师讲述故事《笨笨猪请客》。

(2)引导幼儿仔细辨别动物数与椅子、蛋糕、果汁的数量，进行一一对应，比较两者的“多”、“少”、“一样多”，并能用语言表达。

活动延伸

领域内活动延伸：组织幼儿玩“抢椅子”的游戏，椅子数量总比幼儿人数少 1 个，引导幼儿在游戏中感受“多”、“少”、“一样多”。

亲子活动延伸：在家中请幼儿为全家分发餐具，可以反复练习，加深理解“多”、“少”、“一样多”。

三、“1”和“许多”

设计意图

幼儿很小的时候就已经对物体的数量多少有了初步的感知。3 岁的幼儿大多知道什么是“1”，什么是“许多”，例如他们会说：“我有一个皮球”或“妈妈给我买了许多苹果”，但他们并不了解“1”和“许多”之间的关系。本次活动要引导幼儿感知集合及其元素，能区别和确切感知组成集合的单个元素。

活动目标

1. 能区别 1 个物体和许多个物体。

2. 理解“1”和“许多”之间的关系：即“1”个、“1”个……合起来是“许多”，“许多”可以分成“1”个、“1”个……

3. 在日常生活中会运用“1”和“许多”的词汇。

活动准备

知识经验：会 5 以内的计数。

物质准备：相关图片若干张；铃鼓 1 个；布袋 1 个、橡皮若干块。

活动过程

1. 感知“1”和“许多”。

(1) 教师引导幼儿观察相关图片：

如：一个苹果和许多个苹果；
　　一根香蕉和许多根香蕉；
　　一只小白兔和许多个胡萝卜；
　　一辆红色小汽车和许多辆蓝色小汽车；
　　一只鸭妈妈和许多只小鸭。

通过比较、观察，让幼儿在视觉上感知“1”和“许多”。

(2)引导幼儿听音、辨音，并做出相应的反应。

①教师敲铃鼓一次和许多次，请幼儿说出听到的响声次数是“1”还是“许多”。

②教师敲一下铃鼓，幼儿拍一次手；教师敲许多下铃鼓，幼儿拍许多次手。

通过听音、辨音，让幼儿在听觉上感知“1”和“许多”。

(3)引导幼儿进行“奇妙的口袋”的游戏。

请幼儿按教师的要求在布袋里摸出一块橡皮和许多块橡皮，通过“摸”的游戏活动，让幼儿在触觉上感知“1”和“许多”。

2. 寻找“1”和“许多”。

教师请幼儿注意观察教室内的物品，从中寻找“1”和“许多”，如一名教师和许多小朋友、一个大水壶和许多个杯子……

3. 理解“1”和“许多”。

(1)教师讲述故事《小猴摘桃》。

(2)结合故事提问：小猴是怎样从树上摘桃子的？篮子里有多少桃子？小猴回家后是怎么做的？结果怎样？

通过提问，让幼儿知道小猴把摘下的桃子一个、一个、又一个放进篮子里，合起来是许多桃子，小猴把桃子送人，许多桃子又分成一个、一个、又一个。

4. 巩固“1”和“许多”。

教师和幼儿一起拍手念儿歌《一个和许多个》，儿歌中结束本次活动。

活动延伸

领域内活动延伸：日常活动中鼓励幼儿去发现、区别生活中的“1”和“许多”，加强认识。

亲子活动延伸：和爸爸妈妈一起寻找家中的“1”和“许多”。

四、拾落叶

设计意图

秋天是一个充满诗意的季节，在这个季节里孩子们感受最深的就是秋风吹起时飞舞的树叶。“拾落叶”是孩子们非常喜欢的活动。这一简单的活动蕴涵着丰富的教育元素：对各种树木、各种形状树叶的认识；在拾落叶的过程中进行数数；对各种树叶按照不同标准进行归类比较等。拾落叶可以让幼儿在趣味盎然的游戏活动中获得有关经验与观察能力的提高。

活动目标

1. 喜欢参与拾落叶活动，愿意讲述操作过程。
2. 感知落叶的不同特征。
3. 会按树叶的形状进行分类。

活动准备

知识经验：知道秋天有的树会落叶。

物质准备：在微风的日子带领幼儿到树木比较集中的地方去散步、做游戏。

环境准备：活动室内布置树叶拼图展板。

活动过程

1. 拾落叶。

(1)教师带领幼儿到附近树种比较多的地方进行活动。

(2)教师和幼儿一起随意拾起地上的落叶。请幼儿自行探究下列问题：

①找一找，自己拾的叶子是从哪棵树上掉下来的？它的“妈妈”是谁？

②数一数，你拾了几片树叶？比一比，是树上的叶子多还是我们手上的叶子多？

③看一看，自己手里的叶子是什么样子的？像什么？摸一摸叶子的正面和反面，它们是不是一样的？再和同伴的叶子比一比，它们有什么不一样？

(3)教师引导幼儿互相交流自己的发现。

2. 树叶找家。

(1)请幼儿按树叶的形状归类，帮树叶宝宝找到自己的家。

(2)引导幼儿检查是否每片叶子都找到了自己的家，对找错的进行纠正。

3. 我和树叶做游戏。

(1)教师将幼儿捡到的树叶收集起来，并带领幼儿回到室内。

(2)进行“树叶变魔术”的游戏：引导幼儿用树叶做拼摆游戏。教师可提供一些很简单的树叶拼图范例，幼儿可参照范例拼摆，也可自由拼摆。

4. 诵读儿歌。

教师带领幼儿诵读儿歌《秋风吹》和《秋天的颜色》，引导幼儿理解儿歌的内容，感受秋天的美丽。

活动延伸

领域内活动延伸：鼓励幼儿观察更多种类的树叶，认识各种树叶的外形特征，知道树木分为落叶树和常青树。

区域活动延伸：在活动区内投放更多的落叶，鼓励幼儿创造性地玩树叶。如：用树叶扎花、做印章画、做书签等。

亲子活动延伸：饭后，和爸爸妈妈一起散步，感受秋天的美。

五、好吃的食物

设计意图

随着人们生活水平的提高，食物的种类也越来越丰富。由于缺乏“健康饮食”的观念和成人的溺爱，孩子们往往容易形成挑食、偏食的不良习惯。如何让幼儿从小就构建“健康饮食”的观念，养成良好的饮食习惯呢？本次活动从最基本的食物分类入手，让幼儿明晰各类食物都有营养，都对小朋友长身体有好处，初步认识到均衡饮食的重要性，养成不挑食的好习惯。

活动目标

1. 愿意交流有关食物的话题。
2. 知道多种食品的名称和其营养价值。
3. 能将食物进行大致分类。

活动准备

知识经验：知道自己喜爱和常吃的食品名称。

物质准备：食物金字塔框架图；各种常见食物的图片及食物营养金字塔图片。

活动过程

1. 故事引入活动内容。

(1)教师讲述故事《娇娇的奇遇》。

(2)教师结合故事与幼儿交谈：娇娇为什么会做这样的梦？(幼儿自由回答。)你们愿意像娇娇那样长得又瘦又小吗？(不愿意。)怎样才能长得壮实呢？我们一起来讨论这个问题吧！

2. 了解食物的营养。

(1)幼儿分组讨论：自己喜欢吃哪些食品？幼儿自由交流，教师巡回观察，引导幼儿互动。

(2)幼儿集中活动：鼓励幼儿在集体面前大声说出自己喜欢和经常吃的食品。

(3)教师根据幼儿发言内容，在食物金字塔框架里贴上相应的食物图片。

(4)教师出示食物营养金字塔图片，引导幼儿观察，看看自己的饮食品种是否符合营养科学。

教师讲解：这个“食物营养金字塔”有 4 层。最下面的一层都是主食，数量最多，有米饭、面条、馒头、玉米、麦片、饼干等；第二层有各种蔬菜和各种水果，数量也比较多；第三层是奶制品、豆制品和肉蛋类食品，数量都比较少；第四层是甜味食品和油炸食品，数量很少。这个“食物营养金字塔”告诉我们：每天应该吃得最多的是第一层里面的食物，吃得比较多的是第二层里面的食物，吃得比较少的是第三层里面的食物，吃得最少的是第四层里面的食物。

3. 指出偏食或挑食的不良习惯。

(1)对比“食物营养金字塔”，请幼儿说一说，自己喜爱或常吃的食品在不在里面。

(2)针对严重偏食或挑食的幼儿予以引导教育。

4. 诵读儿歌，强化均衡饮食意识。

教师带领幼儿诵读儿歌《不挑食》，并引导幼儿理解儿歌，增强均衡饮食的意识。

活动延伸

领域内活动延伸：进餐前介绍当天的菜谱及其营养，激发幼儿不挑食的愿望。

领域外活动延伸：请幼儿园保健医生为孩子们进行一次营养知识的小讲座，进一步巩固合理膳食的意识。

区域活动延伸：在活动区投放各种食物的图片，让幼儿继续练习食物营养分类。

亲子活动延伸：和爸爸妈妈一起记录自己一周的食谱，观察饮食是否均衡营养，鼓励幼儿改掉挑食的不良习惯。

六、方糖不见了

设计意图

生活中有很多不起眼的小事，其中往往蕴涵着丰富的知识经验和教育功能，“糖不见了”这种现象幼儿在生活中经常看到，但是从来没有真正地去了解这种现象。特别是对小班幼儿来说，“溶解”现象虽然无法理解，但却能够观察到。本活动立足于观察“溶解”现象的发生过程，而不是单纯地讲“糖为什么溶解”，旨在提供给幼儿一次实践操作的机会，既满足幼儿动手操作探索的欲望，又能在充分的活动中让幼儿去发现问题、积累经验，激发幼儿的求知欲。

活动目标

1. 对“溶解”现象产生好奇，并愿意思考“糖到哪里去了”。
2. 观察物体在水中溶解的过程及所发生的变化。
3. 能仔细观察，可以区分能在水中溶解的物体和不能溶解的物体。

活动准备

物质准备：每名幼儿一杯白开水、1 块方糖、1 根搅拌棒；米、盐、奶粉、绿豆等若干；实验记录表若干张(每名幼儿 1 张)；彩笔若干支(每名幼儿 1 支)。

环境准备：将幼儿分组，每组一杯糖水。

活动过程

1. 导入活动。

(1)教师给每组分发一杯糖水。

(2)请每组派出一名幼儿进行品尝，然后告诉同组的小朋友，你尝到的是什么味道？(甜的。)

(3)教师提问：为什么水是甜的呢？里面有什么吗？(里面有糖。)

继续提问：那你有没有在里面看到糖呢？糖到哪里去了呢？

通过提问引发幼儿探索的兴趣。

2. 实验探索一：糖到哪里去了?

(1)教师示范操作：先将一块方糖放入水中，请幼儿看看方糖的外形有什么变化。再用搅拌棒来搅拌一下，请幼儿仔细观察方糖到哪里去了。

(2)幼儿操作，教师巡视，提醒幼儿认真观察方糖放到水里后形状的变化。

方糖放进水里有气泡，慢慢地变小了，最后就不见了。

(3)讨论“溶解”现象。

①教师提问：你们刚才看到方糖放到水里怎么不见了？它是真的没有了吗？它到哪里去了？它现在变成了什么样子？通过提问，请幼儿思考。

②教师请幼儿尝尝杯里的水，感觉和刚才有什么不一样。引导幼儿小结：方糖放到水里就化了，白开水变甜了。

3. 实验探索二：什么物体也会不见了?

(1)分发实验材料。

教师给幼儿分发各种实验材料，包括米、盐、奶粉、绿豆等若干，实验记录表一张，彩笔一支。

(2)认识实验材料。

教师请幼儿看一看桌上有什么东西，逐一介绍并帮助幼儿认识它们。

(3)引导幼儿实验。

①请幼儿按教师要求进行操作：

选择一种实验材料放入水杯，并进行搅拌，仔细观察放入的材料会不会像方糖一样藏在水里看不见，溶解了。逐一实验，然后将实验结果记录在实验记录表上。(在可以溶解的东西下面打勾，在不可以溶解的下面打叉。)

②组织幼儿交流自己的实验结果，请个别幼儿上台演示。

③教师小结：小朋友真能干，都发现了盐、奶粉像糖一样能在水里溶解，米、绿豆不能溶解在水里。

4. 活动总结。

教师讲述：在我们日常生活中还有好多东西是可以溶解的，也有好多东西是不可以溶解的。小朋友们回家后可以跟爸爸妈妈一起观察，然后把你们的发现告诉自己的好朋友。

活动延伸

区域活动延伸：在活动区投放溶解实验的材料，让幼儿继续实验。

亲子活动延伸：回家后和爸爸妈妈一起试一试，看看还有哪些东西放到水里也会溶解。

七、分辨上下

设计意图

很小的宝宝就能够通过视觉、触觉等感官和周围世界中的物体相接触，探索它们的空间关系。幼儿空间知觉发展虽早，但空间概念的掌握却较晚。上下方位是幼儿最早认识的一对空间概念，这是因为上下方位是以天和地为参照标准来确定的，而天和地具有永恒不变性，所以它们是幼儿最早也是最容易掌握的一对空间概念。

活动目标

1. 能区别以自身为中心的上下方位。
2. 会判断近处物体明显的上下关系。
3. 培养空间知觉能力。

活动准备

知识经验：能够根据指令做出相应动作。

物质准备：相关图片若干张；玩具若干个。

活动过程

1. 游戏：指指点点。

(1)幼儿听教师指令，用手指出相应部位并作答：

①身体的上面在哪里？身体的下面在哪里？

回答：头在身体的什么地方？(上面。)脚在身体的什么地方？(下面。)

②鼻子的上面是什么？鼻子的下面是什么？

回答：眼睛在鼻子的什么地方？(上面。)嘴巴在鼻子的什么地方？(下面。)

(2)请幼儿观察活动室并回答，说出相应物品。

在活动室里，你的上面有什么？你的下面有什么？

2. 分辨上下。

教师出示图片，请幼儿仔细观察，说出图片中事物相互之间的上下关系。

3. 游戏活动：藏一藏，找一找。

(1)教师将玩具放在桌子上面和下面，请每名幼儿找出一个自己喜欢的玩具并说明是在哪里找到的。

(2)让幼儿将玩具自由放置在椅子上面或下面，请同伴互相寻找并用语言表达。

4. 游戏活动：我说你做。

教师发出指令，请幼儿做出相应动作：

向上看看，向下看看；

向上跳跳，向下蹲蹲；

把玩具放在桌上，把玩具放在桌下。

5. 诵读儿歌。

教师带领幼儿一边拍手一边诵读儿歌《桥上桥下》，结束活动。

活动延伸

领域内活动延伸：在幼儿能正确分辨上下方位后，可增加放置物品的数量，帮助幼儿在较复杂的因素中进一步理解上下方位的相对关系。

八、辨别左右

设计意图

左右方位是最贴近幼儿生活的空间概念。对于以自身为参照物的左右方位，幼儿比较容易理解，但是对于以其他事物为参照物的左右方位，幼儿的概念就比较模糊了。教师以日常生活中常见的红绿灯为例，引导幼儿观察，在分辨、理解上下方位概念的基础上，进一步感知、理解左右的方位关系。

活动目标

1. 感知左右的位置关系，继续建立初步的空间概念。
2. 会用“左右”描述物体的相对位置。
3. 培养观察能力和语言表达能力。

活动准备

知识经验：能够分辨上下。

物质准备：竖排和横排的红绿灯图片各1张；黄色圆形不干胶贴1张；红绿灯标志各1个。

活动过程

1. 导入活动内容。

教师提问：小朋友，周末的时候，你们跟随爸爸妈妈上过街吗？现在街道上各种车辆多，行人也很多，车辆、行人各行其道。但是，在十字路口，如果车辆和行人同时交叉行走，必然会发生交通事故。怎样避免交通事故的发生呢？有的路口是交通民警指挥交通，有的路口没有交通民警，谁来指挥交通呢？（红绿灯。）

2. 复习辨别上下。

（1）教师提问：我们先看看竖排的红绿灯（出示竖排的红绿灯图片），我们以黄灯为基准，或者说以黄灯为参照物，红灯在黄灯的什么方向位置，绿灯在黄灯的什么方向位置？(红灯在黄灯的上边，绿灯在黄灯的下边。)

(2)教师再问：请小朋友看一看我们的活动室，有什么东西有这样上下的关系吗？再看一看我们的身体，有什么器官有这样的上下关系吗？

幼儿互相交流讨论，教师小结：在我们的生活中，到处都存在上和下的位置关系。

3. 学习辨别左右。

(1)教师提问：我们再看看横排的红绿灯(出示横排的红绿灯图片)，我们还是以黄灯为基准，或者说以黄灯为参照物，红灯在黄灯的什么方向位置，绿灯在黄灯的什么方向位置？

(2)幼儿互相交流讨论，回答问题，答案不一。(有的小朋友说红灯在左边，绿灯在右边；有的小朋友说红灯在右边，绿灯在左边。)

(3)教师讲解：我觉得这两种说法的小朋友都一定有自己的道理。但问题出在哪里呢？为了判定这个问题，我们做一个观察演示。

教师挑选一名幼儿到前面，面对其他幼儿。教师将一张黄色的圆形不干胶贴贴在胸前，表示他本身就是黄灯，让他右手拿红灯的标志，左手拿绿灯的标志。

教师提醒：请大家注意观察。当我说“红灯亮”的时候，这个小朋友就举起红灯标志，大家就说出他举起的是哪一只手；当我说“绿灯亮”的时候，这个小朋友就举起绿灯的标志，大家就说出他举起的又是哪一只手。

(4)教师讲述：好了，现在大家的说法一致了。当我说“红灯亮”的时候，小朋友们都说他举起的是右手，说明红灯在黄灯的右边；当我说“绿灯亮”的时候，小朋友都说他举起的是左手，说明绿灯在黄灯的左边。那么，为什么大家以前的说法不一样呢？谁能说出其中的奥妙？

(5)幼儿互相交流讨论。教师小结：以前大家的说法不一样，原来是因为我们各自选定的基准不一样，也就是选定的参照物不一样。当“红灯亮”时，演示的小朋友举起了右手，以黄灯为参照物，红灯应该是右边；当“绿灯亮”时，演示的小朋友举起了左手，以黄灯为参照物，绿灯应该是左边。但是，如果我们不以黄灯为参照物，以自己为参照物，那么当“红灯亮”的时候，正是我们的左边，就说红灯是左边；当“绿灯亮”的时候，正是我们的右边，就说绿灯是右边。这就是说选定的参照物不一样，说法也就不一样。这说明我们在判断方向位置(上下、左右、前后、远近)的时候，选定参照物非常重要。

4. 总结巩固。

教师提问：平时，我们不论是走在大街人行道上，走在小巷子里，还是走在楼道里，都一直强调一律靠右行。那么大家都靠右行，左边留给谁走呢？大家都靠右行，又有什么用处呢？

幼儿互相交流讨论，教师小结：小朋友都很聪明，回答问题很正确。我们大家在走路的时候都靠右行，把左边让给对面的人行走，实际上对面的人也是靠右行。这样避免了相对行走的人互相碰撞。我们大家都要保持这个好习惯，做一个讲文明的好孩子。

活动延伸

领域内活动延伸：组织幼儿进行“听令拍手”的游戏活动。

九、区别前后、远近

设计意图

前和后、远和近，都是幼儿在日常生活中需要辨别的空间概念。教师引导幼儿以生活中常见的事物和幼儿游戏活动的内容为例，在已有的经验基础上，感知和理解前后、远近的空间概念，学会用前后、远近描述相对的位置关系。

活动目标

1. 感知前后、远近的位置关系，建立初步的空间概念。
2. 会用“前后”、“远近”描述相对位置。
3. 培养观察能力和语言能力。

活动准备

知识经验：能够分辨左右。

物质准备：交通情景图片。

活动过程

1. 区别前后。

(1)教师出示交通情景图片，请大家看看图片，说一说由左往右行驶的一共有几辆车，最前面的是一辆什么车，最后面的是一辆什么车，你最喜欢哪一辆车，它在哪一辆车的前面，或者说它在哪一辆车的后面。

(2)幼儿观察图片，互相交流讨论，回答问题，教师讲评。

(3)教师再次提问：刚才小朋友把几辆车前后的位置关系都说得很清楚。小朋友看一看，我们活动室的前面有些什么东西，后面又有什么东西？

(4)幼儿观察活动室的前后，互相交流讨论，回答问题，教师讲评。

2. 游戏：老鹰抓小鸡。

教师带领幼儿进行“老鹰抓小鸡”的游戏。但在做游戏之前，当“小鸡”的每个小朋友都要说一说自己前面是谁，后面是谁。幼儿排列准备游戏的队形，各自观察自己的前后，依次回答问题。教师讲评，着重针对排头当“母鸡”和排尾当“小鸡”的小朋友的回答予以讲评，然后进行“老鹰抓小鸡”的游戏活动。

3. 区别远近。

(1)教师再次出示交通情景图片，请大家再看看这张图片，当我们站在出发点时，说一说哪一辆车离我们最近，哪一辆车离我们最远。

(2)幼儿观察图片，互相交流讨论，回答问题，教师讲评。

(3)教师再次提问：现在请大家观察一下，哪一个小朋友离老师最近，哪一个小朋友离老师最远？

(4)幼儿观察比较，互相交流讨论，回答问题，教师讲评。

活动延伸

领域外活动延伸：指导幼儿用自然测量的方法测量活动室后面的墙面和活动室侧面的墙面与活动室的距离，比较两个距离的远近。

亲子活动延伸：和爸爸妈妈一起分辨上下、大小、左右、前后、远近等。

十、我和小兔做朋友

设计意图

亲近自然是孩子的天性。而动物更是大自然中最具生命气息，也最易于吸引孩子的一部分。在幼儿园中辟出一角，带领孩子进行饲养活动，无疑是非常有趣的。孩子们在饲养过程中，常常会和小动物建立起朋友般的亲密感情，从中也可获得许多有关动物生长的知识经验，饲养小动物对于培养孩子关爱自然、关爱生命的情感是最有效的途径。

活动目标

1. 喜欢小动物，愿意饲养小动物。
2. 初步了解小兔的主要外形特征和生活习性。
3. 能和教师一起记录小兔爱吃的食物。

活动准备

知识经验：有过养小动物的经历。

物质准备：小兔3只；食物（鱼、肉、草、青菜、胡萝卜）若干。

活动过程

1. 导入活动。

（1）教师出示三只可爱的小兔，与幼儿交谈：今天小兔到我们班做客，大家欢迎吗？（欢迎。）我们一起来念一念《小白兔》的儿歌，表示对小兔的欢迎。

（2）教师带领幼儿诵读儿歌《小白兔》，引起幼儿参与活动的兴趣。

2. 观察小兔。

（1）幼儿分组自由观察、抚摸小兔，教师启发幼儿大胆地描述小兔的外形特征。

（2）教师启发提问：小兔是什么样子的？头上有什么？小兔的耳朵是什么样子的？小兔的嘴是什么样的？小兔身上是什么样子的？身上的毛是什么颜色的？摸摸看，感觉怎样？你还见过什么样的小兔？（幼儿通过观察自由表述。）

(3)在幼儿交流表述的基础上，教师引导幼儿共同小结小兔的外形特征：小兔是红眼睛，长耳朵，三瓣嘴，嘴边有胡须，身上长有毛，短尾巴，四条腿。

3. 探究活动：小兔爱吃什么？

(1)请幼儿从准备的食物中自由选择食物进行喂食，观察小兔喜欢吃什么。

(2)请幼儿根据探究所得的结论，说一说：小兔喜欢吃的食物有哪些。

4. 游戏：我和小兔做朋友。

(1)教师讲述：大家都很喜欢小兔，我们和小兔做朋友吧！来，我们轮流抱一抱小兔。

(2)幼儿照着教师的样子学习抱小兔，激发爱护小兔的情感。

(3)教师讲述：我们要和小兔做朋友，就学一学小兔的动作吧。

(4)幼儿观察并回忆已有的经验，各自模仿小兔东张西望和吃东西的样子，模仿小兔子一边走路一边跳的动作。

活动延伸

领域内活动延伸：每天选派一名值日生负责给小兔喂食，并观察小兔的生长情况，在老师的指导下进行记录。

区域活动延伸：教师和幼儿共同在饲养角中给小兔打造舒服温暖的家。

十一、好玩的水之一
——能在水中玩的东西

设计意图

小班的孩子特别喜欢玩水。为了满足幼儿这种强烈的愿望，教师可以在活动区为幼儿开辟一块水的天地。孩子们刚开始玩水时是一种无意识行为，久而久之，他们的思维开始活跃起来：“老师，小鱼怎么沉不下去？”“这个东西能装水吗？”“这个东西能在水里玩吗？”关于水，孩子们想知道的问题太多了。教师针对幼儿的兴趣引导他们进行一些探究活动，让他们了解一些粗浅的科学知识。本次活动就是让孩子在玩水的过程中感知水的特征，初步学习与水有关的知识，培养其观察能力。

活动目标

1. 体验玩水的乐趣。
2. 感知水的特性，观察哪些物体能在水中玩。
3. 会运用各种工具运水。

活动准备

知识经验：有过玩水的经历。

物质准备：各种物品(塑料、铁制、木制、纸制等)若干；盛水器具(盆子、瓶子、罐子、舀子等)若干；防水围兜和袖套若干(每位幼儿1套)。

活动过程

1. 诵读儿歌，导入活动。

教师引领幼儿诵读儿歌《玩水》，结合儿歌提问：小朋友，你们喜欢玩水吗？(喜欢。)好，老师和你们一起玩水。

2. 游戏活动：我是运水小能手。

(1)教师发给每个小组1个同样大小的盆子以及瓶子、罐子、舀子等容器。

(2)教师提问：你们想玩水吗？盆子里没有水怎么办？

幼儿思考，自由表述用什么器具运水倒进盆子里。

(3)幼儿自由地尝试用瓶子、罐子、舀子等容器到自来水管处装水，运回来倒进本组盆子里。看一看，哪一组先完成。

(4)教师示范，手拿瓶子放进水盆里，让水自行注入瓶子内，将瓶子灌满。然后各组幼儿比一比：看谁先将瓶子灌满水。

3. 游戏活动：水中的玩具真好玩。

(1)教师提问：哪些东西能放在水中玩？哪些东西不能放在水中玩？

(2)幼儿选择 2~3 种物品，如小木船、小铁片、塑料小车、纸飞机等。将这些投放到盆中玩，边玩边观察哪些物品能在水中玩，哪些物品不能在水中玩。

(3)将能在水中玩的物品和不能在水中玩的物品分类放好。

(4)教师小结：塑料、铁制、木制物品不怕水，可以在水里玩；纸制物品碰到水就变坏了，不能放到水中玩。

活动延伸

领域内活动延伸：介绍有关水的秘密(如沉浮、溶解等)。

区域活动延伸：在活动区中投放更多能在水中玩的物品，引导幼儿在玩水的过程中发现更多。

亲子活动延伸：在家中继续和爸爸妈妈一起寻找家里的玩具哪些能在水中玩，哪些不能在水中玩。

十二、好玩的水之二

——小棒和水娃娃

设计意图

本次活动是在幼儿操作过程中生成出来的。“棒子转，水也转；小棒转得越快，水也转得快……”其实就是说明水的变化与外力有关。但小班幼儿的思维是具体形象的，他们不能理解抽象的外力。教师可以将外力具体化，让它变成幼儿可感的物体：小棒。于是幼儿对这一问题就豁然开朗了。

活动目标

1. 愿意参加科学活动，初步萌发探索的欲望。
2. 初步感知外力作用于水所产生的现象。
3. 具有简单的实验操作能力。

活动准备

知识经验：有过玩水的经历。

物质准备：水桶、各种小棒、乒乓球各若干；防水围兜和袖套若干(每位幼儿1套)。

活动过程

1. 尝试：让“水娃娃”动起来。

(1)教师将几个小桶都装上一部分水，分发给各组，让幼儿想办法使桶里的“水娃娃”动起来。教师分组巡查，引导幼儿用吹气、拍桶、泼水等方法让水娃娃在小桶里动起来。

(2)教师肯定幼儿让“水娃娃”动起来的好办法，并引导幼儿小结：桶里的“水娃娃”在我们的帮助下，可以动起来，有的是波动，有的是流动，有的是喷溅……

2. 探索：让“水娃娃”转动起来。

(1)教师提问：怎样能让“水娃娃”转动起来？(重点强调“转动”。)

引导幼儿想办法用小棒让水娃娃转起来(把乒乓球放入水中可以看清水在转动)。

(2)教师提问：怎样让“水娃娃”转得慢？又怎样让“水娃娃”转得快？(重点强调“慢”和“快”。)

引导幼儿用变换搅动频率和速度的办法控制“水娃娃”转动的慢或快。

(3)教师提问：如果小棒换一个方向搅动，“水娃娃”会怎样？

通过提问让幼儿明白，小棒朝哪个方向搅动，水娃娃就朝哪个方向转动。

3. 游戏：小棒和水娃娃。

请各组幼儿轮流操作，听教师指令搅动小棒让水娃娃转起来。教师先后发布“快”、“慢”、“左”、“右”的指令，幼儿根据指令控制搅动小棒的速度和方向，使气氛活跃起来。

活动延伸

领域内活动延伸：尝试让幼儿把这次活动中获取的经验与日常生活现象结合起来思考，让孩子尝试进行知识的迁移。如：从自然水管往盆里放水的时候，盆里的水为什么会转动？水槽的水流进排水孔的时候，水为什么会转动？

亲子活动延伸：和爸爸妈妈比一比，谁的“水娃娃”转动得快。

十三、会唱歌的瓶娃娃

设计意图

在小班幼儿的游戏中，玩具是不可缺少的载体，许多幼儿都拥有数量可观的成品玩具，但利用废旧材料自己动手制作玩具几乎很少尝试过，孩子动手能力的发展受到了很大限制。本次活动旨在鼓励幼儿发现瓶娃娃唱歌的“小秘密”，使其好奇心和求知欲在活动中得到满足，既让幼儿感受主动参与探究活动的乐趣，又让幼儿体验科学活动的喜悦。

活动目标

1. 体验自制玩具的乐趣。
2. 发现瓶娃娃唱歌的秘密，会区分软、硬的物体。
3. 能尝试用不同材料制作会唱歌的瓶娃娃。

活动准备

知识经验：有用打击乐器拍打节奏的经验、感知软硬物体的经验。

物质准备：每个幼儿自备塑料瓶一个。棋子、红豆、花生米、小花片、泡沫、棉球、小布球、小纸球等；笑脸图案若干。

环境准备：用做好的瓶娃娃、布偶、打击乐器等布置活动区。

活动过程

1. 操作：做一个瓶娃娃。

(1)教师讲述：请把你们带来的塑料瓶拿出来。我们把它们变成瓶娃娃，让它们对着我们笑，好吗？

(2)教师给每位幼儿发一个笑脸图案，请幼儿把它粘贴在瓶子上，瓶娃娃就做好了。

2. 探索：让瓶娃娃唱歌。

(1)教师出示沙槌，一边唱歌，一边摇动沙槌，使其随着歌声发出有节奏的响声。然后向幼儿介绍：这是沙槌，是一种打击乐器，它可以为音乐伴奏，发出有节奏的响声，使音乐更好听。

(2)教师玩“会唱歌的瓶娃娃”(即在瓶中放进了小豆子、花生米的瓶娃娃)，用瓶娃娃发出有节奏的声响，引起幼儿兴趣，激发幼儿的探索欲望。

(3)教师讲述并提问：这是老师自己做的沙槌，是一个“会唱歌的瓶娃娃”。你们知道老师的瓶娃娃为什么会唱歌吗？(幼儿猜测回答。)

(4)教师出示各种材料(如棋子、红豆、花生米、小花片、泡沫、棉球、小布球、小纸球等)，讲述：老师在这些东西里面挑选了几样放进瓶子里，把瓶口盖上，再用手摇动它，瓶娃娃就唱歌啦！你们也来试一试，看看怎样让瓶娃娃唱歌。

(5)教师分发各种软、硬材料，让幼儿尝试做会唱歌的瓶娃娃。

(6)教师巡回观察，提示幼儿用手捏捏每种材料，感受不同材料的硬和软。

(7)教师鼓励幼儿大胆反复尝试，用教师提供的材料制作会唱歌的瓶娃娃，体验软、硬不同的材料能否发出声音的过程。

3. 交流：瓶娃娃怎样才会唱歌?

(1)邀请几位幼儿介绍制作会唱歌的瓶娃娃的过程，说一说自己的感受。

(2)教师引导幼儿小结：硬的东西能让瓶娃娃发出响声，软的东西不能让瓶娃娃发出响声。

4. 体验：瓶娃娃唱歌真好听。

幼儿用自制的瓶娃娃表演歌曲，体验自制玩具的成功感。

活动延伸

领域外活动延伸：幼儿用自制的瓶娃娃为教师伴奏，共同体验合作演奏乐曲的兴趣。

区域活动延伸：在活动区继续为幼儿投放不同的材料，鼓励幼儿大胆、自由地探索，了解不同的材料放入瓶中会发出不同的响声。

十四、让玩具动起来

设计意图

玩具是孩子们的宠物。会动的、色彩鲜艳的玩具往往更能引起小班孩子的注意，更令他们喜爱。教师往往在活动中投放了类别与数量都充足的玩具，以满足幼儿活动的需要。本次活动旨在让孩子们通过自由的探索，发现让玩具动起来的各种方法，充分感受探究活动的乐趣，培养其大胆尝试的精神。

活动目标

1. 积极参与探究活动，体验成功的乐趣。
2. 探索让玩具动起来的各种方法。
3. 能大胆尝试用多种方法让玩具动起来。

活动准备

知识经验：请幼儿将自己喜爱的一件玩具带到班上来。

物质准备：准备各种玩具以及电池、发条钥匙、小棍、扇子等物品。

环境准备：在活动室内创设“玩具城”，收集各类玩具。

活动过程

1. 参观“玩具城”。

教师请幼儿参观活动室的“玩具城”，让幼儿感受到玩具品种众多、造型各异，色彩丰富，引起幼儿参与活动的兴趣。

2. 自由尝试玩玩具。

(1)幼儿分组进行交流活动，请幼儿给小组同伴说说自己玩的是什么玩具，怎样玩的。

(2)教师轮流参与各组活动，引导幼儿发现玩具的不同：有的玩具自己会动，有的玩具自己不会动。

3. 尝试让不会动的玩具动起来。

(1)有些玩具本身可以动，但是幼儿找不到开关或按钮，或者是玩具没有电池，没有发条钥匙。教师请幼儿仔细观察玩具的结构，找一找哪些地方有开关、按钮，找到了就可以让玩具动起来；或者看一看是不是需要配上电池或发条钥匙等，如果需要就请教师帮忙安装，让玩具动起来。

(2)有些玩具本身不会动，请幼儿想一想、试一试，看看怎样让玩具动起来。引导幼儿用手推、小棍赶、扇子扇等方式让部分玩具动起来。

(3)教师组织幼儿交流自己的发现，并演示让玩具动起来的办法。

4. 玩具分类。

(1)教师和幼儿共同小结玩具的种类：用电池帮忙的玩具，用发条帮忙的玩具，用遥控器帮忙的玩具，用手帮忙的玩具，用小棒帮忙的玩具，用扇子帮忙的玩具，等等。

(2)请幼儿按照本身会动的玩具和本身不会动的玩具分别归为两大类，再按照怎样让玩具动起来的方法将玩具分为各小类：

①本身会动的玩具：用电池帮忙的玩具，用发条帮忙的玩具，用遥控器帮忙的玩具等。

②本身不会动的玩具：用手帮忙的玩具，用小棒帮忙的玩具，用扇子帮忙的玩具等。

(3)教师引导幼儿互相检查幼儿分类的结果。

(4)教师听取幼儿汇报检查的情况，对有争议的问题进行复查，发现问题予以纠正。

活动延伸

领域内活动延伸：鼓励幼儿在生活中继续发现和创造玩具新玩法。

领域外活动延伸：引导幼儿将玩具按不同的运动方式进行分类。

十五、我的耳朵真灵敏

设计意图

耳朵是认识世界、感知周围环境的窗口，对孩子身体、智能的发展起着重要的作用。然而小班孩子在生活中往往会出现一些伤害耳朵的不良行为，如用硬物捞耳朵、往耳朵里塞异物等。选择这一活动旨在让幼儿对耳朵的作用有感性的认识，从而达到有意识保护耳朵的目的。

活动目标

1. 愿意保护自己的耳朵。
2. 认识耳朵，了解其作用。
3. 能分辨出日常生活中各种不同的声音。

活动准备

知识经验：能分辨方位。

物质准备：会发声的乐器，如：碰铃、铃鼓等各 1 件；空铁罐若干；黄豆、米粒、报纸若干。

活动过程

1. 感知声音。

(1)教师给每组幼儿发放空铁罐、黄豆、米粒、报纸等物品，请各组幼儿自由选择桌上的材料进行操作，想办法让它们发出声音。

(2)请幼儿在操作中听一听有些什么声音，说一说是用什么方法让它们发出声音的。

2. 倾听分辨不同的声音。

(1)教师摇动空铁罐，请幼儿说说听到了什么声音没有。

(2)教师分别将黄豆、米粒、报纸装入空罐子中并摇动，请幼儿倾听辨别，说一说有没有发出声音，发出的声音是不是一样的。

教师引导幼儿小结：不同物体发出的声音是不一样的。

(3)请幼儿闭上双眼，教师站在不同的方位摇动罐子，请幼儿用手指指出声音来源的方向。

教师引导幼儿小结：耳朵能听到四面八方传来的声音，能判定声音来源的方向。

3. 讨论怎样保护耳朵。

(1)教师提问：没有耳朵会怎样？(幼儿自由表述。)

(2)请幼儿捂上耳朵，教师轻声说话，引导幼儿感知听不见的不方便。

(3)教师讲述并提问：小朋友都知道耳朵对于我们来说非常重要，那么怎样保护我们的耳朵呢？(幼儿讨论交流。)

在幼儿交流表述的基础上，教师归纳：

①不要把东西塞进耳朵里，也不要随意掏耳朵，以免损伤耳道，造成发炎。如果刺伤鼓膜就会有失去听力的危险。

②看电视、听广播时音量要适中，减轻鼓膜的压力；不要对着别人的耳朵大声嚷嚷，音量保持适中。

③远离噪音，听到噪音时要用双手捂住耳朵，以免噪音过于刺耳。

④在日常生活中要注意不要让水流进耳朵或留在耳朵里。

⑤平时要注意避免耳朵被撞击，不要拿坚硬的东西打斗，以防意外伤害耳朵。

⑥冬天要注意耳朵的保暖，以免冻伤耳朵。

活动延伸

领域内活动延伸：带幼儿到户外空地上进行听音辨位的游戏。

领域外活动延伸：给幼儿讲述故事《六个朋友回家》，让幼儿知道眼睛、鼻子、耳朵、嘴巴，还有小手、小脚是六个好朋友，虽然它们各自的本领都很大，但离开了谁都会觉得非常不便。

十六、我的小脚

设计意图

小班阶段幼儿知识经验不够丰富，但对周围世界充满浓厚兴趣，探索世界不妨从幼儿自身开始。小脚是每个孩子都有的，却很少有机会仔细观察它，在游戏中萌发幼儿对身体的初步探索兴趣，是件非常有意义的事情。

活动目标

1. 萌发对自己成长的渴望。
2. 知道脚会随着人的成长慢慢长大。
3. 能简单表述自己小脚的特征。

活动准备

知识经验：知道身体各个部分的名称。

物质准备：拓印的幼儿、小学生、成人的脚印各 1 张；用来拓印幼儿脚印的印墨和纸张若干；录音机 1 台，律动音乐磁带 1 盘；纸团、沙包若干。

活动过程

1. 故事：《数脚》。

(1) 教师给幼儿讲述童话故事《数脚》，请幼儿欣赏。

(2) 教师结合故事提问：好多动物都有脚，它们的脚一样多吗？（不一样。）我们人有几只脚？（两只。）我们人的脚最灵活、最有用，不仅会走路，还会跳舞呢！

2. 律动：我的小脚会跳舞。

(1) 教师播放一段节奏比较明朗的音乐，带领幼儿用小脚跳舞，做脚步律动。

(2) 教师讲述：小朋友会用小脚跳舞，真能干！我们的小脚为什么这么灵活呢？我们先看看小脚长啥样。

3. 探究：我的小脚长啥样？

(1)引导幼儿观察自己的小脚，感受小脚的特征。

(2)带领幼儿一边念儿歌《小脚丫》，一边做动作。

(3)教师与幼儿交谈：你的脚上有什么？(脚趾头。)动一动，点数脚趾的个数。(幼儿数脚趾头。)它们各叫什么名字？(引导幼儿与名称一一对应地指认脚趾头。)这些脚趾头是一样大吗？哪个最大？哪个最小？(幼儿自行指说。)

(4)教师请幼儿摸一摸自己小脚的脚背、脚底、脚跟，引导幼儿知道它们的名称及所在部位。

4. 比脚印：我的小脚会长大。

(1)教师依次出示拓印的小朋友、小学生及自己的脚印。

(2)教师与幼儿交谈：这是什么？是谁的脚印呢？(幼儿猜测。)第一个是小朋友的脚印，第二个是小学生哥哥姐姐的脚印，第三个是老师的脚印。你们比一比，看看是你们的脚大，还是老师的脚大。

(3)教师引导幼儿小结：我们在慢慢长大，脚也会跟着慢慢长大。

5. 游戏：我的小脚真能干。

教师引导幼儿用脚做下列动作：用小脚做操(动脚腕和脚趾头。)
用小脚趾夹拾小纸团。
用小脚运沙包。

教师小结：小脚能帮我们做很多事情，大家一定要保护好自己的小脚。

活动延伸

领域外活动延伸：教师帮幼儿拓印脚印，放入幼儿《成长档案》，作为幼儿成长的一个记录，让幼儿感知自己是怎样长大的。

亲子活动延伸：请幼儿和爸爸妈妈一起玩小脚的游戏，锻炼脚部灵活性。

十七、天气冷了我不怕

设计意图

小班幼儿动手能力弱，自我保护意识差，不能主动地去适应天气的变化。本次活动从幼儿的生活小事出发，通过组织幼儿谈话，让幼儿喝热开水、给洋娃娃穿衣服等活动，使他们体验我们身体对天气变化的不同感受，教给他们适应环境的方法，使他们懂得一些具体的生活小常识，从而激发幼儿关注生活、关注环境的变化，并能主动想办法适应环境。

活动目标

1. 体会环境与人的密切关系，有初步的自我保护意识。
2. 知道天气寒冷时，要多穿些衣服、多运动及吃热的东西。
3. 能正确地给洋娃娃穿戴衣物，发展动手能力。

活动准备

知识经验：已初步感知冬天的特征。

物质准备：水杯、温热水；衣着单薄的洋娃娃若干(与幼儿小组数相同)、各种适合洋娃娃穿戴的冬季衣物等。

环境准备：将幼儿分组。

活动过程

1. 谈话活动：寒冷的冬天。

(1)教师诵读儿歌《冬爷爷的胡子》，引起幼儿的兴趣。

(2)教师提问：这首儿歌说的是什么季节？(冬天。)冬天为什么冷？(幼儿自由表述。)在幼儿表述的基础上，教师简单讲解冬天冷的原因，让幼儿初步知道冬天冷是自然的规律即可。

(3)教师提问：天气变冷了，我们该怎么办呢？(幼儿根据已有的经验交流表述。)

在幼儿表述的基础上，教师引导幼儿归纳：天气变冷了，要多穿衣服，穿厚衣服，戴上手套、帽子，围上围巾；要多活动，积极锻炼身体。

2. 体验活动：喝热的好暖和。

(1)给每位幼儿一小杯温热水，让大家喝水并说一说喝完后身体感觉怎么样。让幼儿体会：天冷了，喝了热的水好温暖、好舒服。

(2)教师延伸讲述：冬天天气冷，我们喝要喝热的，吃也要吃热的。这样既不伤胃，又感觉暖和。

3. 游戏活动：给洋娃娃穿衣物。

(1)教师出示穿着单薄的洋娃娃并提问：天气变冷了，洋娃娃冻得直发抖。小朋友，咱们快给她想个办法，怎么才能使洋娃娃不冷呢？

(2)引导幼儿讨论各种御寒的办法，如：穿上厚厚的衣服、戴上帽子、围上围巾、做一些活动、吃热东西等。

(3)给每个小组发 1 个衣着单薄的洋娃娃，请幼儿给洋娃娃穿戴保暖的衣物。

(4)教师带领幼儿学念儿歌《冬天到了》，然后去户外做运动。

活动延伸

领域外活动延伸：进一步了解冬天如何进行自我保护，如：擦护手霜、加强锻炼等。

亲子活动延伸：和爸爸妈妈一起感受冬天气温的变化。

十八、圆圆的轮子

设计意图

在日常生活中孩子们经常会看到各种轮子，例如汽车轮子、自行车的轮子、玩具的轮子等。这些轮子的大小、颜色、材料都不同，但它们为什么都是圆的呢？为了培养孩子们勤于观察的习惯、激发他们对周围事物探究的兴趣，生成了本次活动。

活动目标

1. 学会观察，对探究车轮的奥秘产生兴趣。
2. 知道车子只有装上圆形的轮子才能跑得快，跑得平稳。
3. 能为汽车选择合适形状的轮子。

活动准备

知识经验：活动前带领孩子观察各种有轮子的物体。

物质准备：汽车车厢；正方形、三角形、圆形的轮子若干；相关图片若干。

环境准备：布置“圆圆的轮子”主题墙饰。

活动过程

1. 回忆观察印象。

(1)教师启发：我们日常生活中很多东西都有轮子，说一说，你们看到的轮子是什么形状的？(幼儿自由表述。)

(2)在幼儿表述的基础上，教师引导幼儿归纳：无论哪种轮子都有一个共同的特征——圆形。

2. 参观主题墙饰。

教师带领幼儿参观主题墙饰“圆圆的轮子”，请幼儿描述墙饰上各种轮子有什么不同，然后让幼儿了解轮子的多样性：轮子有的大，有的小；有的宽，有的窄；有的轮子上有花纹；有的轮子中间是空的，有的是实心的……轮子各种各样，但轮子的形状都是圆的，可以滚动。

3. 探究轮子的作用。

(1)教师将自制的汽车车厢和各种轮子(正方形、三角形、圆形的轮子)分发给各组，请幼儿合作先后给汽车车厢装上不同形状的轮子，试一试：哪种车轮能滚动，跑得快，跑得稳？

(2)幼儿通过实验发现：正方形、三角形的轮子滚不动，圆形的轮子可以滚，而且跑得快，跑得稳。

4. 添画练习。

(1)教师出示相关图片，请幼儿观察，并给只有车厢的汽车添画自己喜欢的车轮。

(2)教师组织幼儿自由交流，介绍自己的作品。

活动延伸

领域外活动延伸：介绍童话故事《车轮为什么是圆的》，帮助幼儿进一步理解圆形车轮的作用。

区域活动延伸：在活动区投放各种式样的轮子，让幼儿练习车轮配对。

小班(下)

一、寻找小树芽

设计意图

春天是万物苏醒的季节；春天是充满生机、充满活力的季节；春天也总给人惊喜，让人赞叹。对于小班幼儿，我们应培养他们热爱自然、热爱生命、乐观而积极的生活态度，丰富他们的情感。本次科学活动通过寻找小树芽、观察小树芽，让幼儿走出教室感受春天的美、自然的美，感知季节带给树木的变化，激发幼儿对春天的喜爱，培养幼儿树立爱护树木、保护大自然的意识。

活动目标

1. 知道春天里树木会发芽。
2. 仔细观察小树芽，尝试用简单的语言和动作表述观察到的树芽。
3. 培养细致观察、善于发现的能力，树立爱护树木、保护大自然的意识。

活动准备

知识经验：教师预先在幼儿园里或附近的地方选择一棵不高的小树作为观察对象，等到小树长出小芽时开展此次活动。

物质准备：冬天和春天里的树木图片各一张(突出树的变化)；相关音乐磁带及播放器材；相关画纸若干张。

活动过程

1. 对比感知。

(1)教师出示一幅冬天里的树木图片，引导幼儿回忆冬天里树木的样子。(如：冬天里树木的叶子都掉光了，树上光秃秃的，等等。)

(2)教师再出示一幅春天里的树木图片，请幼儿仔细观察、对比，说出春天里树木的样子。(如：春天的树木已经孕育出了许多鼓鼓的小芽苞，有的小芽苞都绽开了，露出了嫩黄的小尖尖，还有的是浅绿色的小叶子。)

(3)教师引导幼儿明白季节的交替带给树木的变化，知道春天天气变暖和了，太阳照射的时间长了，促进了树木的生长发育。

(4)教师引导幼儿用简单的语言和肢体动作表述对春天的认识，表达喜爱春天的情感。

2. 实地体验。

(1)教师带领幼儿来到室外预先选定的树木较多的地方，观察春天里的树木，感受季节带给树木的变化。

(2)教师和幼儿一起寻找树上新发的“小芽”。

(3)教师请找到小芽的幼儿说说：你在哪里找到了小芽？小芽是什么颜色、什么形状的？同时，引导其他幼儿仔细观察树上小芽的颜色、形状。

(4)教师引导幼儿根据观察自由讨论、交流感受，从中领悟到应该爱护小树芽、爱护树木。

3. 创编表演。

(1)回到教室，教师引导幼儿自编舞蹈动作，展现小树芽的形状及小树芽的生长。

(2)在幼儿自由创编的过程中，教师巡查，个别指导。

(3)教师请个别表现优秀的幼儿展示其创编的舞蹈动作。

(4)在音乐伴奏下，教师和幼儿一起表演。

4. 画小树芽。

(1)教师导语：小朋友，我们在图片上看到了小树芽，也在树木的身上找到了小树芽，你们对春天里的小树芽应该很熟悉了，你们能把小树芽画出来吗？

(2)教师给幼儿分发画纸，在画纸中间的一棵树上添画自己喜爱的小树芽，提示幼儿注意画出小树芽的形状、大小和颜色的特征。

活动延伸

领域内活动延伸：日常生活中继续观察小树芽或花草的生长变化。

领域外活动延伸：引导幼儿注意观察春天带给人们的变化。

亲子活动延伸：和爸爸妈妈一起探讨为什么要在春天植树。

二、动物的冬眠

设计意图

冬眠是一些动物在冬天特有的生理活动。由于小班幼儿往往对形象化的东西感兴趣，所以本活动的设计不是有关知识的灌输，而是希望通过玩布袋游戏，模仿动物冬眠的形态、动作、声音等，并将之与音乐的情绪、速度互相配合，从而达到玩中学、玩中乐的目的，在延伸活动中，教师还可通过搜集资料、布置墙饰的活动继续丰富幼儿的相关经验。

活动目标

1. 初步了解常见的小动物冬眠的现象。
2. 会用身体的动作模仿动物冬眠的形态。
3. 乐于主动探索和表达。

活动准备

知识经验：知道冬眠。

物质准备：若干冬眠的小动物卡片。

环境准备：若干“小动物的家”挂图。

活动过程

1. 导入：我们是怎样过冬的?

(1)教师提问：小朋友，你们知道现在是什么季节吗？(春天。)你们是怎样过冬的？(幼儿自由讲述过冬的情景。)

(2)教师讲述：我们过冬的时候，室内有暖气，或者是空调，每天又吃又喝，照样蹦蹦跳跳。可是，你们知道有些动物是怎么过冬的吗？让我们去森林里看看小动物是怎样过冬的吧！

2. 游戏：拜访小动物的家。

（1）教师出示动物卡片，带领幼儿看图做“小兔拜访小伙伴”的游戏。

①小兔拜访小熊的家。

教师请一名幼儿扮演小兔，对画面说：“小熊，你好，请你出来和我们一起玩，好吗？”

教师又请一名幼儿扮演小猴说：“别吵，小熊在睡觉，不吃不喝一直要睡到春天才出来玩呢。”

教师讲述：哦，原来小熊在冬眠。

②小兔拜访松鼠的家。

教师再请一名幼儿扮演小兔，对画面说：“松鼠，你好，请你出来和我们一起玩，好吗？”

教师另请一名幼儿扮演小猴说：“别吵，松鼠在睡觉，不吃不喝，一直要睡到春天才出来玩呢。”

教师讲述：哦，原来松鼠在冬眠。

（2）教师提问：小朋友，你们知道这些小动物为什么要冬眠吗？（幼儿自由表述。）

教师小结：到了冬天，天气变得很冷，小动物们可吃的东西变少了。它们找不到吃的，怎样度过又冷又饿的冬天呢？它们就想出了躲在家里睡觉，不吃也不喝，一直睡到春天再出来的好办法！这个不吃不喝、躲起来睡觉过冬的办法就叫“冬眠”。

3. 模仿：我们来学动物冬眠。

教师请幼儿扮演冬眠的动物，模仿动物冬眠的样子，嘴里还可发出打鼾的声音。

4. 看图：送小动物回家冬眠。

（1）教师出示动物卡片及挂图，请幼儿观察：上面一排有 6 种动物（如：蛇、老虎、青蛙、蝙蝠、狮子、刺猬），下面一排是 4 间小屋，小屋上分别有一个小动物图标。

（2）教师引导：上面一排的动物中，有哪些是需要冬眠的动物？请你们把它们送回家，好吗？（提示幼儿，在大型动物中，只有熊一类的动物冬眠。）

（3）幼儿根据下面一排小屋上的图标，分别与上面一排需要冬眠的动物连线，表示把这些小动物送回了家。

活动延伸

领域内活动延伸：给幼儿继续介绍动物冬眠的相关知识。

区域活动延伸：继续收集动物冬眠的资料，布置墙饰“动物冬眠”。

三、动物吃什么

设计意图

小朋友们都十分喜欢小动物，大家也曾去过动物园，看见过各种各样的动物，但对于动物们的进食特点没有留意过。本次科学活动可以通过幼儿观察并亲自喂养饲养角里两种不同的小动物——小兔子和小狗，发现动物食性的不同，并通过游戏活动知道常见动物的吃食特点，能根据动物的食性分辨出肉食动物和草食动物。

活动目标

1. 喜爱小动物，知道要爱护小动物。
2. 了解常见动物的吃食特点，能根据动物的食性分辨出肉食动物和草食动物。
3. 有初步的细致观察事物的能力。

活动准备

知识经验：幼儿去动物园观察过各种动物。

物质准备：常见的动物图片若干；动物头饰若干。

环境准备：在饲养角中饲养一只小狗和一只小兔子，便于幼儿观察。

活动过程

1. 导入活动。

(1)教师以“动物”为话题与幼儿交谈。

①你们去过动物园吗？(去过。)你们在动物园里看见过哪些动物呀？(引导幼儿简单描述所见动物的特征。)

②(出示动物图片。)你们认识这些动物吗？(请已有经验的幼儿回答。)

③你们知道这些动物它们吃什么吗？(请小朋友们根据自己平时的观察作答，表扬大胆回答的小朋友并鼓励其他小朋友作答。)

(2)教师带领幼儿来到饲养角，请幼儿观察并喂食小狗和小兔子。

2. 观察比较。

(1)请幼儿尝试给小狗和小兔子分别喂食肉骨头和青草，仔细观察它们吃什么，不吃什么。(小狗吃了肉骨头，不吃青草；小兔子吃了青草，不吃肉骨头。)

(2)教师向幼儿简单介绍动物的食性。

(3)教师再次出示图片，请幼儿区分图中哪些是食草动物，哪些是食肉动物。

(4)教师帮助幼儿小结：食草动物一般没有锋利的爪牙，吃食较慢，如：牛、羊、马等；食肉动物一般爪牙都比较锋利，吃食较快，如：狮子、老虎、豹子等。

3. 游戏活动。

(1)教师在地上画两个圈：一个圈表示食草的动物圈，一个圈表示食肉的动物圈。

(2)教师给每位幼儿发放一个动物头饰，请幼儿扮演相应的动物。(若幼儿人数较多或动物头饰不够，可以分组依次游戏。)

(3)教师一声令下，请幼儿根据所饰动物的食性进行选择。

(4)表扬选择正确的小朋友，帮助选择错误的小朋友纠正错误。

4. 巩固认知。

教师根据动物的食性特点，帮助幼儿进一步区分，明确图中各种动物的分类。

活动延伸

领域内活动延伸：进一步了解动物除了食性的差别，还有哪些特性的不同。

领域外活动延伸：请幼儿以后再去动物园玩时，仔细观察各种动物的饮食习惯，并做好简单记录。

四、可爱的蜗牛

设计意图

小班幼儿对于周围的生活环境充满了好奇，地上的蚂蚁，草丛里的蚱蜢、瓢虫，花丛中的蜜蜂、蝴蝶，都是他们喜欢观察的对象。夏天雨后，教师可以组织幼儿寻找、捕捉蜗牛，了解蜗牛的生活习性和环境。通过近距离观看蜗牛，让幼儿认识蜗牛的外形特征，进而培养幼儿敏锐的观察力和执著的探索精神。

活动目标

1. 初步了解蜗牛的生活环境。
2. 认识蜗牛的外形特征。
3. 培养敏锐的观察力和执著的探索精神。

活动准备

知识经验：教师预先观察，选择一块能捕捉到蜗牛的区域。

物质准备：收录机 1 台；歌曲《蜗牛与黄鹂鸟》的磁带 1 盘；蜗牛的图片 1 张；小镊子 1 把；一次性杯子 1 个；放大镜若干(每个小组 1 个)；无色透明的玻璃容器若干(每个小组 1 个)。

环境准备：选择一个夏天的雨后开展此次活动。

活动过程

1. 介绍蜗牛。

(1)教师播放歌曲《蜗牛与黄鹂鸟》，请幼儿欣赏。

(2)教师提问：歌里唱的是什么动物？(蜗牛和黄鹂鸟。)你们知道蜗牛是什么样吗？(身上背着壳。)它是怎么走路的？(慢慢地爬。)

(3)教师出示蜗牛图片，向幼儿简单介绍蜗牛：蜗牛整天背着它的房子——螺旋形的壳，伸出柔软的身躯，用扁平的像吸盘一样的足缓缓地向前蠕动。在它的头部，一前一后长着两对像天线一样的触角，前面的小，后面的大。

2. 捕捉蜗牛。

(1)教师带领幼儿来到室外预先选择好的区域。

(2)教师和幼儿一起捕捉蜗牛。要求：幼儿观察发现蜗牛后，告诉教师，教师用镊子将蜗牛取下放入杯中，以免幼儿把握不了力度将蜗牛捏死。

(3)大概捕捉到五六只蜗牛后，教师带领幼儿返回教室，洗手，坐好。

(4)教师请幼儿说说刚才大家在哪里发现的蜗牛，引导幼儿初步了解蜗牛的生活环境：潮湿的地方。

3. 观察蜗牛的外形。

(1)教师给每组幼儿发放一个放大镜和一只蜗牛。

(2)教师引导幼儿用放大镜观察蜗牛：

①蜗牛身体有什么特征？(身上背着硬壳，头上有一对触角。)是什么颜色的？(身子是黄褐色，壳有白、棕、绿、黑、金黄等不同的颜色，有壳上还有各色的彩条。)

②蜗牛的头上有眼睛、嘴巴、鼻子、肛门吗？它们在蜗牛身上什么部位？(大触角上端的两个黑黑的小圆点是眼睛，小触角中间往下一点儿的小洞是嘴巴，硬壳口子边上有两个小洞，经常开合的是鼻子，经常闭拢的是肛门。)

(3)教师鼓励幼儿用手轻轻触摸蜗牛(不要捏)。

①用手轻轻触摸蜗牛的壳和身体，感觉有什么不同？(壳是硬硬的，身体是软软的。)

②轻碰蜗牛的触角时，引导幼儿观察蜗牛的变化。(缩回去了。)

4. 观看蜗牛爬行。

请幼儿仔细观察蜗牛的爬行，引导幼儿发现：蜗牛的爬行速度很慢，而且蜗牛爬过的地方留下了一条痕迹。

5. 给蜗牛安个家。

教师和幼儿一起为蜗牛在饲养角里安一个家，以便继续观察蜗牛。

活动延伸

领域内活动延伸：鼓励幼儿照看蜗牛，观察它喜欢吃什么食物。

领域外活动延伸：引导幼儿了解比较蜗牛与田螺的不同生活习性。

五、认识小乌龟

设计意图

本次科学活动以《龟兔赛跑》的故事引出幼儿喜爱的小乌龟。通过幼儿对小乌龟的观察和喂养，使幼儿初步了解乌龟的外形特征，知道乌龟爱吃哪些食物，并发现乌龟既可以生活在水中又可以生活在陆地上，同时在饲养观察中，增进幼儿关爱小动物的情感。

活动目标

1. 观察、描述乌龟的外形特征。
2. 观察、了解乌龟的生活习性。
3. 喜欢小动物，知道爱护小动物。

活动准备

知识经验：认识乌龟。

物质准备：小鱼缸 1 个；小乌龟两只(装在小鱼缸里)；各种食物(小鱼、苹果、香蕉、番茄、土豆、面包、饼干、牛奶、米饭、面条等)若干；两个小篮子。

活动过程

1. 讲述故事，导入活动。

(1)教师讲述“龟兔赛跑”的故事，引起幼儿对小乌龟的喜爱。

(2)教师导语：你们喜欢小乌龟吗？今天老师就把小乌龟介绍给大家认识，好吗？

2. 观察小乌龟的外形。

(1)教师端出一个透明小鱼缸，里面装有少量的水，内有两只小乌龟。请幼儿围成一圈进行观察。

(2)教师请幼儿仔细观察小乌龟的外形特征，还可以让乌龟在地上爬行，鼓励幼儿用手摸一摸乌龟的壳。

(3)请幼儿用简单的语言描述小乌龟的外形特征。(如：乌龟背上有很硬的壳，壳上还有花纹；乌龟有四条腿，还有眼睛、嘴巴、鼻子和一条小尾巴；当小朋友用手摸乌龟时，它的头会缩进龟壳里等。)

3. 了解小乌龟的习性。

(1)小乌龟住哪里？

①教师提问：小朋友，你们知道小乌龟住哪里吗？(幼儿根据推测回答问题。)

②教师往鱼缸里加水，再将小乌龟放回鱼缸，请幼儿观察小乌龟在水里的样子；又将小乌龟从鱼缸里拿出，请幼儿观察乌龟在地上的样子。

③教师和幼儿一起小结：原来乌龟既可以生活在水里(如河、湖、沼泽、水库和山涧)；又可以生活在陆地上(如岩洞、草地、沙滩中)。

(2)小乌龟吃什么？

①教师拿出一篮食物(小鱼、苹果、香蕉、番茄、土豆、面包、饼干、牛奶、米饭、面条等)，鼓励幼儿大胆地给小乌龟喂食。

②当幼儿边喊“乌龟”，边给乌龟喂食时，乌龟会把头缩进龟壳里不出来，此时，教师提醒幼儿：喂食时要特别安静，不然乌龟就会把头缩进壳里不出来了。

③教师帮助引导幼儿尝试将各种食物喂给小乌龟吃，观察它们喜欢吃哪些食物，不吃哪些食物，并将这些食物分开放入两个篮子里。

④请幼儿根据观察或喂食经历，辨别哪些食物是乌龟爱吃的，哪些食物是乌龟不爱吃的。

活动延伸

领域外活动延伸：认识其他的两栖动物，如蛇、鳄鱼等，让幼儿了解更多的动物知识。

区域活动延伸：在活动角饲养小乌龟，让幼儿学习照顾小动物，并从中观察更多的动物特点。

六、谁的小脚丫

设计意图

有一次，小朋友们看到小猫走过，留下了一串特别清晰的脚印，他们对此特别地感兴趣。但是他们对于动物的脚丫，并没有一个完整、直观的认识。所以，本次科学活动分别以尖、扁、圆、大等特点选择了几种形状差异较大的动物脚印，便于幼儿识别，并鼓励幼儿描述出各种动物的脚印特征，丰富幼儿的想象力，培养幼儿热爱小动物的情感。

活动目标

1. 认识几种常见动物(鸡、鸭、小猫、大象)的脚印。
2. 能够进行细致的观察，并能用简单的语言描述动物脚印的特征。
3. 萌发喜爱小动物的情感。

活动准备

知识经验：知道动物有脚印。

物质准备：鸡、鸭、小猫、大象的图片及它们脚丫的放大图片。

活动过程

1. 交谈，引入活动内容。

(1)教师带领幼儿随着音乐模仿小鸟飞的动作“飞”进教室，分组坐好。

(2)教师与幼儿交谈：小朋友们，刚才我们是怎样进的教室？(“飞”进来的。)我们是腾空“飞”进来的吗？(用脚走进来的。)对，我们的脚就是用来走路的。小动物们有脚吗？(有。)它们的脚是干什么用的？(也是用来走路的。)

2. 观察，尝试对应连线。

(1)教师出示图片，请小朋友们找出画面左边动物和右边脚丫的对应关系。

(2)教师鼓励各组幼儿与同伴交流自己的配对结果。

（3）教师巡视检查并引导幼儿小结：每种动物的脚丫都不同，我们要注意观察它们的脚部特征，再判断区别。

3. 认识各种动物的脚丫。

（1）请幼儿根据小组再次讨论结果指出对应关系，全体幼儿共同检验。

（2）在检验正确后，教师请幼儿仔细观察并说出各种动物脚丫的特征。

（3）教师讲解几种动物脚丫的特征。

（4）教师诵读儿歌《谁的小脚丫》，请幼儿根据儿歌再次指认各个图片中动物及其脚丫的对应关系。

4. 游戏：模仿小动物走路。

（1）教师和幼儿采用一问一答的方式，诵念儿歌《谁的小脚丫》，以巩固和加深幼儿对小动物们及其脚丫对应关系的认识。

（2）教师请幼儿分别说一说鸡、鸭、小猫、大象四种动物走路是什么样子，并用动作演示出来。

（3）请幼儿分组进行模仿表演，教师引导观看的幼儿进行简单积极的讲评。

（4）教师和幼儿一起一边诵念儿歌，一边模仿小动物走路。

活动延伸

领域内活动延伸：鼓励幼儿在生活中注意观察，尝试认识更多的动物脚印。

亲子活动延伸：和爸爸妈妈一起玩游戏——“辨认动物的小脚丫”。

七、各种各样的鱼

设计意图

新《纲要》明确指出："科学教育应密切联系幼儿的实际生活进行，利用身边的事物与现象作为科学探索的对象。"在孩子们的世界里，鱼是他们熟悉和喜欢的对象。教师引导幼儿对画面和实物进行观察，了解各种各样的鱼，归纳出鱼的共同特征，了解鱼在水中游动的形态，并知道鱼的各个动作部位的不同作用。另外，引导幼儿交流探讨，知道鱼类含有丰富的营养，懂得多吃鱼的好处。通过本次活动，促使幼儿学会细心观察周围的事物，鼓励幼儿大胆表现自己，从而逐步掌握认知的方法，促进良好个性的形成和发展。

活动目标

1. 了解鱼类的基本特征，观察鱼游水的动作。
2. 学习观察、分析、归纳事物，从中获得认知。
3. 知道鱼类含有丰富的营养，能促进身体发育和智力发展。

活动准备

知识经验：幼儿在生活中对鱼有基本的了解。

物质准备：请幼儿与家长一起收集有关鱼的图书资料，完成鱼的调查表(见后文所附调查表)；鱼和鱼缸；各种鱼的图片。

环境准备：在教室里装饰有海洋特征的环境，布置"各种各样的鱼"的墙饰。

活动过程

1. 了解各种各样的鱼。

(1)教师请幼儿自由交换翻看收集的鱼的资料，寻找和交流喜欢的鱼。

(2)教师出示图片，请幼儿观察各种各样的鱼，说出其中自己认识的鱼的名称(如：鲤鱼、鲫鱼、草鱼、鲢鱼、黑鱼、带鱼、多宝鱼等)。

(3)幼儿分组活动，教师引导幼儿观察，找出各类鱼的共同特征。

(4)幼儿在组内交流自己与家长填写的关于鱼的调查表。主要交流：鱼有头吗？有嘴巴吗？有眼睛吗？有尾巴吗？身上还有什么？

在幼儿交流的基础上，教师小结：这些鱼都有头、嘴巴、眼睛、尾巴等，还有鱼鳍，另外，多数鱼身上还有鳞片。

(5)教师提问：这些鱼长得一样吗？什么地方不一样？（幼儿根据对图片等资料的观察进行讲述。）

在幼儿讲述的基础上，教师小结：这些鱼有的大，有的小，有的扁圆，有的细长，有的身上有刺，有的没有鳞，有的有美丽的花纹，有的还会变色。

2. 观察水中游动的鱼。

(1)教师出示玻璃鱼缸，请幼儿观察鱼在水中游动的情形。

(2)教师提问：鱼在水中游动的时候有哪些部位在动？（幼儿根据观察找出鱼在游动时动的部位，并模仿鱼游水的动作。）

教师小结鱼游动的特点：摇头(看准前进的方向)、划鳍(身体向前游动)、摆尾(掌握前行的方向)。

3. 探讨鱼的营养价值。

(1)教师请幼儿根据自己收集的资料，在组内交流讨论鱼有哪些营养。

(2)教师请各组派代表在班上交流表述本组讨论的结果。

(3)教师小结：鱼类含有丰富的蛋白质和维生素 A、D、B_6、B_{12}，还有人体需要的钙质；海鱼还含有丰富的碘、磷、铜、镁、钾、铁等元素。鱼类含有一种关键的元素 DHA，它可维持视网膜正常功能，保障视力健全发展；它还可以促进人脑发育及智能发展，也是神经系统成长不可或缺的养分。因此，小朋友应该多吃鱼，让自己成为健康、聪明的好宝宝。

4. 游戏：“我是一条鱼”。

教师播放音乐，鼓励幼儿伴随音乐，扮演各种各样的鱼，用身体动作表现鱼游泳的动作。

活动延伸

领域外活动延伸：给鱼添画鱼鳍和鱼尾，并涂上漂亮的颜色。

亲子活动延伸：和爸爸妈妈一起参观海族馆，增进对鱼的了解。

附：

关于鱼的调查表

我调查的鱼是：______________

鱼有头吗？	有（　　）	无（　　）
鱼有嘴巴吗？	有（　　）	无（　　）
鱼有尾巴吗？	有（　　）	无（　　）
鱼有眼睛吗？	有（　　）	无（　　）

鱼身上还有什么？

____

八、瓶瓶与盖盖

设计意图

生活中，幼儿经常会接触各式各样的瓶瓶盖盖，但似乎从没有留意过它们的形状、特点等。本次科学活动就从这些常见的瓶、盖中启发幼儿自主实验、探究，锻炼幼儿观察事物的能力，并且运用实践来检验自我选择对象的正确性，这样，既满足了幼儿探究的愿望，又锻炼了幼儿的动手能力。

活动目标

1. 学会观察瓶口、盖子的特征(大小、有无螺纹等)，尝试选择合适的盖子。
2. 能尝试拧紧瓶盖，提高拧、按的技能，发展手部动作。
3. 积极参与活动，在活动中自主探究，培养条理性思维。

活动准备

知识经验：收集各式带盖子的瓶子(最好是塑料制品)。

物质准备：将收集的瓶子与盖子整理好，按盖子的样式分成多套(教师自己准备一套，同时为每组幼儿准备一套，分别用盆子装好)；奖励幼儿用的小红花贴纸若干。

活动过程

1. 情景导入。

(1)教师用盆子端着一盆瓶瓶盖盖走进教室，故作着急地对幼儿说：小朋友们，老师呀，昨天很着急，一不小心把好多的瓶子和瓶盖全打乱了，现在瓶子都没有盖盖子，怎么办呢？你们帮帮老师，一起想个办法把它们还原盖好，行吗？

(2)教师从盆中拿出所有的瓶子和盖子，一一摆放在桌面上。

(3)教师故意拿起一个小瓶子和一个大盖子，演示盖子盖不住瓶口，并装作很奇怪地问幼儿：为什么盖不上呢？(因为它们不是一对，不配套。)

(4)教师再换一个盖子，演示盖子盖紧了瓶口，引导幼儿发现只有配套的盖子才能盖住瓶口。

2. 实验探究。

(1) 教师给每组幼儿发放一套实验材料，请所有幼儿都试一试，给教师帮帮忙，用盖子把瓶子盖紧。

(2) 幼儿实验的过程中，教师进行巡视并适当地给予提醒、帮助。

(3) 幼儿完成后，教师逐一检查，并对正确的小组给予小红花奖励。

(4) 请小组幼儿代表说说：你们组是如何成功地为瓶子找对了盖子的?

(5) 教师引导幼儿发现盖子除了有大有小外，还有的盖子里面一圈一圈的，有的盖子里面光光的，我们把一圈一圈的叫螺纹，有螺纹的盖子只能和有螺纹的瓶口配套，并且用手拧，才能盖紧，而没有螺纹的盖子只能和没有螺纹的瓶口配套，它们不用拧，但必须用劲按，才能盖紧。

3. 游戏活动——"比一比，谁最快"。

(1) 先请各组幼儿将瓶子、盖子分开打乱，放入盆中。

(2) 每组选一名幼儿作代表，参与比赛，其他幼儿围成一个圈，组成啦啦队。

(3) 在教师的口令下，幼儿开始比赛，分别将不同的盖子和瓶子对号拧紧。

(4) 对于优胜者，教师给予奖励。条件许可，也可进行多轮比赛。

4. 教师小结。

游戏结束后，教师小结：实验中，大家应该发现，要想又快又对地找出配套的瓶与盖，必须有条理、有步骤地完成这件事。(教师边说边演示。)

(1) 先将盆中的瓶子与盖子分开，摆放好。

(2) 观察瓶口，将有螺纹的和没有螺纹的分成两类。

(3) 观察盖子里面，将有螺纹的对应有螺纹的瓶口放在一起，将没有螺纹的对应没有螺纹的瓶口放在一起。

(4) 最后按大小、颜色等配套盖紧。

活动延伸

领域内活动延伸：鼓励幼儿收集更多不同纹路的瓶盖，尝试瓶子与盖子的配对游戏。

领域外活动延伸：引导幼儿讨论瓶盖的作用。

亲子活动延伸：和爸爸妈妈一起玩游戏——"比一比，谁最快"。

九、滚滚乐

设计意图

滚动现象在生活中十分常见。本次科学活动就是通过幼儿常见的玩具、物品让幼儿感受物体的滚动，知道圆圆的物体能滚动，并能区分哪些物体能滚动，哪些物体不能滚动，在滚动游戏中体会科学活动带来的乐趣，进而激发幼儿的好奇心，乐于观察、探究生活中的各种科学现象。

活动目标

1. 知道圆圆的物体能滚动。
2. 能够区分哪些物体能滚动，哪些物体不能滚动。
3. 体验滚动游戏的乐趣，激发幼儿对滚动现象的好奇。

活动准备

知识经验：会滚动物体。

物质准备：一个可拆卸轮子的玩具小汽车；另备皮球、气球、乒乓球、弹珠、卷纸等各 1 个。

环境准备：教师将幼儿分组，为每组幼儿准备一篮实验物品(内装一些能滚动的物品和一些不能滚动的物品)。

活动过程

1. 情景导入。

(1)教师手拿一个玩具小汽车开进教室，并在桌面上开上一圈，然后偷偷地将汽车轮子卸下，之后，假装很奇怪地问幼儿：咦，我的汽车怎么开不动了？(因为没有了车轮。)

(2)教师引导幼儿发现：玩具小汽车之所以能开，是因为它的车轮在滚动。

(3)鼓励幼儿思考：生活中还有哪些东西能滚动？(如：皮球、气球、乒乓球、弹珠、卷纸等。)

2. 实验感知。

(1)教师拿出皮球、气球、乒乓球、弹珠、卷纸等，依次分发给各组幼儿，请幼儿尝试在桌面上滚动这些物体。

(2)教师请幼儿观察并思考：这些物体都能滚动吗？为什么它们能滚动？

(3)教师和幼儿一起交流讨论，引导幼儿感知：圆圆的物体能滚动。

3. 比较探索。

(1)教师给每组幼儿分发一篮实验物品，其中有些是圆圈形、圆柱形和球形，还有些是不规则的形状。

(2)教师请幼儿将篮中物品逐一试试，看看哪些能滚动，哪些不能滚动。

4. 游戏活动。

(1)将幼儿分成两组，进行滚球比赛。

(2)比赛结束后，教师奖励优胜队。

活动延伸

领域内活动延伸：鼓励幼儿继续寻找生活中能滚动的物体。

领域外活动延伸：请幼儿思考并动手尝试：怎样让不能滚动的物体滚动起来？(如：将纸揉成团或卷成筒后，纸也能滚动起来了。)

十、让乒乓球听话

设计意图

通过“滚滚乐”的活动，幼儿知道圆圆的物体都能滚动。乒乓球是个球体，可以向四面八方滚动。但是，想要它听话不滚动，就是一件难办的事情了。设计本活动的目的，就是鼓励幼儿把难办的事情办成。教师通过游戏活动，让幼儿发现问题，引发探索的兴趣，然后去思考问题、分析问题，运用不同的设想去探索解决问题的办法，最终获得成功。通过这个活动，使幼儿变被动的学习为主动的学习，提高他们对科学探索活动的兴趣。

活动目标

1. 能够在游戏活动中发现问题，产生探索的兴趣。
2. 通过思考提出设想，然后根据设想进行探索，找到解决问题的办法。
3. 学习用简单的方式记录实验结果，体验成功的快乐。

活动准备

知识经验：知道乒乓球能够滚动和弹跳。

物质准备：乒乓球若干(每个幼儿1个)；长方形纸；实验记录表(每个幼儿各1张)；记录笔(每个幼儿1支)。

活动过程

1. 游戏活动。

(1)游戏一：乒乓球跳一跳。

教师发给每个幼儿一个乒乓球，让幼儿自由在桌面上用乒乓球玩反弹游戏，引发活动兴趣。

(2)游戏二：乒乓球滚一滚。

教师请幼儿两两自由组合，分别站在桌子的两端，互相把乒乓球在桌面上滚过去，滚过来。

(3)游戏三：乒乓球晃一晃。

教师请幼儿将乒乓球放在硬纸板上，双手端着硬纸板，随意走几步，允许乒乓球在硬纸板上晃动，但不能让它掉下来。

(4)游戏四：乒乓球站一站。

①教师导语：乒乓球玩累了，让它在桌上休息一会儿。请小朋友把乒乓球放在桌面上，不让它动。

②幼儿尝试不让乒乓球动，却发现问题：乒乓球不听话，站不稳。

2. 探索活动。

(1)教师引导：乒乓球不听话，能不能借助一种东西来控制它呢？请小朋友想想办法。

(2)教师鼓励幼儿自由探索，用自己想出的办法把乒乓球固定下来。

(3)教师出示一张纸，提示：用一张纸可以帮助乒乓球站稳吗？请小朋友动脑筋想一想，然后说出自己的设想。(鼓励幼儿大胆发言，说出自己的设想。)

(4)教师归纳幼儿的设想。如：

①把纸平放在桌面上，再把乒乓球放在纸上。

②把纸对折，尖角朝上倒扣在桌面上，拦住乒乓球滚动的方向。

③把纸折成波纹状，把乒乓球放在波纹纸上面。

④把纸折成凹形，把乒乓球放在凹槽中。

⑤把纸对折，将两端重合，围成圆圈，把乒乓球放进圆圈里。

(5)教师发给每个幼儿一张长方形纸，请幼儿按照以上设想尝试操作，用一张纸帮助乒乓球站稳。

3. 交流活动。

(1)教师请幼儿根据实验结果进行记录，并在组内相互交流自己的成功经验。

(2)教师请各组的代表在全班讲述自己的经验，并演示自己的方法。

活动延伸

领域内活动延伸：探究为什么借助其他材料乒乓球就能站稳呢？

区域活动延伸：将幼儿的作品展示在活动区域，供大家互相欣赏，感受成功的喜悦。

附：

实验记录表

把纸平放：成功(　　)　失败(　　)

把纸对折：成功(　　)　失败(　　)

把纸折成波纹状：成功(　　)　失败(　　)

把纸折成凹形：成功(　　)　失败(　　)

把纸对折围成圆圈：成功(　　)　失败(　　)

十一、我和数字做游戏

设计意图

3~4 岁的幼儿已经开始掌握计数活动，并学会按计数活动的要素进行计数，形成了最初的数的概念。在感知 10 以内数量的基础上，幼儿对数字的印象慢慢清晰起来，但是手和口总不能准确一致，因此在感知 10 以内的数量时，手口一致准确点数依然是活动的重点。

活动目标

1. 感知 1~10 的数量关系。
2. 能手口一致点数 10 以内物品并说出总数。
3. 对数字游戏感兴趣，能够清楚地表述自己理解的数字概念。

活动准备

知识经验：有数的概念，并会数数。

物质准备：彩色串珠 10 串(各串的数量分别为红色 1 个、绿色 2 个、粉色 3 个、橙色 4 个、天蓝色 5 个、紫色 6 个、白色 7 个、棕色 8 个、蓝色 9 个、金黄色 10 个)；1~10 的数字卡片各 1 张；相关图片若干张。

活动过程

1. 准备活动。

(1)教师带领幼儿诵读儿歌《拍手歌》。

(2)教师引导幼儿根据儿歌的内容创编动作：每句前 8 拍做拍手的动作，后 8 拍做与句子意思相关的动作。

2. 探索活动。

(1)教师出示“彩色串珠”(挂在一根横着的绳子上)，教师引导幼儿指认不同串珠的颜色。

(2)教师请幼儿数一数每种颜色的串珠上有多少粒珠宝宝。要求幼儿手口一致点数，同时与教师出示的数字卡片上的数字对应。

3. 集体游戏。

教师引导幼儿进行“数串珠，说数字”的游戏，请幼儿按照教师指令说出串珠的颜色和数量。如：

教师说：蓝色串珠。幼儿点数并回答：9个。

教师说：紫色串珠。幼儿点数并回答：6个。

教师说：8个，幼儿点数并回答：棕色。

教师说：5个，幼儿点数并回答：天蓝色。

……

4. 操作练习。

(1)观察相关图片：一个西瓜、两个桃子、三个梨子、四个橘子、五个菠萝、六颗草莓、七根香蕉、八颗樱桃、九颗青枣、十颗葡萄。

(2)教师请幼儿点数画面上水果的数量，并用涂圆点的方法标注各种水果的数量。

活动延伸

领域内活动延伸：在日常生活中引导幼儿点数10以内的物品，帮助幼儿积累相关经验。

亲子活动延伸：请家长有意识地引导孩子点数物品。如：逛超市时，数一数有多少种水果；买菜回来请孩子数一数买了几种菜；让孩子数数家里有多少人，有多少把椅子等。

十二、能干的小嘴巴

设计意图

小班幼儿的各种感觉还不够敏锐，他们的味觉概念也是很模糊的，而且在家里，家长的保护意识都较强，所以孩子们很少有接触各种味道的机会。本次科学活动旨在通过品尝味道，给幼儿提供一个积累味觉经验的机会，让幼儿能识别各种味道，激发幼儿的探究欲望。

活动目标

1. 知道嘴巴可以品尝味道。
2. 能够用小嘴品尝出酸、甜、苦、辣等味道，发展感知能力。
3. 增强自我保护的意识。

活动准备

知识经验：能够进行品尝。

物质准备：一杯糖水，一杯盐水；一次性筷子若干。

环境准备：教师将幼儿分组，为每组准备一杯糖水、一杯白醋、一杯生姜水、一杯苦瓜水。

活动过程

1. 说说小嘴巴的作用。

(1)教师提问：小朋友们，你们知道嘴巴有什么用吗？(教师鼓励幼儿认真思考，大胆回答。)

(2)教师归纳小嘴巴的主要作用：说话、唱歌、吃东西、喝水、尝味道等。

2. 对味觉的感知。

(1)教师端出两杯一模一样透明的水，告诉幼儿一杯是糖水，一杯是盐水，请小朋友们思考用什么方法可以将它们区分出来。(鼓励幼儿积极思考，勇敢尝试，请能区分的幼儿上前演示并给以表扬。)

(2)教师引导幼儿发现嘴巴除了可以说话、吃饭外还有一个很重要的作用——品尝味道。

3. 体验各种味道。

(1)教师给每个小组的桌上放四杯一模一样透明的水。(注意杯子里的水不要装得太满,要求幼儿的动作要轻,不要太大,以免打翻了杯子。)

(2)教师请各组幼儿用小嘴巴尝一尝杯子里装的东西是什么味道。每人都品尝一遍,然后告诉大家,你尝到了哪些味道?(酸、甜、苦、辣。)这些味道给你什么样的感觉?

(3)教师请大家猜猜品尝的是些什么东西?(一阵猜测之后,教师揭晓谜底,并告诉大家:白醋酸酸的,糖水甜甜的,苦瓜苦苦的,生姜辣辣的,它们就是酸、甜、苦、辣。)

4. 比试味觉反应。

(1)教师打乱每小组四个杯子的顺序。

(2)教师在每小组挑一名幼儿作为选手,进行比赛,看哪个小组的选手最先分辨出白醋、生姜水、糖水和苦瓜水,并奖励最快最准的一组。

5. 了解爱护小嘴巴的方法。

(1)教师:我们的嘴巴真有用,可以吃东西、说话,还可以品尝出不同的味道,所以我们要爱护自己的嘴巴。

(2)教师以“怎样爱护小嘴巴”为话题,引导幼儿交流讨论。

(3)教师参与幼儿的讨论,并引导幼儿归纳:不要随意品尝来历不明的东西,不要把脏东西塞进嘴里,注意口腔卫生,等等。

活动延伸

领域外活动延伸:请幼儿尝试用多种器官区别不同的东西。比如:用眼睛看一看,用鼻子闻一闻,用手摸一摸,等等。

亲子活动延伸:和爸爸妈妈一起开展游戏——“我最喜欢的味道”,说说自己最喜欢什么味道,不喜欢什么味道,为什么。

十三、鸡蛋的秘密

设计意图

鸡蛋是幼儿生活中最常见、最熟悉的东西。在本次活动中，教师引导幼儿有意识地观察鸡蛋，了解鸡蛋的外形特征和内部构成，学习运用“摸、摇、转、泡”等方法辨别生鸡蛋和熟鸡蛋，比较鸡蛋煮熟前后的变化，然后注意品尝鸡蛋的味道，从而对鸡蛋形成一定的概念。通过这个活动，可以帮助幼儿学习观察事物的方法，对科学探究活动产生兴趣。

活动目标

1. 观察、讲述鸡蛋的外形特征和内部构成。
2. 观察、发现生鸡蛋和熟鸡蛋的不同。
3. 培养通过细致观察进行科学探究活动的兴趣。

活动准备

知识经验：对鸡蛋有粗浅的认识。

物质准备：母鸡生蛋的图片；生鸡蛋若干(比小组数多2个)；托盘若干(与小组数相同)；乒乓球和小皮球若干(与小组数相同)；小红碗和小绿碗各1个；熟鸡蛋若干(比幼儿人数多1个)。

活动过程

1. 导入活动。

(1)猜谜语。

我们来猜一个谜语：一头大一头小，不是橄榄不是桃，骨头长在肉外面，宝宝吃了营养好。谜底是什么呢？(鸡蛋。)

(2)看图片。

教师导语：(出示母鸡生蛋的图片。)鸡妈妈在干什么呢？(生蛋。)我们一起看看蛋宝宝是什么样的。

2. 观察活动。

(1)观察鸡蛋的外形。

教师给每个小组分发一个鸡蛋(用托盘装着，提醒幼儿轻拿轻放)，请幼儿观察。

①用眼睛看：鸡蛋是什么形状？

教师给每组分发一个乒乓球，引导幼儿比较描述：比乒乓球大，没乒乓球圆，像大橄榄一样。

②用小手摸：小手是什么感觉？

教师给每组分发一个小皮球，引导幼儿对比触摸：皮球的表面是软的，鸡蛋的表面是硬的。

(2)观察鸡蛋的内容。

①教师拿出一个鸡蛋，把蛋壳磕开，让蛋液流进小碗里。教师端着小碗在各组走动，请幼儿观察。

②教师提问：蛋宝宝里流出了什么？小碗里有几种颜色的东西？黄色的是什么，透明的是什么？(幼儿根据观察讲述。)

③教师小结：鸡蛋是由蛋黄和蛋清共同构成的。

3. 探究活动。

(1)教师出示两个鸡蛋，分别装进小绿碗和小红碗里，然后引导：这里有两个蛋宝宝，请你们猜一猜，哪个是生蛋宝宝，哪个是熟蛋宝宝。

(2)教师一手端一个碗，在各组之间走动，请幼儿对比观察。

①摸一摸：小绿碗里的蛋宝宝滑腻，小红碗里的蛋宝宝粗糙。

②摇一摇：小绿碗里的蛋宝宝壳内有动静，小红碗里的蛋宝宝壳内没有动静。

③转一转：小绿碗里的蛋宝宝不容易转动，小红碗里的蛋宝宝一下就转动了。

④泡一泡：(教师分别往两个碗里倒进茶水。)小绿碗里的蛋宝宝的壳没有变色，小红碗里的蛋宝宝的壳很快变成茶褐色了。

(3)教师把两个碗分别放在桌子两端，请猜想哪个颜色碗里是熟蛋宝宝的幼儿就站在哪个颜色碗的一边。

(4)教师操作验证：教师先将小绿碗里的蛋拿出来，把蛋壳磕破，有蛋液流出，说明这是生鸡蛋；再把小红碗里的蛋拿出来，把蛋壳磕破，没有蛋液流出，说明这是熟鸡蛋。

(5)教师给幼儿讲解用“摸、摇、转、泡”能够分辨生鸡蛋和熟鸡蛋的道理。

(6)教师把熟鸡蛋的壳剥开，将蛋白和蛋黄分离，请幼儿对比观察鸡蛋里面的内容煮熟前后的不同：透明的蛋清变成了白色的蛋白；黏稠状的蛋黄变成了固体的球形。

4. 品尝活动。

教师拿出事先煮好的熟鸡蛋分发给幼儿品尝，请幼儿说一说鸡蛋的味道，告诉幼儿鸡蛋既好吃又有营养，鼓励幼儿平时多吃鸡蛋。

活动延伸

领域内活动延伸：引导幼儿了解鸡蛋的营养，鼓励幼儿多吃鸡蛋。

领域外活动延伸：在鸡蛋壳上作画。

十四、各种各样的汽车

设计意图

交通工具是幼儿日常生活中经常接触及乘用的，因其有声且能移动，引起幼儿极大的兴趣。随着社会的发展，汽车的种类不断增多，其用途也越来越广，为了让幼儿能够进一步了解不同汽车的具体用途，设计了本次游戏活动，借此可以开阔幼儿的视野，增加其对生活环境中事物的认知。

活动目标

1. 了解一些常见的不同汽车的名称和用途。
2. 尝试判断不同职业的人与不同种类的汽车之间的对应关系。
3. 学习观察周围环境中的事物，感知社会生活的内容。

活动准备

知识经验：认识各类汽车。

物质准备：各类汽车(公共汽车、救护车、消防车、警车、洒水车、大吊车)的图片；各种身份人物(普通市民、戴头盔的工人、穿有环卫标志服的清洁工、消防队员、警察、穿着病号服的病人)的图片。

活动过程

1. 指认各种汽车。

(1)教师请幼儿观察图片，指认各种汽车，并说出它们的名称：卡车、公共汽车、电车、双层巴士、轿车、救护车、消防车、警车、洒水车、大吊车……

(2)教师引导幼儿说出这些汽车的共同点：有驾驶室、方向盘、车箱、车窗、车轮、车灯……

2. 分辨各类车的不同。

(1)教师用描述性的语言提出下列问题，请幼儿思考回答：

①下雨车，下雨车，边下雨来边唱歌。这是什么车?(洒水车。)

②大嘴车，大嘴车，边吃垃圾边唱歌。这是什么车?(垃圾车。)

③大车厢，没有顶，装满货物快快跑。这是什么车?(卡车。)

④两眼像铜铃，四角圆滚滚，腰间两个门，专拉过路人。这是什么车?(公共汽车。)

⑤只要你上车，司机听你的，你要到哪里，司机送你去。这是什么车?(出租车。)

⑥拨打电话 119，开来的是什么车?(消防车。)

⑦拨打电话 120，开来的是什么车?(救护车。)

⑧拨打电话 110，开来的是什么车?(警车。)

(2)教师请幼儿观察画面上不同的人物和汽车，判断他们应该乘坐什么车。

3. 游戏：我该乘坐什么车?

(1)教师讲解游戏的方法：将几辆不同种类的汽车图片呈一字形排列展贴在黑板上，幼儿各持不同身份的人物图片，说出自己是哪一类的人后，将人物图片展贴在相应的汽车下面，说明找到了自己应该乘坐的汽车。

(2)幼儿按照教师讲解的方法进行游戏，教师观察、指导幼儿注意把握不同人物和不同汽车的对应关系。(可以让幼儿交换多玩几次。)

活动延伸

领域内活动延伸：分辨不同汽车所属的种类。

区域活动延伸：收集各种汽车的图片，布置“汽车城”墙饰。

十五、雷雨轰隆隆

设计意图

小班幼儿对新鲜的事物充满好奇，他们常常用自己独特的方式表达出对大自然中某些奇妙现象的好奇，尤其是对天气的变化充满了兴趣。夏季，正是雷阵雨多发的季节，也适合幼儿观看雷雨这一自然现象。教师选择雷阵雨的一天开展本次活动。在活动中，重点让幼儿观察雷雨来临前、雷雨中以及雷雨后天空和周围植物的变化，培养幼儿积极探索、善于发现的科学精神，同时让幼儿更进一步体验大自然的奥妙，更加热爱大自然。

活动目标

1. 观看雷雨前后天空的变化。
2. 体验听雨、看雨的乐趣。
3. 感受周围植物的变化，培养热爱大自然的情感。

活动准备

知识经验：在雷阵雨天里，幼儿在父母的帮助下了解当地的天气预报。

环境准备：选择下雷阵雨的一天开展本次活动。

活动过程

1. 谈话导入。

教师与幼儿交谈：大家看过天气预报吗？你们知道里面有哪些描述天气状况的词语吗？（晴天、多云、阴天、小雨等。）你们知道今天是什么天气吗？（雷阵雨。）今天是个好机会，我们可以观赏雷阵雨的景象了。

2. 雷阵雨前。

（1）教师带领幼儿来到室外，观看雷阵雨前的天空。

（2）教师引导幼儿说说雷阵雨前天气的状况。（如：天空阴沉沉的，看不见太阳，光线有点暗，起风了，气温也下降了等。)

(3)教师引导幼儿观看雷阵雨前周围的植物。(如：植物的枝叶干干的，表面还有一层灰，它们在风中摇摆着，似乎在说，快点下雨吧，我们口渴死了……)

3. 雷阵雨中。

(1)当天空越来越暗时，教师带领幼儿回到教室里，等待雷阵雨的来临。

(2)当天空出现闪电时，教师提问：这是什么？(闪电。)

(3)当阵阵雷声传来时，教师又问：这是什么声音呀？(雷声。)

(4)教师和幼儿一起学打雷的声音——“轰隆隆，轰隆隆”，并引导幼儿想象这是天空在告诉人们：快点躲一躲，我要下雨了。

(5)教师引导幼儿说说雷阵雨中天空的状况。(乌云渐渐散了，天空越来越亮。)

(6)当雨点从天空中落下时，请幼儿安静地倾听下雨的声音，并观看下雨的情景。

(7)教师引导幼儿用各种象声词描述下雨的声音。(如：雷阵雨下起来时是“哗啦啦”，打在树叶上是“沙沙沙”，雨快停时是“滴答滴答”，等等。)

4. 雷阵雨后。

(1)雷阵雨停后，教师带领幼儿再次来到室外，观看雨后的天空。

(2)教师引导幼儿说说雷阵雨后天气的状况。(雨停了，风也停了，天空变亮了，如果有太阳，还能看见彩虹。)

(3)教师再次引导幼儿观看周围植物的变化。(如：树叶、小草像洗了个澡似的，变干净了，也更绿了，经过雨水的浇灌，它们会长得更好。)

活动延伸

领域内活动延伸：请幼儿思考，在观察雷阵雨的过程中，我们先看见闪电，接着才听到雷声。是不是天空先闪电，后打雷呢？

领域外活动延伸：请幼儿根据想象画出人或动物在轰隆而下的雷阵雨中的情形。

十六、我是小小人工降雨师

设计意图

提到自然现象，幼儿会自然而然地联想到下雨，联想到下雨的季节。孩子们最喜欢的就是在雨中漫步。如果让他们自己制造雨，想必他们会欣喜若狂。本次活动力求将枯燥的灌输、被动的接受，变为幼儿主动实验、大胆推测、迁移地学习，从而自己得出结论。

活动目标

1. 模仿下雨的情形，了解雨的作用。
2. 能利用不同的材料制造人工降雨。
3. 创造下雨情景，感受想象创造的乐趣。

活动准备

物质准备：瓶盖扎了孔的可乐瓶、吸管、海绵、树枝、牙刷等，分类放在材料筐内。

环境准备：几盆清水放置在室外。

活动过程

1. 谈话：我知道的雨。

(1)教师与幼儿交谈：

①你们看到过下雨吗？你们看到的雨是从哪里来的？(天上下下来的。)

②下大雨时是怎么样的？什么声音？(幼儿边做下大雨的动作，边模仿“哗哗哗”的声音。)

③下小雨时是怎么样的？什么声音？(幼儿边做下小雨的动作，边模仿“淅沥沥”的声音。)

(2)教师提问：你知道雨有什么用吗？(幼儿自由表述。)

教师小结：雨，是地球水循环不可缺少的一部分，是几乎所有的远离河流的陆生植物补给淡水的唯一方法。雨可以灌溉农作物，利于植树造林；能够减少空气中的灰尘，能够降低气温；利于水库蓄水，可以补充地下水，可以补充河流水量以利于发电和航运。下雨了，可以洗刷街道，有利于环境卫生；还可以隔绝嘈杂的世界，营造安宁的环境。

2. 探索：人工降雨的方法。

(1)教师导语：今天请小朋友们来当一回“降雨师”，我们也来下一场雨吧。

(2)教师准备了一些材料，请幼儿仔细看一下，说说是些什么。(盖子扎了孔的可乐瓶、吸管、树枝、海绵、牙刷等。)

(3)教师引导幼儿探索人工降雨的方法：你们能用这些材料把水变成雨吗?

教师提出操作要求：选你喜欢的材料找室外的一块空地进行尝试，注意不要将水弄到自己的身上或别的小朋友身上。

(4)幼儿自由探索：

①可乐瓶降雨。在可乐瓶内灌些水，拧上有孔的瓶盖，向地上喷射雨。

②吸管甩雨。将吸管没进水里，拿出后向空中甩一甩，下雨了。

③海绵挤雨。将海绵吸饱水，一挤，下雨了。

④树枝撒雨：用树叶兜水，向空中撒雨。

⑤牙刷甩雨：用牙刷蘸水，向空中甩一甩，下雨了。

⑥小手降雨：用一只手舀一小把水洒洒，是小雨；用双手捧水，淋下来是大雨。

3. 分享：我做的人工降雨。

(1)教师请幼儿互相分享各自人工降雨的方式，交流演示降雨的方式。

(2)教师引导幼儿互相欣赏、评价不同的降雨方式。

4. 操作：给花草树木下场雨。

(1)教师导语：我们周围的大树小树、花花草草都渴了，请小朋友为它们“下场雨”吧!

(2)教师请幼儿选择一种或几种材料，给花草树木“下下雨”。

5. 讲解：教师讲解真正的人工降雨。

教师带领幼儿回教室，讲讲真正的人工降雨。

活动延伸

区域活动延伸：继续收集有关于雨的资料，创办“奇妙的雨”主题展板。

亲子活动延伸：家长带领幼儿到科技馆参观，了解真正的人工降雨。

十七、传声筒

设计意图

在日常生活中，幼儿时常把书卷起来，有时把它当作传话筒，有时把它当作望远镜。教师看到这种情形，可能担心幼儿会把书损坏，更可能为他们具有创意的行为而高兴。教师应该因势利导，借助幼儿的兴趣，引导幼儿进行一次科学活动。本活动的设计，旨在发展幼儿对传声筒的兴趣，引导他们通过游戏，了解传声筒的科学原理，进而制作“土喇叭”，锻炼他们的动手能力。然后使他们延伸认知现代化的通信、传声设备，感知高科技的飞跃发展。

活动目标

1. 引发对传声筒的兴趣，了解传声筒的科学原理。
2. 能够按照教师的示范讲解制作“土喇叭”，训练动手能力。
3. 了解现代化的通信、传声设备，扩展认知。

活动准备

知识经验：玩过传声筒的游戏，对现代化的通信、传声设备有粗浅的了解。

物质准备：卫生纸的纸芯筒若干（幼儿人数的一半）；用模板将废弃的手提纸袋剪成制作“土喇叭”的纸型若干（幼儿人数的一半）；胶水若干；粘胶带若干。

活动过程

1. 回忆经历。

（1）教师提问：你们还记得用书卷成话筒做游戏的情景吗？你们喜欢这样的游戏吗？（喜欢。）请小朋友回忆一下，当时是怎么做的这个游戏？（请幼儿演示。）

（2）教师讲述：今天我们就做传话筒的游戏，但是不用书卷成筒，那样会把书损坏的。

2. 进行游戏。

(1)教师引导：不用书卷成筒，那我们用什么做传声筒呢？你们看，(出示卫生纸纸芯筒。)老师带来了什么？(纸芯筒。)用这个做传声筒多好。

(2)教师将纸芯筒发给幼儿(每两人1个)，让幼儿自由把纸芯筒当传声筒做游戏：一个幼儿对着纸芯筒轻轻说话，另一个用小耳朵听，然后再交换游戏。

(3)教师请两组幼儿上来表演传话游戏，一组用传声筒，一组不用传声筒，请幼儿比较两种效果的差异。

(4)教师小结传声筒的原理：通过把声音聚集在一起传到对面，相同距离内没有被扩散的声音就听得更加清楚些。

3. 动手制作。

(1)教师导语：用这种直通的传话筒，用于两个人之间的传话效果很好。如果一个人要对相隔一定距离的许多人说话，效果就不大好了。用什么样的传话筒讲话，能让多数人都听见呢？(出示喇叭传话筒。)这是一种喇叭传话筒，人们称它为"土喇叭"，用它就可以达到这个目的。在足球场上，拉拉队就是用这种喇叭传声筒呐喊助威。今天我们就自己动手做一个这样的传话筒。

(2)教师示范讲解喇叭传话筒的制作方法：

①将废弃的手提纸袋拆开，剪成一个等腰梯形，上面的窄边(上底)长180mm，下面的宽边(下底)长340mm，窄边与宽边的距离为300mm。

②将上面的窄边和下面的宽边剪成向下略微弯曲的弧形。

③将两个斜边重合10mm，用胶水粘合在一起。

④再用透明粘胶带粘贴加固，然后进行整理，喇叭传话筒就做好了。

(3)由于小班的幼儿动手能力差、手部掌控能力比较弱，教师应该做一个纸型模板，统一将手提袋纸剪成所需要的形状和大小的纸型。

(4)教师将纸型、胶水、粘胶带分发给每个幼儿。

(5)幼儿按照教师的示范讲解动手操作。

(6)在幼儿的操作过程中，教师巡查，进行个别指导，并鼓励幼儿互相帮助、互教互学，合作完成制作。

(7)教师请幼儿将自己制作的喇叭传声筒在小组内进行展示，互相欣赏评价，选出小组最佳作品。

活动延伸

领域内活动延伸：了解现代通信、传声设备(如对讲机、电话、电脑视频通话、麦克风等)。

区域活动延伸：将小组最佳作品投放入活动区域供幼儿欣赏。

亲子活动延伸：和爸爸妈妈一起制作传声筒。

十八、对应

设计意图

本次活动是幼儿非常感兴趣的较为感性的活动。在引出课题后，一是借助乘车引发座位问题，引导幼儿感知数量对应；二是借助小动物戴帽子的问题，引导幼儿感知重叠对应；三是借助进午餐的问题，提供给幼儿诱发对应性的材料，引导幼儿感知相关物体的匹配对应关系和隐含的两两对应关系。然后引导幼儿进行情景游戏，巩固认知。

活动目标

1. 理解“对应”的数学概念。
2. 感知几种对应的关系。
3. 体验数学情景游戏的乐趣。

活动准备

知识经验：有春游、乘车的生活经验，能够辨别不同的颜色，对常见小动物的食性有所了解。

物质准备：小娃娃胸饰1个；小兔、小猴、小狗、小猫、小鸡的胸饰各若干(分别为1、2、3、4、5个)；白、红、蓝、绿色的旅行帽若干(分别为1、2、3、4个)；胡萝卜、桃子、肉骨头、小鱼、小虫子的图片各若干(分别为1、2、3、4、5张)。

环境准备：布置游戏场景。(用小椅子排列成中巴车厢里面的座位。先在前面安排两把小椅子，作为驾驶员和副驾驶员的位子；在驾驶员座位后面的第一排摆两把小椅子，第二排摆三把小椅子，第三排摆四把小椅子，第四排摆五把小椅子。)

活动过程

1. 回忆经验，打开思路。

(1)教师提问：小娃娃要带一只小兔、两只小猴、三条小狗、四只小猫、五只小鸡一起去春游，请你们想一想，应该带些什么东西呢？

(2)教师提示幼儿回忆以往郊游的经验，交流讨论要带的物品。(吃的、喝的、玩的等。)

2. 逐步引导，感知对应。

(1)感知数量对应关系。

①教师讲述情景并提问：早上，小娃娃准备租一辆中巴车带领小动物出发。小娃娃坐上副驾驶员的位置，小动物上车后却不知道自己该坐哪里。小朋友，你们能给他们安排一下座位吗？(幼儿交流讲述给小动物安排座位的方法。)

②教师带领幼儿来到事先布置好的游戏场景。

③教师戴上胸饰扮演司机，先坐在驾驶员的位子上。再请第一游戏小组的幼儿分别贴上不同的胸饰，扮演不同的小动物，根据每排小椅子的数量找到位子坐下。然后请其他幼儿观察、评价他们座位的安排是否合理。

(2)感知重叠对应关系。

①教师讲述情景并提问：司机开车出发了。路上小兔、小猴、小猫和小狗提出了要求，说是春游要带上旅行帽才神气。司机只好停车，请小娃娃拿出旅行帽发给它们。小朋友，你们能帮他们把帽子戴上吗？

②桌子上依次有 1 顶白帽子、2 顶红帽子、3 顶蓝帽子、4 顶绿帽子。请第二游戏小组的幼儿分别戴上不同的胸饰，扮演不同的小动物，根据桌上帽子的不同数量和颜色，将帽子戴在自己头上。然后请其他幼儿观察、评价它们戴的帽子是否正确。

(3)感知相关物体的匹配对应关系和隐含的两两对应关系。

①教师讲述情景并提问：小娃娃带领小动物坐上中巴车来到郊外，大伙都玩得非常高兴。中午，小娃娃为小动物准备一个大蛋糕，但它们都不喜欢吃，小动物喜欢吃什么呀？(肉骨头、小鱼、小虫子、青菜、桃子。)小娃娃又拿出为小动物准备的另外的食物。小动物见了都高兴地上前抢食物。小娃娃拦住了他们，说邀请小朋友帮他们分配食物，小朋友，你们愿意帮忙吗？

②桌子上依次摆放 1 张胡萝卜的图片、2 张桃子的图片、3 张肉骨头的图片、4 张小鱼的图片、5 张小虫子的图片。请第三游戏小组的幼儿分别戴上不同的胸饰，扮演不同的小动物，根据桌上食物的不同数量和种类，拿一张相应的食物图片。然后请其他幼儿观察、评价它们所拿的食物图片是否正确。

3. 连线操作，巩固认知。

请幼儿运用连线的方式给每种小动物安排座位，分配品种和数量都匹配的食物。

活动延伸

领域内活动延伸：引导幼儿发现其他的一一对应形式，巩固活动中一一对应的经验积累，并通过一一对应来尝试着比较两种物体的多少，感知“一样多”等概念。

中班（上）

一、伞的系列活动之一

——怕水的伞

设计意图

伞是生活中常用的物品，幼儿根据自己的生活经验已经明白了伞的作用。面对各种不同材料制作的伞面时，他们又出现了新的疑问："这种是只能挡雨的吗？""这种是雨天晴天都能用的吗？""这是什么伞？能用吗？"……面对幼儿的疑问，教师没有直接给出答案，而是希望他们从资料及自己的操作过程中获取知识。整个活动中，教师为幼儿提供了充分的探索空间，让幼儿体验通过自己的努力获取知识的乐趣。

活动目标

1. 愿意参加实验活动，大胆讲述自己的实验结果。
2. 认识伞面的材料与防水性能的关系。
3. 能观察比较物体的差别。

活动准备

知识经验：观察身边不同类型的伞。

物质准备：各种材质的伞(布、纸、塑料、油纸等)；普通纸，玻璃纸，蜡纸；塑料布，一般吸水布，无纺布；细铁丝，白胶，水；伞的观察记录表。

活动过程

1. 出示各种材质的伞，请幼儿摆弄观察。

2. 实验比较不同材质伞面的防雨效果并作观察记录。

(1)教师将水直接淋在塑料伞、纸伞、布伞、油纸伞的伞面上，甩一甩伞，请幼儿摸摸看，伞面有没有湿？水是不是跑掉了？

(2)讨论：哪些伞会渗水？哪些伞不会渗水？

①请幼儿观察各种伞渗水情况，记录观察结果，想想为什么。

②把伞晾在活动室的一个角落，请幼儿观察，哪一把伞最容易干，哪一把伞最不容易干？多久才会干？记录观察结果。

3. 尝试用各种材料制作伞面，猜想并进行实验验证。

(1)出示各种伞面材料：玻璃纸、蜡纸、无纺布等，请幼儿摸摸，进行猜想：哪些材料适合做伞面？

(2)和幼儿一起用细铁丝围成圆形，再将上述材料粘在铁丝外，做成伞面。

(3)重复前面的实验方式，将水淋在各种伞面上(注意每把伞晾的时间和方式要相同)，看看各种伞的状况，请幼儿记录下来。

4. 分类活动，得出结论。

(1)请幼儿根据记录结果说一说，哪些材料适合做伞面，哪些材料不适合做伞面。

(2)请幼儿以是否适合做伞面的材料为依据进行分类：把适合做伞面的材料归为一类，把不适合做伞面的材料归为一类。

(3)引导幼儿讨论：适合做伞面的材料有什么共同特点？

在幼儿交流讨论的基础上，得出结论：适合做伞面的材料都不怕水，有防水性；不适合做伞面的材料都怕水。

5. 师生共同小结，齐念儿歌《雨伞》，结束活动。

活动延伸

领域内活动延伸：继续寻找更多的伞面材料，试一试它们的防水性能并作记录。

领域外活动延伸：开展伞面装饰活动——“美丽的伞”。

区域活动延伸：将装饰好的伞面投放到活动区中供幼儿自由观赏。

亲子活动延伸：和爸爸妈妈一起撑伞在雨中散步，感受雨伞的防雨功能。

附：

伞的观察记录表(用图片方式呈现)

提示语：小朋友，你见过哪些伞？它们的防水性能如何？观察实验后一起来填写下面的记录表吧。

不同种类的伞	会渗水	不会渗水	晾干的时间(如半天、一天)	其他
布伞(遮阳伞)				
塑料伞				
纸伞				
油纸伞				
其他				

注：观察项目和伞的种类可自行添加。

二、伞的系列活动之二

——小伞变魔术

设计意图

幼儿的世界是五彩斑斓的，就像红、黄、蓝、绿这些颜色一样。鲜艳、美丽的色彩让孩子们喜爱，更给他们提供了广阔的想象空间——绿绿的自然植物、蔚蓝色的天空、红彤彤的太阳、黄橙橙的梨子……当这些色彩在快速转动后又会怎样呢？活动中，教师通过伞变魔术的游戏，引导幼儿观察色彩变化与转速的关系，尝试了解间隔排列的色彩和光的影响作用。

活动目标

1. 积极地参与观察和推测活动。
2. 感受速度对伞面变化的影响。
3. 增进视觉的感知和分辨能力，促进视觉发育。

活动准备

知识经验：观察摆弄过陀螺。

物质准备：底色相同花纹不同的伞 3 把；红、黄、蓝三色相间的转盘 1 个，赤、橙、黄、绿、青、蓝、紫七色相间的转盘 1 个，黑、白两色相间的转盘 1 个；白卡纸若干（每个幼儿 1 张），铅笔若干（每个幼儿 1 支），彩笔若干（每个小组 2 盒），剪刀 1 把（教师使用）。

活动过程

1. 教师出示花伞，引发幼儿兴趣。

2. 观察花伞，寻找变化。

（1）请幼儿仔细观察静止的伞面，看清伞的色彩和花纹。

提问：这把伞的色彩和花纹是什么样的？（幼儿自由描述。）

（2）教师慢慢转动伞面，慢慢加速。

请幼儿观察伞面色彩的变化并说说：伞慢慢转和不转有什么不同？转得很快之后又有什么不同？（幼儿交流表述。）

3. 伞变魔术，锻炼幼儿观察分辨能力。

（1）教师撑开三把同底色不同花纹的伞。

①引导幼儿仔细观察，看清它们有什么相同，有什么不同。

②幼儿闭上眼睛，教师迅速转动其中一把伞并维持快转的速度，请幼儿睁开眼睛仔细看5~8秒左右（不要太久），在伞的转速慢下来之前，请幼儿再次闭上眼睛（强调不准偷看）。

③教师将伞停下来，将三把伞变换顺序摆放。

提问：刚才老师所转的伞是哪一把？（幼儿自由猜测。）

④教师按上述步骤反复演示几遍，请幼儿在应该睁眼看的时候仔细看。

（2）教师引导幼儿讨论。

①提问：刚才老师演示了几遍小花伞变的魔术，你们发现了什么？

教师引导幼儿就伞面的变化进行交流讨论，说说自己对这种变化的理解。

②教师和幼儿一起小结：当伞转动时，花纹发生了变化；转得越快，花纹变化越大。

4. 演示彩色转盘，发现变化规律。

（1）教师演示红、黄、蓝三种原色间隔的转盘、七彩间隔的转盘和黑白两色相间的转盘，请幼儿观察转盘色彩的变化。

（2）请幼儿讲述三种转盘在转动时产生的变化。

（3）教师讲解产生这两种变化的因素，让幼儿初步理解色彩变化不仅与转动的速度有关，而且与间隔排列的色彩以及光有关系。

5. 师生收拾教玩具，结束活动。

活动延伸

领域内活动延伸：幼儿自由转动彩色转盘，进一步观察色彩变化与转速的关系，并探究间隔排列的色彩和光的作用。

领域外活动延伸：幼儿动手制作彩色转盘并涂色。

区域活动延伸：将制作好的彩色转盘投放到活动区中供幼儿自由操作。

亲子活动延伸：和爸爸妈妈一起玩伞变魔术的游戏。

附：

1. 材料：白色卡纸1张，铅笔1支，彩笔1盒，剪刀1把。
2. 操作：

(1)在白卡纸上画一个直径为8~10厘米的圆，用剪刀沿线剪出圆片。
(2)将圆片分成7个相等的圆心角，用铅笔轻轻划出笔痕。
(3)将圆心角分别涂上七种彩虹的颜色(赤、橙、黄、绿、青、蓝、紫)。
(4)在圆心锥一个小孔(直径小于铅笔杆的直径)。
(5)将铅笔从上往下穿过圆心的孔即成。

(吴伟俊搜集整理)

三、伞的系列活动之三

——大自然中的“伞”

设计意图

生活中有一些植物具有伞的外形、质地及功用，在幼儿对雨伞已有初步认识的基础上，引导他们进一步运用发散性思维，帮助幼儿拓展认知，了解、认识更多像伞一样的植物，知道这些植物的名称和特征等。

活动目标

1. 愿意与同伴分享有关伞状植物的经验。
2. 了解伞的基本特征。
3. 探索大自然中伞状的植物。

活动准备

知识经验：寻找身边不同类型的伞状物品。

物质准备：音碟播放设备1套，轻音乐碟片1盘；不同的伞3把；一些类似伞的植物图片和实物若干。

活动过程

1. 组织拍伞游戏，进一步了解伞的基本结构。

(1)活动室前面放三把伞，请每一组的幼儿去摆弄一下。

活动开始，教师指着场地中的伞，用游戏的口吻说：“哟！都大白天了，伞还在睡懒觉呀，真羞！小朋友，我们去捉弄一下伞，把它叫醒，好不好?”音乐声中，幼儿快乐地进行游戏，或碰或拍或摸伞。

(2)游戏时，教师要有意识地引导幼儿把注意力放在伞的结构上，用动作或语言进行提示，比如让幼儿摸一摸伞面、拍一拍伞柄、抓挠一下伞骨等。

2. 讲述故事，理解故事内容。

(1)教师有感情地完整讲述故事一遍。

①出示大象的图片，提问：下雨了，大象想出去，怎么办呢？

②教师用语言渲染下雨的情景，让幼儿感受雨天的气氛并发挥想象力：如何能让大象不被雨淋湿呢？（请伞宝宝来帮忙。）

③教师讲述《送你一把伞》的故事。

（2）在讲述的过程中，引导幼儿感受雨天的气氛，留意除了大象外，其他动物角色由小到大的出场顺序，以及它们送给大象的伞的特点。

3. 启发联想，认识伞状植物。

（1）教师引导幼儿回忆故事情节。

提问：故事中有哪些动物？它们拿的是什么伞？这些伞有什么特别的地方？

（2）出示蘑菇图片，引导幼儿观察。

提问：你认识这些植物吗？这些植物是不是都一样？什么地方一样，什么地方不一样？你觉得它们有点像什么东西？

引导幼儿发挥想象力进行描述。如：平菇长得像一把油纸伞，开得平平的，草菇长得像一把还没打开来的伞；香菇又矮又胖，金针菇又高又瘦。

（3）教师出示一些蘑菇实物。

①请幼儿说说这些蘑菇的名称，自由选择两种自己喜欢的蘑菇和它们做好朋友，摸一摸，闻一闻，玩一玩，看看它们有什么不同。

②让幼儿说说：自然界中，还有哪些像伞一样形状的植物。

请幼儿根据自己已有的经验，说说其他一些像伞一样的植物，如：荷叶、芋艿叶、酢酱草等。

4. 幼儿自由观察伞状植物，结束活动。

活动延伸

领域内活动延伸：认识更多伞状植物，了解其名称。

领域外活动延伸：学习蘑菇的辨别方法。

区域活动延伸：教师可预先准备蘑菇、荷叶、芋艿叶这样的植物投放在活动区，让幼儿直观地认识这些植物。

亲子活动延伸：请幼儿和家人到户外继续寻找伞状的植物，将它们画下来，和小伙伴交流。

四、毛毛虫化装舞会

设计意图

幼儿喜欢小动物，对动物赋予了人性化的感情。4~5 岁阶段正属于直觉行动思维阶段，他们数概念的获得要通过大量具体的操作活动及游戏来完成。本次活动在“帮助毛毛虫，装扮毛毛虫”的游戏活动中，让幼儿体验帮助毛毛虫带来的乐趣，练习手口一致地点数 10 以内的物体。

活动目标

1. 体验化装舞会的新鲜和有趣。
2. 学习 10 以内的点数。
3. 能够手口一致地点数并按数取物。

活动准备

知识经验：幼儿已有按物点数的经验。

物质准备：彩色纸做的大毛毛虫一个和小毛毛虫若干(没有触角、花纹和脚)；彩色纸剪成的触角、花纹、脚若干，并分类装好，表示触角、花纹、尾巴数量的指示牌若干套(大的 1 套，小的幼儿人手 1 套)；用来装扮的道具若干(彩色的大、小夹子，细发夹，帽子，皱纹纸剪成的小尾巴等)。

活动过程

1. 创设情境，集体练习。

(1)教师创设情景：有一只毛毛虫要去参加化装舞会，可是它没有漂亮的触角、没有漂亮花纹、没有脚，请我们小朋友帮它装扮一下。

(2)教师出示指示牌，根据上面的数量来为毛毛虫装扮上相应数量的触角、花纹、脚，幼儿齐声数一个，教师装扮一个，手口一致地点数。

2. 布置任务，分组练习。

(1)每人一个彩纸小毛毛虫和一个数量指示牌，幼儿按照要求给毛毛虫进行装扮。(要求幼儿手口一致地点数并按数取物)。

(2)幼儿在小组内互相观摩，提出修改意见。

(3)每组请一个人上来展示自己的装扮成果，要手口一致地点数并说出总数。

3. 尝试添画，自我装扮。

(1)幼儿运用所提供的材料在自己身上装扮上触角、花纹、脚，数量自定，必须是装扮一个数一个，知道自己装扮部位的数量。

(2)请幼儿说一说自己身上有几个触角、几片花纹、几只脚。

(3)幼儿相互检查装扮的结果是否正确，教师巡回检查。

4. 师生参加化装舞会。

音乐响起，教师带领装扮好的“毛毛虫”一起快乐地跳舞。

活动延伸

领域内活动延伸：在活动室内寻找相应物品(如毛巾、杯子)，和幼儿一起手口一致地点数并得出总数，帮助幼儿理解数的概念。

领域外活动延伸：了解“多脚的动物”，认识常见的多脚动物。

区域活动延伸：在活动区投放毛毛虫及相应的装饰物，请幼儿按提示卡进行操作，进一步巩固10以内的点数。

亲子活动延伸：和爸爸妈妈一起在家做点数游戏。

五、我会分类

设计意图

日常生活中，超市里摆放物品、图书馆整理图书、家中清理房间等都要运用到相关的分类知识，“分类”是数学活动中的重要内容。《纲要》中指出要让幼儿从生活和游戏中感受和体验数学活动的乐趣和重要性，本次活动将枯燥、逻辑性较强的数学知识融入孩子们感兴趣的操作活动中去，让幼儿感受生活中处处有数学，体现数学学习的价值。

活动目标

1. 感受生活中处处有数学，尝试用学到的知识解决实际问题，初步养成有条理整理事物的习惯。

2. 初步感知分类的意义，通过操作学会按数量分类。

3. 锻炼观察、分析、比较的能力。

活动准备

知识经验：幼儿能准确数数并按物点数10以内的数。

物质准备：不同种类、不同数量的玩具图片若干(每个小组1套)；不同种类、不同数量的动物图片若干及画有10间房子的图示(每个小组1套)；课件播放设备1套，小熊收拾玩具的课件1个。

活动过程

1. 儿歌游戏，复习巩固数字。

教师介绍游戏规则：师生共同念儿歌《一家人》，儿歌里最后一句话中的“几个”，由教师说出一个10以内的数字，念完最后一句话，幼儿赶紧找到相应数目的小朋友手拉手站在一起。

2. 情景活动，初步感知按数量分类的方法。

(1)教师设置情景：小熊的爸爸妈妈要出门了，它们告诉小熊，自己在家把房间的玩具整理好。我们来帮帮小熊，它的玩具应该怎么整理？

(2)教师将不同种类、不同数量的玩具图片分发给各组，幼儿动手操作各种分法并派出代表讲述本组分类的标准。

(3)教师播放收拾玩具的课件，师生共同观看课件中小熊的分法。

提问：小熊是怎么分类的？

教师小结：小熊是按数量分类的，就是把数量相同的物体放到一起，如：是 5 个的物品就放在玩具柜的 5 号格子里。

(4)各组幼儿重新操作，统一按数量分类。

3. 做“送小动物回家”的游戏，巩固按数量分类的认知。

(1)教师介绍游戏规则：请小朋友数一数小动物的只数，有几只小动物就送到几号房子里，每个小朋友只许选择一种小动物。(教师提醒幼儿要数准小动物的数量后，再把它们送回家。)

(2)教师将不同种类、不同数量的动物图片以及画有 10 间房子(分别写上 1~10 的号码)的图示分发给各组。

(3)幼儿分组合作游戏，配合操作。各组派出代表汇报本组分类的情况，说一说把哪些小动物送到哪座房子里了，讲出这样操作的理由。

4. 幼儿自由反复操作，结束活动。

活动延伸

领域内活动延伸：引导幼儿尝试使用颜色、大小等其他标准进行分类。

领域外活动延伸：幼儿运用分类方法协助生活教师整理班上积木。

区域活动延伸：在数学区提供种类玩具、图片等材料，鼓励幼儿探索按其他标准进行分类。

亲子活动延伸：和爸爸妈妈一起分类收拾整理家里物品。

六、沉下去，浮上来

设计意图

孩子们在日常生活及游戏中，会发现一些奇怪的现象：船为什么会浮在水上走？为什么有些东西会浮在水面，而有些东西沉在水里？……为了满足幼儿的好奇心，教师引导幼儿探索身边的科学，了解沉与浮的现象，对沉与浮的现象做出简单的分析、判断和推理，在探究中认识周围的事物和现象。

活动目标

1. 能与同伴合作探索，感受团队合作及挑战成功带来的快乐。
2. 尝试让水中沉下去的物体浮上来，让浮上来的物体沉下去。
3. 观察、比较物体在水中的沉浮现象。

活动准备

知识经验：幼儿有乘船体验。

物质准备：小泡沫板、石头、玻璃珠、雪花片、小球、塑料瓶等操作材料每组1套；大塑料盆(里面有大半盆水)每组1个，擦手毛巾每组1条。

活动过程

1. 观察材料，引发活动兴趣。

教师出示托盘中放的操作材料，请幼儿观察，引发探索兴趣。

2. 猜想实验，记录结果。

(1)教师请幼儿猜一猜：这些东西放入水中后，哪些会沉到水底，哪些会浮在水面上？

请幼儿将猜想的结果写到记录表上(表中已将托盘中的材料画好)，在相应的位置上画记号(√表示上浮，×表示下沉)，等一会再来比一比，看看猜想的和操作结果到底是不是一样的。

（2）实验操作，验证猜想。

①教师指导幼儿实际操作物体，记录沉浮现象。

教师：小朋友刚才都将自己的猜测记在了记录表上，那你们猜得到底对不对呢？请小朋友对照记录将材料一个一个地放入水中，将这个材料是沉还是浮记录在记录表相应的位置上。

②幼儿按教师的要求操作，记录自己的实验结果。

③幼儿与同伴分享自己的实验过程和实验结果。

（3）教师引导幼儿将操作材料按沉与浮进行分类。

3. 游戏探索——“沉浮大变身”。

教师：通过刚才的实验，小朋友知道了什么东西只能沉下去，什么东西可以浮上来。那么，我们能不能想办法让沉下去的物体浮上来，浮上来的物体沉下去呢？现在我们进行小组竞赛游戏——“沉浮大变身”。

（1）介绍游戏玩法。

请幼儿分小组集体思考、讨论，怎样让水中沉下去的物体浮上来，让浮上来的物体沉下去。经过尝试，成功的就获得五角星一颗，以获得五角星多的小组为胜。

（2）幼儿尝试操作。

提醒幼儿注意保持服装的清洁，活动前先卷袖子，操作结束时将手甩干、擦净。

（3）幼儿集体分享。

让水中浮着的物体沉下去的方法：如往塑料瓶里灌满水，在积木上用皮筋绑上较大的石头，在塑料小碗内放一些螺丝钉、铁锁等。

让水中沉下去的物体浮上来的方法：如硬币、钥匙、小石块等放在木制玩具上、塑料瓶内、泡沫板上、塑料的小碗、盘子里等。

4. 教师讲解评价，结束活动。

（1）教师简单讲解让水中沉下去的物体浮上来、让浮上来的物体沉下去的原理。

（2）教师表扬、肯定每位幼儿积极动脑的表现。

活动延伸

领域内活动延伸：引导幼儿继续探索：怎样随意控制物体浮在水中的位置？

领域外活动延伸：给幼儿讲述《曹冲称象》的故事，讲解故事中有关沉浮的道理。

区域活动延伸：在活动区投放水盆和各种材料，幼儿自由操作观察。

亲子活动延伸：请家长在家中提供玩水的机会，满足幼儿对沉浮现象探索的需要。

七、动物的尾巴

设计意图

自然界中动物的尾巴多种多样，其功能也各不相同。本次活动中，教师以讲述故事的方式导入活动内容，让幼儿注意观察不同动物尾巴的外形，了解不同动物尾巴的作用，丰富幼儿有关动物尾巴的认知，引导幼儿关注和思考动物的外形特征对动物生存的意义。

活动目标

1. 喜欢大自然，有探究动物的兴趣和愿望。
2. 了解一些动物尾巴的外形特征和特殊用途。
3. 能大胆与同伴交流自己对动物尾巴的认识。

活动准备

知识经验：在家观看相关动物的视频。

物质准备：收集各种具有不同特征的动物尾巴图片（如水牛、狐狸、松树、小兔、孔雀、蛇等）。

活动过程

1. 讲述故事，引发活动兴趣。

教师有感情地讲述《小壁虎借尾巴》的故事，引发幼儿对动物尾巴的兴趣。

根据故事内容，引导幼儿讨论：

（1）故事中的小壁虎都向谁借尾巴？它借到了没有？

（2）小动物是怎么说的？

（3）小壁虎需要向别人借尾巴吗？为什么？

2. 看图讨论。

请幼儿观察图片上的动物，研究讨论这些动物尾巴的特点和作用。

(1)观察燕子。

提问：燕子的尾巴像什么？(像剪刀。)它的尾巴有什么作用？

小结：燕子的尾巴既能掌握飞行方向，又能身体保持平衡，许多鸟类的尾巴都有这种功能。好多飞机的尾翼都是模仿燕子的尾巴设计制造的。

(2)观察啄木鸟。

提问：啄木鸟的尾巴除了掌握方向和保持平衡之外，还起什么作用？

小结：啄木鸟的尾巴坚硬有力，能支撑着啄木鸟停在树干上啄虫取食，还能帮助啄木鸟攀登树干时保持身体平衡。

(3)观察公鸡。

提问：公鸡的尾巴漂亮吗？(漂亮。)还有什么鸟的尾巴比公鸡更漂亮？(孔雀。)准确地说，应该是雄孔雀。公鸡和雄孔雀的尾巴为什么漂亮呢？

小结：公鸡的尾巴那么漂亮是为了吸引母鸡，要让母鸡喜欢它，和它作伴；同样，雄孔雀展开美丽的尾巴也是为了吸引母孔雀，让母孔雀爱上它。

(4)观察兔子。

提问：兔子的尾巴是什么样的？(很短。)人们常说兔子的尾巴长不了，兔子短短的尾巴有什么作用呢？

小结：兔子的短尾巴可以在紧急情况下帮助兔子逃命。当兔子被猛兽咬住时，兔子立刻使用“脱皮计”，将尾巴的“皮套”脱下，从而赢得逃命的一瞬间。

(5)观察松鼠。

提问：松鼠的尾巴是什么样的？(很大，像一把大扫帚。)松鼠的个子那么小，它要那么大的尾巴有什么作用？

小结：松鼠经常在树上跳来跳去，大尾巴可以帮助它掌握方向、保持平衡，当它往树下跳的时候，可以缓冲落下的重力，不至于摔伤。另外，松鼠睡觉的时候用大尾巴盖在身上可以保暖。

(6)观察老虎。

提问：老虎号称“百兽之王”，它的尾巴是什么样的？(又粗又长。)它的尾巴又有什么作用呢？

小结：老虎除了有尖牙利齿之外，身后那条又粗又长的尾巴是它另一个有力武器。当老虎攻击猎物扑空时，会抡动尾巴，像钢鞭似地扫向对方，把猎物击倒。

(7)观察鸭嘴兽。

提问：鸭嘴兽既可以在水里生活，又可以在陆地上爬行，它的尾巴是什么样的？(毛茸茸，又粗又肥。)它的尾巴有什么作用？

小结：鸭嘴兽的尾巴又粗又肥，是因为里面积蓄着很多很多的脂肪。当冬季来临时，充满脂肪的粗尾巴能帮助它御寒，并提供必需的营养。

(8)观察鲤鱼。

提问：生活在水中的鲤鱼的尾巴是什么样的？(像小扇子。)它的尾巴有什么作用？

小结：鲤鱼和绝大多数鱼类动物一样，为了适应水中生活，尾巴的形状都有点像扇子，用力摆动时，好像推进器一样，推动身体向前游，同时，鱼类的尾巴还能够控制方向，起着舵的作用。

3. 交流表述。

(1)教师引导幼儿根据已有的经验，说一说自己所了解动物的尾巴有什么作用。

(2)教师请幼儿讲一讲自己所知的有关动物尾巴的有趣故事。

4. 活动总结。

教师小结：动物的尾巴多种多样，它们各有各的作用，但总的来说都是为了适应生活的环境、更有利于生存的需要。

活动延伸

领域内活动延伸：寻找更多动物，了解其尾巴的作用。

领域外活动延伸：在饲养小动物的过程中，引导幼儿注意观察各种动物不同的尾巴，以及同一动物尾巴的变化。

区域活动延伸：将不同尾巴的动物图片布置成"神奇的尾巴"主题墙饰。

亲子活动延伸：和爸爸妈妈一起在家饲养小蝌蚪，发现小蝌蚪的尾巴在生长过程中的不断变化。

八、圆形和三角形

设计意图

在幼儿的生活里，每天都会接触到各种形状的物体。几何形状是对客观物体形状的抽象和概括，具有普遍性和典型性。幼儿的几何形状教育是幼儿数学教育的重要内容，按照幼儿掌握形状的难易顺序，中班幼儿首先学会辨认的是圆形和三角形。

活动目标

1. 对图形有探究的兴趣。
2. 认识圆形和三角形，会按范例和口头指示找出圆形和三角形。
3. 发展初步的空间知觉和空间想象能力。

活动准备

物质准备：圆形物品（小圆镜、圆盘子、圆杯盖、圆纽扣、呼啦圈、圆饼干等）若干，三角形物品（三角尺、红领巾、三角形饼干、三角旗等）若干；大小、颜色各异的圆形和三角形纸片若干（总数与幼儿数相同）；红、绿彩笔若干（每个幼儿各1支）。

活动过程

1. 从常用物品中认识圆形。

（1）将圆形物品（小圆镜、圆盘子、圆杯盖、圆纽扣、呼啦圈、圆饼干等）分发给各组，请幼儿自由摆弄、观察圆形物品，感受圆形的特征。

（2）给每位幼儿分发1张圆形硬纸片，让幼儿用指尖沿着圆形边缘和面反复触摸，获取充分的感知经验。

（3）请幼儿用语言描述对圆形纸片的感受，如：面是平的，边缘是光滑的。告诉幼儿这种形状就是圆形。

（4）请幼儿将圆形纸片进行两次对折，然后展开观察，引导幼儿发现两条折印的交叉点到周边的距离是相等的。

2. 从常用物品中认识三角形。

(1)将三角形物品(三角尺、红领巾、三角形饼干、三角旗等)分发给各组，请幼儿自由摆弄、观察三角形物品，感受三角形的特征。

(2)给每位幼儿分发1张三角形硬纸片，引导幼儿用指尖触摸三角形的外部轮廓，告诉幼儿尖尖的是角、直直的是边。

(3)请幼儿找出三角形的边和角，和教师一起数数三角形共有几条边、几个角。知道这种形状就是三角形，有三条边、三个角。

3. 图形配对，巩固认识。

(1)教师交替出示圆形或三角形纸片，请幼儿跟随教师取出相同形状的纸片。

(2)教师语言指示“请你拿出圆形纸片”或“请你拿出三角形纸片”，请幼儿根据教师的口令取出相应形状的纸片，巩固对图形名称的认识。

4. 进行“图形宝宝要回家”的游戏活动。

(1)教师在黑板上粘贴与幼儿人数相等的不同颜色、不同大小的圆形和三角形纸片，每名幼儿都有一次机会按教师的口令上前取下一个纸片。

(2)教师先请两个幼儿在黑板上各取下1张圆形或三角形纸片，用手举起来，让大家都能醒目地看见。然后请大家在黑板上任意取下1张圆形或三角形纸片，然后根据自己取下纸片的形状站到手举相应图形纸片幼儿的周围，即图形找家。

(3)请全体幼儿举起手中的纸片，教师小结：这些纸片不管是大的还是小的，不管是红的还是黄的，它们都是同一个形状，都是圆形或三角形。

5. 进行图形涂色的练习。

(1)请幼儿在相关图例中指认出不同物体的各个部位分别是圆形还是三角形。

(2)请幼儿拿出彩笔，将图例中的圆形涂成绿色，三角形涂成红色。

活动延伸

领域内活动延伸：教师要视幼儿的基础和接受情况来安排教学内容，可以将圆形和三角形放在一次活动中进行，也可以分开进行；引导幼儿认识三角形要从等边三角形开始，逐步扩展到锐角三角形和钝角三角形，帮助幼儿提升经验：只要是有三条边和三个角的形状都是三角形。

领域外活动延伸：鼓励幼儿发挥想象力，用圆形和三角形构成动物图像。

区域活动延伸：在活动区投放各种三角形和圆形的图片，引导幼儿自由观察。

亲子活动延伸：和爸爸妈妈一起找找生活中还有哪些物品具有圆形和三角形的特征。

附：

用圆形和三角形构成动物的图像示例

（吴伟俊搜集整理）

九、房门号码真有趣

设计意图

中班的幼儿对数字 1~10 已有了初步的了解和认识，但在生活中却经常容易出现混淆。针对这样的情况，设计了本次活动，旨在通过幼儿亲身感受，在游戏中区分数字 6 和 9。活动利用课件、肢体动作创编、动手操作巩固、迁移经验的方式，引导他们去观察、发现 6 和 9 的区别，找出主要特征，得到更多具体而丰富的知识。

活动目标

1. 乐意观察比较数字的不同，体验数字游戏的快乐。
2. 尝试区分数字 6 和 9。
3. 能清楚念读数字，用身体动作表示数字。

活动准备

知识经验：幼儿已会认读数字 1~5，对数字 6 和 9 有初步的认识。

物质准备：每位幼儿一套 1、2、6、9 四个数字卡片和记录表，数字 6 和 9 若干；课件“森林里的小屋”；红、黄两座小屋；6、9、2、1 数字卡各 1 张；小兔木偶 1 个。

活动过程

1. 情景游戏：小狗找家。

(1) 教师出示一张图片：小黑狗身上挂的是 6 号牌子，却站在 9 号房间门口；小花狗身上挂的是 9 号牌子，却站在 6 号房间门口。

(2) 教师：有两只狗宝宝找不到自己的家了，你们愿意帮助它们吗？请大家根据小狗身上的数字找到它们的房子，大家行动吧！

(3) 幼儿讲述狗宝宝找错家的原因，感知 6 和 9 的不同。

(4) 教师出示数字 6 和 9，请幼儿说出其特征。

(5) 请小朋友们自己扮演数字宝宝，用身体不同的姿势表示数字 6 和 9。

小结：6 和 9，9 和 6，它们是对好朋友。6 的肚皮圆溜溜，9 的脑袋在上头，一起游戏 GO，GO，GO。

2. 情景表演：对号搬家。

(1)教师出示 4 张用大白纸板画的情景图(后面有撑板，可以立在桌面上)。

第一张：房子的号码是 6921，旁边是一棵桃树；

第二张：房子的号码是 9621，旁边是一棵香蕉树；

第三张：房子的号码是 6291，旁边是一棵梨树；

第四张：房子的号码是 9261，旁边是一棵柿子树。

指定几位幼儿念一念房门号码，然后全班幼儿一起念一遍房门号码。

(2)教师出示 4 张卡片：

第一张：画有小猴的形象，旁边的号码是 6921；

第二张：画有小象的形象，旁边的号码是 9621；

第三张：画有小熊的形象，旁边的号码是 6291；

第四张：画有小鹿的形象，旁边的号码是 9261。

(3)教师：森林里建起了四座新房子，小猴、小象、小熊和小鹿各买了一座新房子。现在它们要搬家了，我们请 4 个小朋友分别扮演小猴、小象、小熊和小鹿，在老师这里各领取一张房卡，然后对号找到新房子搬家，找到的时候就把房卡放在这座房子的前面。

(4)指定 4 位幼儿在教师手里抽取一张房卡，观察了房卡后说说自己扮演什么动物，再大声念出房卡号。

(5)这 4 位幼儿根据房卡对号找到新房子，把房卡放在新房子前面，并说说新房子有什么特征(旁边是什么树)。

(6)另请 4 位幼儿上前检查前面 4 位幼儿操作是否正确，分别说说这 4 个房卡号码有什么区别。

3. 学念儿歌——《数字歌》

教师带领幼儿学念儿歌——《数字歌》，结束活动。

活动延伸

领域内活动延伸：幼儿自由组合数字反复游戏，巩固认识数字。

区域活动延伸：在活动区投放数字 1~10 的卡片，幼儿挑选组成自家电话号码。

亲子活动延伸：和爸爸妈妈一起在家玩数字卡片游戏。

十、火车开来了

设计意图

《幼儿园教育指导纲要》(试行)中指出，幼儿园教育要帮助孩子“从生活和游戏中感受事物的数量关系，体验数学的重要和有趣”。因此，幼儿园的数学活动应该来自幼儿身边熟悉和感兴趣的事物，让幼儿在生活和游戏中自然地感受到学习数学的快乐，发现数学的奥秘。本次活动从这一教育理念出发，结合幼儿的身心发展规律和实际认知水平，以孩子们熟悉和感兴趣的小动物为切入点，以孩子们最喜爱的游戏为基本形式，引导他们在轻松愉悦的氛围中主动参与、积极探索，进一步发现感知规律的美，体验发现规律的乐趣，学习有简单规律的排列活动，使幼儿真正成为数学学习活动中的小主人。

活动目标

1. 感受游戏中规律的美，体验发现简单排列规律的乐趣。
2. 学习按两种物体间隔排列的规律给小动物排座位。
3. 能与同伴合作排列 2~3 种规律的火车。

活动准备

知识经验：幼儿已在教师、家长的带领和引导下观察、发现了一些物体的简单排列规律，收集了相关的实物及图片；幼儿已熟悉游戏“男孩女孩一起玩”。

物质准备：课件《小狗小猫坐火车》，课件《小动物排队》；塑料椅若干把，塑料筐若干个；规律小礼品若干个，规律标志牌 4 个；红色、绿色小火车卡片若干张，小兔、小羊等 8 种小动物卡片若干张。

活动过程

1. 游戏导入，初步感知。

(1)游戏：做动作(听教师指令，男孩、女孩分别有规律地轮流做出相应的动作)。

(2)游戏：找礼物(请幼儿在环境布置中自由寻找一件排列有规律的物品)。

组织引导幼儿相互交流自己的发现。教师：看看你们找到的小礼物是什么？上面的图案有什么秘密？是怎样排队的？你觉得按一定规律排队的图案漂亮吗？

2. 情景演示，探索发现。

(1)组织引导幼儿观看课件《小狗小猫坐火车》。

①出示第一节车厢里坐着一只小狗、一只小猫。

②出示第二节车厢里坐着一只小狗、一只小猫。

③依次出示第三节、第四节车厢，请幼儿猜猜里面分别应该坐着谁？为什么？(一只小狗、一只小猫、一只小狗、一只小猫。)

(2)启发幼儿用小狗小猫的叫声、肢体动作的变换来表现出 ABAB 的排列规律。

3. 操作体验，理解分享。

(1)引导幼儿观看小动物排队。

依次出示四组队列，请小朋友看看每一组的小动物是怎么排队的，还空缺了什么小动物？引导幼儿将队列中空缺的小动物补上去，按规律补完整，并说明理由。

①出示第一组队列：兔羊(　　)羊兔(　　)兔羊(兔、羊)

②出示第二组队列：鱼(　　)鱼鸭(　　)鸭鱼鸭(鸭、鱼)

③出示第三组队列：象熊象熊象(　　)(　　)熊(熊、象)

④出示第四组队列：(　　)猴松鼠猴松鼠(　　)松鼠猴(松鼠、猴)

(2)指导幼儿分组操作：给小动物排座位。

①幼儿自由分组，每人取一张小火车卡片，引导并鼓励幼儿自主地按照一定规律在火车图片上给两种小动物安排好座位。

②分享与交流：请幼儿展示自己的小火车图片，说说是按什么规律给小动物安排座位的。

4. 同伴合作，拓展迁移。

教师带领幼儿进行“开火车”的游戏活动。

(1)启发并引导幼儿根据自己小火车卡片的颜色(红色、绿色)按一定的规律与同伴合作排成一列小火车。

(2)教师念儿歌，如“火车火车开来了，红绿红绿跑起来”，“火车火车开来了，红红绿绿跑起来”等，幼儿听到指令后，规律火车就开动起来(按教师口令排序)。

活动延伸

领域外活动延伸：在幼儿园日常生活中继续引导幼儿观察、发现周围环境中的一些规律，如排队时、做操时、游戏时的规律。

区域活动延伸：在建构区和美术区中迁移经验，鼓励幼儿用塑料珠、塑料纽扣、印章、积塑等实物自制一些有不同排列规律的圣诞小礼物，如项链、花环、围巾等。

亲子活动延伸：请家长和孩子一起寻找、发现生活中更多的规律，做好资料收集和记录。

十一、正方形和长方形

设计意图

《3—6岁儿童学习与发展指南》指出，要帮助幼儿感受生活中各种物品的形状特征并尝试识别和描述。正方形和长方形是常见图形，两个图形之间有着密切的联系。本次活动让幼儿通过观察、比较、操作，了解两种图形的特征，比较它们的异同并感知图形的特性。

活动目标

1. 对图形有较强的探究兴趣。
2. 了解长方形和正方形的基本特征和异同点。
3. 能在周围环境中找出正方形和长方形的物品。

活动准备

知识经验：幼儿有玩正方形、长方形积木的经验。

物质准备：手帕1条；正方形、长方形彩色纸片各1张(两张纸片颜色不同，长方形纸片的宽与正方形的边一样长)；正方形、长方形白纸片若干(每个幼儿各1张)。

活动过程

1. 认识正方形。

(1)猜谜语，感知正方形。

谜面：四四方方一块布，每天为我来服务；揩汗水，擦鼻涕，为我干净它受污。(打一个随身带的用品。)

教师引导幼儿猜出谜底。

(2)教师出示一块手帕讲述：这块手帕有四条边、四个角，方方正正。我们称这样的图形叫正方形。

(3)折纸片，了解正方形的特征。

①教师提出问题请幼儿思考：正方形的四条边共同的特点是什么？正方形的四个角共同的特点是什么？

②教师发给每个幼儿一张正方形纸片，请幼儿先将正方形纸片上下边对边对折、左右边对边对折，然后左斜角对角对折、右斜角对角对折，观察四条边是不是一样长，四个角是不是一样大。

③教师请幼儿说一说自己折纸后的发现，和幼儿一起归纳正方形的特征：正方形有4条边，4条边一样长；有4个角，4个角一样大。

2. 认识长方形。

(1)对照看，感知长方形。

教师出示长方形纸片：这张纸片的图形跟正方形一样吗？(再出示正方形图片，两张纸片颜色不同，长方形纸片的宽与正方形的边一样长)我们比一比，看看这张纸片的形状是不是和正方形一样。(把正方形纸片叠放在长方形纸片面上。)我们把两张图形纸片一边重叠，明显看出它们不一样，这张纸片有两条边长一些，我们把这样的图形叫作长方形。

(2)折纸片，了解长方形的特征。

①教师提出问题请幼儿思考：长方形与正方形有哪些不同点？有哪些相同点？

②教师发给每个幼儿一张长方形纸片，请幼儿先将长方形纸片上下边对边对折、左右边对边对折，然后左斜角对角对折、右斜角对角对折，观察四条边是不是一样长，四个角是不是一样大。

③教师请幼儿说一说自己折纸后的发现，和幼儿一起比较、归纳长方形的特征：长方形和正方形一样有4条边，有4个角，4个角一样大。长方形和正方形不同的是，长方形只是两条对边一样长，其中有两条对边比另两条对边要长一些。

④教师引导幼儿再次折纸，把一个正方形变成一个长方形。将一个正方形上下边或左右边整齐地折进一部分，正方形就变成了一个长方形。

3. 巩固认知。

(1)请幼儿找出教室里哪些物品像正方形或长方形。

(2)请幼儿联想，我们日常生活中哪些物品像正方形或长方形。

活动延伸

领域外活动延伸：指导幼儿画出正方形和长方形。

区域活动延伸：在活动区投放大小不同的正方形和长方形纸片或积木，幼儿自由摆弄比较。

亲子活动延伸：和爸爸妈妈一起在家寻找正方形和长方形物品。

十二、灵活的关节

设计意图

当幼儿进入中班后，运动能力不断增强，动作更趋灵活，但对身体关节的作用及保护方法了解很少，容易造成运动中关节拉伤、摔伤和碰伤。如何引导幼儿发现人体肩、臂、手、腿和足会动的奥秘，提高自我保护能力呢？本次活动就是通过有趣的关节游戏、关节表演等内容，使幼儿通过自身的活动，发现关节、认识关节及了解关节对人体活动的作用，学习一些在运动中保护关节的方法，进一步激发他们对人体奥秘的探究欲望，培养勤于思考和探索问题的兴趣。

活动目标

1. 引发对人体的好奇心，激发对身体关节的兴趣。
2. 通过自身的探索活动，知道关节能使身体弯曲，对人体活动有重要作用。
3. 乐意了解自己的身体构造，体验探索的快乐。

活动准备

知识经验：幼儿初步了解四肢各部位的名称(如肩膀、胳膊、膝盖、手腕等)。

物质准备：电脑 1 台；人体骨骼图电脑课件 1 个；人体关节病变的 X 光片 1 张。

活动过程

1. 玩一玩，初步感受关节的运动。

(1)让幼儿自由选择器械进行活动，活动时思考：我玩的是什么？玩的时候身体发生了哪些变化？

(2)引导幼儿说一说：刚才玩的是什么？玩的时候身体的什么地方动了？

2. 找一找，了解关节的位置。

教师：我们的身体还有许多关节，请小朋友们做小医生去把身体上的关节找出来。让幼儿先去发现自己身上各个关节，然后对照相关画页，看看自己的发现对不对。

3. 说一说，交流探索中的发现。

(1)请幼儿对同伴说一说，自己发现了哪些地方是可以帮助身体活动的关节。

(2)教师巡回指导，关注幼儿寻找关节的情况。(先后认识颈关节、肩关节、肘关节、腕关节、指关节、髋关节、膝关节、踝关节。)

4. 看一看，通过骨骼图认识关节。

(1)展示电脑课件，让幼儿观察图中画圈的位置，告诉幼儿，在人体中，骨骼与骨骼相连接，能活动的部位叫关节。

(2)展示幼儿的骨骼图，让幼儿说说自己找的地方有哪些和老师的不一样？通过发现错误，引导幼儿了解关节的定义：关节可以把骨头连接起来，使它们运动，比如弯曲、伸直等。

(3)再次展示幼儿的骨骼图，请幼儿看看并说出什么地方找漏了。

(4)通过看人体骨骼图，以幼儿相互质疑、教师提问的方式，认识各个关节名称，并相应地动一动。

5. 想一想，了解关节的重要性。

(1)展示 X 光片，让幼儿知道关节也会发生病变。

(2)展示电脑课件，让幼儿了解关节脱臼、发炎。

(3)引导幼儿进行发散思维，想想脱臼、发炎的关节对我们有什么影响，了解关节的重要性。

6. 谈一谈，学习保护关节的方法。

(1)教师与幼儿交谈，引导幼儿说出保护关节的方法和措施，提高幼儿自我保护能力。

(2)在幼儿讨论表述的基础上，教师进行归纳：

①避免幅度大的运动，特别是不要随意从高处往下跳，防止关节受伤。

②不小心摔跤时，尽量不让关节部位直力往下冲，应借助身体肌肉多的部位缓冲一下。

③天气冷的时候，要注意关节部位的保暖，不要让它们受凉了。

④多进行户外活动，多晒太阳。

⑤多吃含钙丰富的食物，如牛奶、蛋制品、虾皮、海带、核桃、胡萝卜、骨头汤等。

活动延伸

领域内活动延伸：根据幼儿的生活经验，围绕主题继续进行相关的活动，使幼儿对人体骨骼有进一步的认知，了解关节的基本结构和运动方向。

领域外活动延伸：学习关节保护操。

区域活动延伸：在活动区投放人体骨骼图片。

亲子活动延伸：和爸爸妈妈一起收集自我保护的资料，帮助幼儿提升自我保护方面的经验。

十三、泥土的本领大

设计意图

泥土是幼儿迷恋的玩具之一。“泥土是一种什么东西?”“泥土里有些什么?”是幼儿玩要时常常探究的问题。本活动旨在带领幼儿到大自然中探索泥土的颜色、形状、气味，使他们运用多种感官发现自然界的各种生物，通过了解生物的生长环境，感知泥土的特性，从而增强主动探索的能力。

活动目标

1. 对泥土产生探索的兴趣。
2. 初步了解泥土与植物生长的关系。
3. 感知泥土的作用，懂得保护泥土的重要性。

活动准备

知识经验：教师和幼儿共同收集观看相关的录像、图片。

物质准备：选择一块种植园地；每个幼儿准备好挖土的工具；小桶、塑料袋、放大镜、筛子、种植工具等。

活动过程

1. 参观讨论，进入主题。

带领幼儿参观种植园地，在空地上开展玩泥土的游戏。

2. 引导幼儿讨论问题。

讨论：种植园里有什么?

这些蔬菜都生长在什么地方?

蔬菜为什么能在土地上生长呢? 泥土又是怎样的呢?

3. 运用各种感官探索感知泥土。

(1)引导幼儿自由探索，发现泥土上面有什么，泥土里面有什么。可以将自己发现的东西(小花、小草、草根、小虫等)装进塑料袋或桶里。

(2)启发幼儿用各种感官探索。

看一看：泥土是什么颜色?

摸一摸：泥土有什么感觉?

捏一捏：泥土会变成什么样?

闻一闻：泥土有什么气味?

(3)组织幼儿进行讨论：

①你在泥土里发现了什么?

②泥土里为什么会有小草小虫?

在幼儿讨论的基础上，教师小结：泥土里有许多养分，植物生长需要养分，所以泥土是植物生长离不开的地方。许多小虫喜欢在泥土里生活，所以泥土还是小虫的家。

4. 种植蔬菜，了解泥土特性。

(1)带领幼儿种植蔬菜，指导幼儿挖坑—下种—培土—平地—浇水。

(2)组织幼儿讨论，表达自己的劳动体验，进一步了解泥土的特性。

5. 继续探究，引发思考。

(1)探究一：在泥土里可以种植哪些东西?泥土能给人们带来什么好处?

教师请幼儿观察相关画页进行交流讨论，引导幼儿小结：泥土里能生长许多粮食、蔬菜、瓜果和其他植物以供人们吃穿、生活需要。树木花草又能保护泥土不被雨水冲散，不被洪水冲走。

(2)探究二：如果不合理利用土地，会是什么样子?

教师请幼儿观看录像(或出示图片)，引导幼儿观察耕地变成沙漠，洪水把泥土冲散，泥沙流入江河，导致河床上升，造成洪水灾难。

(3)探究三：我们应该怎样保护土地、保护环境、建设家园呢?

教师请幼儿观看录像(或出示图片)，引导幼儿观察讨论。

6. 教师小结，结束活动。

在幼儿交流讨论的基础上，引导幼儿小结：要爱护一草一木，植树造林，不能乱砍滥伐，以免造成水土流失，要保护我们周围的环境，美化家园。

活动延伸

领域内活动延伸：协助幼儿对不同颜色的泥土继续进行探究。

领域外活动延伸：观赏各种泥塑作品。

区域活动延伸：在活动区种植各种小植物。

亲子活动延伸：鼓励幼儿在家庭中开展种植活动，请家长协助幼儿用画线的方式记录植物生长的过程。

十四、椭圆形和半圆形

设计意图

“图形认识”是中班幼儿数学学习的重要内容。通过开展认识图形、图形分类等一系列活动让幼儿感受到形状在生活中无处不在，不同的形状有其各自不同的特征，在生活中也有其不同的用途，从而感受数学与生活的密切联系。本次活动中，利用多种幼儿喜闻乐见的形式开展活动，充分调动幼儿参与活动的兴趣，让幼儿在掌握图形分类知识的同时能体验到学习数学的乐趣。

活动目标

1. 激发参与图形折、变活动的兴趣。
2. 认识半圆形和椭圆形并了解其特征。
3. 锻炼动手、想象能力。

活动准备

知识经验：幼儿已有认识圆形的经验。

物质准备：竹篾做成的圆圈1个；圆形、椭圆形、半圆形的纸片若干；由圆、椭圆、半圆等元素组成的图片若干；剪刀1把。

活动过程

1. 认识椭圆形。

(1)初步感知椭圆形。

教师出示一个用竹篾做成的圆圈，边演示边讲解：小朋友都认识圆形，今天老师给大家介绍一种新图形，它跟圆形有点近亲关系。这是一个圆，我们用双手捏住圆周长相对的两个点向外拉，又形成了一个新的图形，我们把这种图形叫做椭圆形。

(2)了解椭圆形和圆形的异同点。

①教师发给幼儿每人椭圆形和圆形(二者周长相等)纸片各1张，请幼儿观察：椭

圆形和圆形有什么相同点和不同点？(幼儿互相交流讨论。)

②教师提示幼儿将两张纸片重叠起来比较，请幼儿说一说通过比较后自己的发现。

③教师小结：椭圆形和圆形一样，没有直线边，没有角。椭圆形比圆形扁，比圆形长。

(3)教师提问：在我们日常生活中，有哪些东西像椭圆形呢？

引导幼儿列举日常生活中像椭圆形的物品。

2. 认识半圆形。

(1)初步感知半圆形。

教师讲述：(出示一张圆形纸片。)小朋友，老师用这张圆形纸片又可以“变”成一个新的图形。我们把这张图形纸片进行对折，看，出现了一个新的图形。我们再把纸片展开，沿着折痕用剪刀剪开，“变”成了两个新的图形。

(2)了解半圆形和圆形的关系。

①教师提问：这个新的图形与圆形有什么区别？它和圆形有什么关系？我们给它取一个什么样的名称？(幼儿互相交流讨论。)

②教师演示：我们再把两张新图形重新拼在一起。看，这两个新的图形又还原成圆形。这个新的图形是半个圆形，所以我们把它叫做半圆形。

③教师提问：在我们日常生活中，有哪些东西像半圆形？

引导幼儿列举日常生活中像半圆形的物品。

3. 巩固认识椭圆形、半圆形。

(1)教师出示一张由几何图形组成的房子图片(其中有椭圆形和半圆形)，请幼儿说说这座房子中哪些图形是椭圆形，哪些图形是半圆形。

(2)请幼儿观察相关画页中的图形，指出这些图形中的椭圆形、半圆形。

活动延伸

领域内活动延伸：请幼儿在幼儿园中找找哪些物品是半圆形或椭圆形的。

领域外活动延伸：鼓励幼儿在椭圆形和半圆形的基础上进行添画，画出小动物或其他物品造型。

区域活动延伸：在活动区投放椭圆形和半圆形的装饰物(如扇面、书签等)，请幼儿观察欣赏。

亲子活动延伸：和爸爸妈妈一起在家做椭圆形和半圆形的填画游戏。

十五、有趣的镜子

设计意图

镜子是我们的日常生活用品。幼儿喜欢照镜子，不管是在幼儿园还是在家里，他们见到镜子就会不由自主地用镜子照一照自己的小模样，有时还要对着镜子做一个怪相。针对幼儿的兴趣，教师引导幼儿进行“有趣的镜子”这一活动，旨在引导他们认真观察镜子的特点，明白镜子的作用，并了解一些具有特殊作用的镜子。

活动目标

1. 养成细心观察的习惯和探索的兴趣。
2. 认识普通镜子的基本特征和用途。
3. 尝试比较凸面镜、凹面镜和哈哈镜的不同特征。

活动准备

知识经验：幼儿有照哈哈镜的体验。

物质准备：大的普通镜子1面，各种形状的小平面镜子若干(每个幼儿1面)；凸面镜、凹面镜和哈哈镜(或图片)各1面。

活动过程

1. 猜一猜。

(1)教师说出谜面：

①看它平又亮，里外一个样；它会告诉你，脸上脏不脏。

②你哭他也哭，你笑他也笑；要问它是谁，只有你知道。

(两个谜语都是同一个谜底。)

教师引导幼儿猜出谜底：镜子。

2. 摸一摸。

(1)教师出示一面大镜子(后面有撑杆，可以立在桌面上，最好是可以照出全身的大立镜)，然后给每个幼儿发一面小镜子(有正方形、长方形、圆形、椭圆形等不同的形状)，请幼儿用手摸一摸。

提问：你们摸镜子的时候有什么感觉呀？(平平的、光光的、冰冰的。)为什么有这种感觉呢？

(2)在幼儿猜测表述的基础上，引导幼儿小结：因为镜子是用玻璃做的，所以它和玻璃一样是平平的、光光的、冰冰的。

3. 照一照。

(1)请幼儿用镜子照一照自己，照一照同伴，再照一照教室里的物品，同时看看镜子里有什么。

提问：你们发现了什么？镜子为什么能照出人和东西的样子呢？为什么镜子会发亮呢？

在幼儿猜测表述的基础上，教师讲解：因为镜子的玻璃背后刷了一层水银。水银和银子一样，在有光线的情况下能照出人和东西的样子，也就是说照出人像和物象。

(2)教师请幼儿用镜子照一照墙面，看看墙面有什么。

提问：你们发现了什么？这些光是什么形状的呢？为什么它们的形状不同呢？这些光是怎么到墙上去的呢？

(3)教师把教室的门关上，把窗帘拉上，把灯灭掉，教室里只有微弱的光线。教师请幼儿再用镜子照一照自己，照一照墙面。

提问：你们发现了什么？为什么会这样？

(4)在幼儿交流表述的基础上，引导幼儿小结：镜子本身不能发光，只有在阳光和灯光的照射下，它才能反射出光，照出人像和物象，把光反射到墙上。如果没有阳光和灯光，就照不出人像和物象，也不会有光反射到墙上。

4. 说一说。

(1)请幼儿根据自己的经验，说一说在日常生活中哪些地方能看见镜子，了解它们的不同用途。

(家里、幼儿园里、舞蹈练功房里、商店里、汽车上、火车上、宾馆里，以及其他一些公共场所。)

(2)请幼儿进行联想，在日常生活中和大自然里有哪些像镜子一样或被当作镜子使用的事物。引导幼儿一起列举日常生活中和大自然里的“镜子”，如一些建筑光洁反光的墙面、一些商店的橱窗、盆子里的水面、清澈的河湖水面等。

5. 看一看。

(1)教师出示一面汽车上的后视镜(或图片)请幼儿观察：你们看一看，这个镜子是哪个地方用的？它和我们平常用的镜子有什么不同？(它的镜面是凸出的。)为什么汽车的镜子要做成这种形状呢？

在幼儿交流表述的基础上，引导幼儿小结：普通镜子的镜面有多大，反射的范围就有多大；而汽车的后视镜是凸面镜，镜面虽然小，反射的范围却大得多，便于司机观察汽车后面的交通情况。

(2)教师出示一面凹面镜(或图片):这种镜子你们见过吗?它和我们平常用的镜子有什么不同?(它的镜面是凹下去的。)这种凹面镜有什么作用呢?

在幼儿猜测表述的基础上,教师讲解:这种凹面镜有聚光的特点,北京奥运会在希腊雅典取火种的时候就用了这种凹面镜。在太阳光的照射下,它把光聚集起来,产生很高的热量,点燃容易着火的火炬。

(3)教师出示一面哈哈镜(或图片):这种镜子你们见过吗?它和我们平常用的镜子有什么不同?(它的镜面是扭曲的。)我们站在这种镜子面前会出现什么情景呢?(请照过这种镜子的幼儿回答。)我们照这种镜子为什么会看到变形的样子呢?(幼儿根据自己的理解自由表述。)

在幼儿自由表述的基础上,教师讲解:哈哈镜实际上就是凹面镜和凸面镜的组合,凹面镜会把镜像缩小,凸面镜会把镜像放大,从而达到失真的效果。如果站在镜子跟前,看到自己的模样是那样滑稽,你就会不由自主地笑个不停,所以这种镜子叫"哈哈镜"。哈哈镜并不是什么稀奇东西。在我们周围就有各种各样的哈哈镜,如光亮的纽扣、不锈钢的餐具、自行车铃盖,罐头盒,等等,都是不同形式的哈哈镜,它们都会使你的像变形。

(4)教师小结:这些特殊的镜子和普通的平面镜子一样,都是利用反射光的原理制作的,由于它们的构造不同发挥的作用也不同。

活动延伸

领域内活动延伸:指导幼儿自制一个万花筒,鼓励幼儿探究万花筒里变化无穷的图形成的原因。

领域外活动延伸:引导幼儿制作潜望镜、万花筒。

区域活动延伸:在活动区悬挂多面镜子,引导幼儿自由观察。

亲子活动延伸:和爸爸妈妈一起寻找和了解生活中的镜子。

十六、雪花

设计意图

下雪天给人们的出行和工作带来不便，却给孩子们带来了许多快乐。他们欣赏美丽的雪景，乐于在雪中玩耍，接雪花、打雪仗、滚雪球、堆雪人，是他们不可缺少的游戏项目。为了拓展幼儿对雪的认知，教师通过玩、说、尝、看、找等活动环节，引导幼儿进一步感知雪的基本特征，理解雪的融化与温度有关，在亲密接触自然的过程中积累有益的直接经验。

活动目标

1. 培养观察、探究自然现象的兴趣。
2. 感知雪的颜色、形状、味道等基本特征。
3. 理解雪融化成水的原因。

活动准备

知识经验：幼儿有玩雪的经验，对雪花有粗浅的感知；在冬天，教师随时关注天气预报，了解未来哪一天下雪，以便安排本次活动。

物质准备：幼儿玩雪的工具、玩具若干；小碗、小盘若干；录像机、照相机各1台。

活动过程

1. 玩雪花。

(1) 在下雪的时候，教师带领幼儿进行户外活动，让幼儿玩雪，与雪亲密接触，在玩雪的过程中观察雪、感受雪。

(2) 在幼儿接雪花、滚雪球、堆雪人时，教师用录像机和照相机记录下来。

2. 说雪花。

教师在和幼儿一起玩雪的过程中和幼儿交流，引导幼儿初步感知雪花。

（1）教师指着空中飘落的雪提问：雪花从天上飘落下来的样子好看吗？为什么？

教师引导幼儿想象描述雪花飘落的情景，如“雪花像蒲公英忽上忽下飘荡”，“雪花像蝴蝶扇动翅膀跳舞”等。

（2）教师指着地上的积雪提问：这些落在地上的雪花像什么？

幼儿很自然地联想回答：雪花像糖，雪花像盐。

3. 尝雪花。

（1）教师引导提问：有的小朋友说“雪花像糖”，它会不会像糖那样甜呢？有的小朋友说“雪花像盐”，它会不会像盐那样咸呢？我们还是尝一尝，试试雪花到底是什么味道。

（2）教师和幼儿一起尝雪花，让幼儿感知雪花没有味道。

4. 看雪花。

（1）教师请幼儿用小盘、小碗接下空中飘落的雪花带回活动室。

（2）教师引导提问：刚才小朋友说雪花既像糖，又像盐，雪花到底是什么形状呢？

教师发给每个小组两个放大镜，让幼儿轮流用放大镜观察雪花：雪花是漂亮的六角形花纹。

5. 找雪花。

（1）在雪花渐渐融化的时候，教师提问：怎么雪花慢慢不见了？大家找一找，雪花到哪里去了？

（2）教师引导幼儿发现：雪花变成了水。

提问：雪花为什么会变成水呢？

引导幼儿思考、讨论雪花变成水的原因：活动室里温度比外面温度高，比较暖和，促使雪花融化，变成了水。

活动延伸

领域内活动延伸：在活动室内张贴雪花图片，帮助幼儿观察雪花的形状。

领域外活动延伸：剪纸活动——“美丽的雪花”。

区域活动延伸：在活动区投放雪花装饰物，请幼儿用雪花装饰冬天的活动室。

亲子活动延伸：和爸爸妈妈一起堆雪人。

十七、图形变变变

设计意图

图形在孩子们的现实生活中随处可见，世界上各种物体都是由各种形状和它们的变化而构成。在认识基本的三角形、正方形、长方形等图形后，当我们把各种图形展现在孩子们面前时，他们都能自发地用稚气的小手拼出很多物体。为了满足孩子们强烈的探索欲和求知欲，特设计这一活动，旨在让幼儿更好地掌握图形的基本特征，发展他们的想象力、动手能力，培养他们的团结协作能力。

活动目标

1. 喜欢参加图形变化活动，愿意和同伴一起动手动脑解决活动中的问题。

2. 进一步巩固对正方形、长方形、三角形等几何图形的认识，初步感知图形之间的转换关系。

3. 能运用折叠、拼摆的方法将已有图形转变为其他图形。

活动准备

知识经验：幼儿对常见的几何图形有一定认识。

物质准备：正方形、长方形、三角形图片若干；“动物小屋”图片若干，“森林小火车”图片；4~5 人一组，每组一个小篮(内装各种小图形)；胶棒。

活动过程

1. 听描述，出示图形。

(1)教师发给幼儿各种几何图形(正方形、长方形、三角形、圆形、半圆形、椭圆形)纸片。

(2)教师描述某种图形特征，幼儿马上找到相应图形举起来。如：

教师说："四条边一样长，四个角一样大。"幼儿立即举起正方形。

教师说："三条边、三个角。"幼儿立即举起三角形。

教师说："面是平的，边缘是光滑的，中心与周边的每一个点的距离都是相等的。"幼儿立即举起圆形。

2. 学习图形变换。

教师引导幼儿做"动物家的房顶"的游戏。

(1)教师发给每个幼儿 2 张长方形、1 张正方形和 1 张半圆形纸片。

(2)设置游戏情景：动物们要盖新房，已经盖好了两个长方形的墙，可是还缺两个三角形的房顶，没有三角形的材料，请大家帮忙想想办法。

(3)幼儿交流讨论：怎样把正方形和半圆形加工成三角形呢?

(4)幼儿动手操作，将加工好的两个三角形房顶贴到两个长方形"墙"上房顶的位置，互相观赏。

教师引导幼儿小结：一种图形通过改变外形的方式可以转变为其他的图形。

3. 尝试图形组合。

教师带领幼儿做"森林小火车"的游戏。

(1)教师发给每个幼儿 2 张正方形、2 张等腰直角三角形、2 张直角斜三角形、2 张小长方形的纸片。

(2)设置游戏情景：森林小火车快做好了，还差一节长方形的车厢没完成，可是没有大的长方形材料，请大家帮忙想想办法。

(3)幼儿在小组内交流讨论：没有大的长方形材料，只有各种形状的小材料，怎么办?

(4)幼儿边商量边合作，共同完成一节车厢的制作。请各组代表展示并介绍图形组合的方法。

(5)将各组的车厢连接起来，大家观看不同的图形组合方法，引导幼儿进行简单评价。

活动延伸

领域外活动延伸：指导幼儿自制七巧板，用七巧板拼摆各种造型。

区域活动延伸：在活动区继续投放各种图形材料，让幼儿自由操作，看看还能将一种图形变出哪些图形，比比谁变的办法多。

亲子活动延伸：和爸爸妈妈一起在家做拼图游戏。

附：

七巧板造型节选

坦克

云梯车

螃蟹

小狗

（摘自 http://image.so.com/）

十八、让乒乓球听话

设计意图

乒乓球是个球体，可以向四面八方滚动。但是，想要它听话不滚动，就是一件难办的事情了。本次活动，教师通过游戏，让幼儿发现问题，引发探索的兴趣，然后去思考问题、分析问题，运用不同的设想去探索解决问题的办法，最终获得成功。通过这个活动，幼儿变被动学习为主动学习，提高了对科学探索活动的兴趣。

活动目标

1. 能够在游戏活动中发现问题，产生探索的兴趣。
2. 通过思考提出设想进行探索，找到解决问题的办法，体验成功的快乐。
3. 学习用简单的方式记录实验结果。

活动准备

知识经验：有玩乒乓球的体验。

物质准备：乒乓球若干(每位幼儿 1 个)；长方形纸；实验记录表(每位幼儿 1 张)；记录笔(每位幼儿 1 支)。

活动过程

1. 幼儿自由游戏，引发思考。

游戏一：乒乓球跳一跳。

教师发给每个幼儿一个乒乓球，让幼儿自由在桌面上用乒乓球玩反弹游戏。

游戏二：乒乓球滚一滚。

教师请幼儿两两自由组合，分别站在桌子的两端，互相把乒乓球在桌面上滚过去，滚过来。

游戏三：乒乓球晃一晃。

教师请幼儿将乒乓球放在硬纸板上，双手端着硬纸板，随意走几步，允许乒乓球在硬纸板上晃动，但不能让它掉下来。

提问：乒乓球不听话，站不稳，谁能让乒乓球站住？

2. 探索活动，填写表格。

(1)教师出示一张纸，提问：用一张纸可以帮助乒乓球站稳吗？

教师发给每位幼儿一张长方形纸，鼓励幼儿自由探索，用自己想出的办法控制乒乓球固定下来。

(2)教师巡回观察幼儿的设想，引导幼儿用图示表示，在实验记录表中记录实验结果：

①把纸平放在桌面上，再把乒乓球放在纸上，用“——”表示。

②把纸对折，尖角朝上倒扣在桌面上，拦住乒乓球滚动的方向，用“∧”表示。

③把纸折成波纹状，把乒乓球放在波纹上面，用“≈”表示。

④把纸折成凹形，用“U”表示。

⑤把纸对折，重合围成圆圈，用“○”表示。

⑥成功用“√”表示。

⑦失败用“×”表示。

3. 大胆展示，交流活动。

(1)请幼儿根据实验结果记录，在组内相互交流自己的成功经验。

(2)教师请各组的代表在全班讲述自己的经验并演示自己的方法。

4. 集中展示，结束活动。

教师和幼儿一起将成果展示在科学区，供大家互相欣赏，感受成功的喜悦。

活动延伸

领域内活动延伸：请幼儿想出其他办法帮助乒乓球站稳。

领域外活动延伸：认识更多常见的球体。

区域活动延伸：在活动区投放乒乓球和各种辅助材料，幼儿自由探索帮助乒乓球站立的方法。

亲子活动延伸：和爸爸妈妈一起在家做乒乓球游戏。

中班(下)

一、迎春花

设计意图

春寒料峭，迎春花如璀璨的金星缀满枝头，给早春带来一派盎然的春意。本次活动旨在从认识迎春花开始去感受春天，在活动中，教师引导幼儿进行实物观察，运用多种手段有顺序地感知迎春花的外形特征，了解迎春花的习性和作用，感悟迎春花不畏寒冷的精神品质，激发幼儿观察自然的兴趣和热爱自然的感情。

活动目标

1. 学习迎春花不畏寒冷的精神风貌，培养幼儿热爱大自然的情感。
2. 认识迎春花的外形特征，了解其习性和作用。
3. 学会综合运用多种感官，按一定顺序观察事物的方法。

活动准备

知识经验：已在社区或公园初步观察过迎春花。

物质准备：盆栽迎春花 1 盆；收录机 1 台；歌曲《迎春花》的磁带 1 盘。

活动过程

1. 欣赏歌曲，导入活动内容。

播放歌曲《迎春花》，请幼儿欣赏，引发活动兴趣。

2. 观赏盆花，引导幼儿调动多种感觉器官感知迎春花的外形特征。

(1) 看一看 ——引导幼儿从花、叶、枝的顺序进行观察。

①观察花：迎春花的花是什么颜色？有几个花瓣？长在什么地方？

师生共同归纳：迎春花是金黄色，像闪耀的星星缀满枝头；每朵花从枝条的叶腋间伸出花冠，精神饱满地伸展着六个花瓣。迎春花不算娇柔艳美，却端庄秀丽，吐露出质朴而非凡的气质。

②观察叶：迎春花的叶子是什么颜色？长什么样？

师生共同归纳：迎春花的叶子是绿色，四片叶子像十字形对称地长在枝条上；叶片较小，呈椭圆形。

③观察枝：迎春花的枝条是什么颜色？长什么样？

师生共同归纳：迎春花的枝条翠绿细长，向上伸展一段后又像柳条似地下垂生长，长的枝条有 2 米以上。

(2)摸一摸——引导幼儿用触摸的方法感知枝条的形状。

摸枝条：迎春花的枝条与柳树的枝条一样吗？(幼儿根据触摸感觉表述。)

师生共同归纳：迎春花的枝条不像柳枝那样圆溜，手摸的感觉有棱，是四棱形。

(3)闻一闻——引导幼儿用闻味的方法感知迎春花的气味。

闻花的气味：迎春花的花有香味吗？(幼儿根据嗅觉表述。)

师生共同归纳：迎春花没有散发香味，只是用它青葱、金黄的色彩告诉人们“春天要来了”。

3. 交流讨论，初步了解迎春花的习性和作用。

教师以提问的方式引导幼儿探讨迎春花的相关习性：

提问：迎春花为什么叫这个名字？(引导幼儿根据名字讨论表述。)

我们常常在哪里见到迎春花？(引导幼儿根据记忆讨论表述。)

人们为什么都喜欢迎春花？(引导幼儿根据理解讨论表述。)

教师讲解：迎春花，就是迎接春天的花。它不畏寒冷，每年在百花之中开花最早，给人们报告即将春暖花开的消息，随后迎来百花齐放的春天。

4. 学唱歌曲《迎春花》

教师带领幼儿学唱歌曲《迎春花》结束活动。

活动延伸

领域内活动延伸：引导幼儿讨论、探究早春除了迎春花还有哪些花儿竞相开放。

领域外活动延伸：教师引导幼儿尝试使用黄色颜料手指点画出迎春花。

区域活动延伸：在植物区提供各种迎春花图片供幼儿观赏。

亲子活动延伸：和爸爸妈妈一起去公园欣赏美丽的迎春花。

二、人体的对称器官

设计意图

人体有各种对称器官，如手、脚、耳朵、眼睛等。这些对称器官是我们人体不可缺少的一部分，对人体活动起着重要作用。本次活动让幼儿通过游戏感受对称器官对人体的重要作用，知道爱护自己的身体，注意保护自己身体的对称器官和单一器官，不让身体任何一个部位受到伤害，做一个健全、健康、快乐的人。

活动目标

1. 知道爱护自己的身体，激发探索人体奥秘的兴趣和欲望。
2. 认识人体的外部对称器官并了解其对人体活动的重要作用。
3. 体验做一个健全、健康的人的幸福与快乐。

活动准备

知识经验：幼儿已熟悉人体的外部器官，了解了它们的名称和大致作用。

物质准备：带盖的空饮料瓶若干(同幼儿人数)；在一块空地上画玩游戏的“房子”。

活动过程

1. 歌曲导入，引发幼儿活动兴趣。

播放歌曲《我的身体》，幼儿随着音乐走进教室。

教师提问：每个人有几只手，几只眼睛，几条腿？你们的两只手、两只眼睛和两条腿，都能做什么事情？(幼儿自由表述。)

2. 幼儿玩游戏，体验人体对称器官的重要性。

教师带领幼儿玩游戏并请幼儿谈谈游戏感受。

(1)“拍手游戏”。

教师请幼儿自由组合，两名幼儿为一组，玩拍手游戏。第一轮用两只眼睛看着玩拍手游戏；第二轮用一只眼睛看着玩拍手游戏。

提问：你有什么感觉？（幼儿根据游戏的体验表述。）

教师归纳：用一只眼睛看，手会拍错地方，看不清楚，还有不舒服的感觉。

（2）“开瓶盖”。

教师发给每个幼儿一个饮料瓶，要求用手拧开带盖的饮料瓶，看谁拧得快。第一轮用两只手拧带盖的饮料瓶；第二轮用一只手拧带盖的饮料瓶。

提问：为什么用一只手拧不开饮料瓶盖？（幼儿根据游戏的体验表述。）

教师归纳：一只手没有两只手的力气大。一只手拧饮料瓶盖，没有帮忙的所以拧不开。

（3）“跳房子”。

教师事先在地上画好“房子”，请幼儿用脚跳房子，看谁能平稳地跳完房子。第一轮用两只脚跳房子；第二轮用一只脚跳房子。

提问：用什么方法跳房子跳得平稳？为什么？（幼儿根据游戏的体验表述。）

教师归纳：用两只脚跳房子跳得平稳，因为一只脚跳房子平衡力减弱了。

（4）教师讲解：两只手、两只眼睛、两只脚这样的器官叫对称器官，用对称器官来玩游戏效果会更好，所以我们人体不能缺少它们任何一部分。

3. 引导幼儿讨论，学习保护自己的身体器官。

提问：人体外部还有哪些器官是对称的？（幼儿一一罗列：眉毛、睫毛、耳朵、鼻孔、手指、脚趾等。）这些对称的器官如果缺少一部分将会怎样？（幼儿根据推理、想象表述。）

教师小结：人体的对称器官都是为了适应日常生活需要形成的，它们为我们的活动提供了方便，缺少任何一部分，都不能正常娱乐、学习、工作和生活。因此，我们要注意保护自己身体的对称器官，也要保护身体的单一器官，不让身体任何一个部位受到伤害，做一个健全、健康、快乐的人。

4. 师生律动，结束活动。

教师播放歌曲《我的身体》，和幼儿一起一边随着音乐跟唱歌曲，一边做相应的动作，让幼儿体验对称器官做动作带来的愉悦心情。

活动延伸

领域内活动延伸：引导幼儿探究人体内部有哪些对称器官，扩展对自己身体的认识。

领域外活动延伸：感受和了解对称的概念。

区域活动延伸：幼儿自由进行跳房子游戏，体会单脚跳和双脚跳对平衡身体的不同要求。

亲子活动延伸：和爸爸妈妈一起学习保护人体器官的方法。

三、有节的竹子

设计意图

竹子是幼儿在自然环境中常见的植物，他们知道熊猫喜欢吃新鲜的竹子，但是他们对竹子的特征及其生长还缺乏认识。通过本次活动，引导幼儿观察竹子的外部和内部特征，了解竹子的生长状况，探讨竹子的广泛用途。在活动中，教师应注意培养幼儿仔细观察、认真倾听的良好习惯，鼓励幼儿大胆讲述，提高他们的学习和表达能力。

活动目标

1. 养成仔细观察、认真倾听的良好习惯，提高语言表达能力。
2. 知道竹子的特征及其生长环境。
3. 了解竹子的用处，知道竹子及竹制品和人们生活的关系。

活动准备

知识经验：有到竹林游玩的经历，见过家里部分竹制品。

物质准备：比较新鲜和已经陈旧的竹子各 1 根，剖开的竹子 1 根；部分竹制品实物(或图片)若干。

活动过程

1. 猜谜语，激发幼儿活动兴趣。

教师说出谜面，鼓励幼儿猜：

(1)头戴尖尖帽，身穿节节衣，年年二三月，出土笑嘻嘻。(谜底：竹笋。)

(2)小时头尖腹中窄，长大头发蓬松松，哥哥撑船少离它，弟弟钓鱼抓手中。(谜底：竹子。)

对猜中谜语的幼儿给予奖励，揭示活动主题——“竹子”。

2. 观察实物，了解竹子的特征。

(1)出示两根竹子，一根比较新鲜，一根已经陈旧，请幼儿观察。

①看一看：竹子是圆筒形，每隔一段圆筒有一个节。新鲜的是青绿色，陈旧的泛出黄褐色。

②摸一摸：竹节向外突起，其他部位比较平滑，质地较硬。

(2)出示一段解剖开的竹子，请幼儿观察。

①观察圆筒部分：里面中空，内壁附着一层薄薄的膜，白色。

②观察竹节部分：有一层不平整的隔板，将竹子的空筒隔断。

3. 观看图片，了解竹子的生长。

(1)教师请幼儿观看图片，倾听教师的讲解。

①观看图1：山坡上一片竹林，一片青葱。竹竿挺拔、修长，亭亭玉立，竹竿上每节都有分枝，竹竿上部的枝叶横生斜长，显得婀娜多姿。

②观看图2：竹子在地下的部分也是一节一节的，横着长在土中，这实际是竹子生长在地下的像根一样的茎，就是人们常说的“竹鞭”，竹鞭上每一节上都长有须状的东西，这才是竹子的根。

③观看图3：春天，竹林的地上冒出很多像小宝塔、粗毛笔尖的东西是竹笋，这是竹子小时候的形态。竹笋长得青翠、肥嫩，这是春笋。如果下过一场透雨，春笋就会以急快的速度成片地破土而出，成语“雨后春笋”就是这种现象。如果是在冬天，竹笋没有冒出地面的时候，在地下挖出来的竹笋叫做冬笋。

(2)教师简单讲解竹子的生长过程：竹笋是地下的竹鞭长出来的，竹笋一方面接收太阳的照射，一方面吸收地下的水分和养料，同时呼吸空气，一节一节地长高，很快就变成了竹子。

4. 交流讨论，探讨竹子的用处。

①以“竹了的用处”为话题，引导幼儿交流讨论。

②鼓励幼儿回忆生活中的经验，讲述见过、用过哪些竹制品。

③根据幼儿的讲述，出示部分竹制品实物或图片。

④请幼儿观看视频，了解竹子的主要用途(建房材料、搭脚手架、竹排运输、竹梯等生活用品、毛笔等文化用品、竹笛等乐器、造纸材料等)，知道竹子与人们生活的密切关系。

活动延伸

领域内活动延伸：在生活中继续寻找更多的竹制品，了解竹子的广泛用途。

领域外活动延伸：欣赏水墨画《竹子》。

区域活动延伸：将竹制工艺品投放到活动区中供幼儿自由观赏。

亲子活动延伸：和爸爸妈妈一起去竹林挖竹笋。

四、“10”以内数的相邻数

设计意图

很多家长都非常关注孩子会数多少数字，能做多少个算术题，这实际上是个误区，我们应该更加关注幼儿对数的敏感度，在数的理解过程中产生一种积极的情感体验，这样才有利于幼儿将来数学能力的提高。教师通过本次活动，让幼儿通过玩游戏的方法，理解相邻数多 1 和少 1 的关系，知道“10”以内数的相邻数。在活动中，教师为幼儿提供主动探索的机会，真正做到“玩中学、学中乐”。

活动目标

1. 理解相邻两数多 1 和少 1 的关系。
2. 能说出“10”以内数的相邻数。
3. 体验数学游戏的乐趣。

活动准备

知识经验：幼儿对邻居的概念有初浅的了解，认识数字“1～10”，了解数字顺序关系。

物质准备：水果表格图片 1 个；“2～9”大数字卡 1 套；“1～10”小数字卡若干(总数同幼儿人数)；圆点操作卡(每个幼儿 1 套)。

活动过程

1. 集体游戏，导入活动。

(1)教师引导幼儿进行集体游戏“我的朋友在哪里”，感知“邻居”这一概念。

儿歌：我的朋友在哪里？我的朋友在这里，在这里，在这里，我的朋友在这里。

游戏规则：教师按节奏逐一指点幼儿，儿歌念完时请被点到的幼儿找出自己左右的邻居朋友。当被点到的幼儿找到邻居后，游戏继续。

教师根据需要反复游戏，帮助幼儿了解“邻居”的概念。

2. 听讲故事，理解概念。

(1)教师讲述童话故事《住旅馆》，请幼儿仔细倾听。

(2)结合故事提问：小猴和小熊开始为什么都找错了房间？

小结：一排房间，两头的房间只有一个邻居，中间的房间都有左右两个邻居。

3. 图片游戏，巩固概念。

游戏一：帮水果找邻居。

(1)教师出示水果表格图片，请幼儿观察：图片上三个格子都是苹果，数量依次为2、3、4个。

提问：“3个水果”的邻居是几个水果？

(2)教师和幼儿共同比较分析，发现“3个水果”的邻居：“3个水果”的邻居是“2个水果”和“4个水果”，“2个水果”和“4个水果”是“3个水果”的邻居。

(3)教师小结：“2个水果”比“3个水果”少一个水果，“4个水果”比“3个水果”多一个水果。

游戏二：帮数字找邻居。

(1)教师出示“4”的数字图片，提问：“4”的邻居是多少？(引导幼儿根据“帮水果找邻居”的过程进行联想，找出“4”的邻居是“3”和“5”，知道“3”比“4”少1，“5”比“4”多1。)

(2)教师出示“5”的数字图片，提问：“5”的邻居是多少？(引导幼儿根据“帮‘4’找邻居”的过程进行联想，找出“5”的邻居是“4”和“6”，知道“4”比“5”少1，“6”比“5”多1。)

(3)引导幼儿小结：一个数的相邻数指的是前面比它少1的数和后面比它多1的数。

4. 圆点添画，操作练习。

(1)发给每位幼儿一张圆点卡并讲解操作要求：请每组幼儿每人动手给“6~9”中的一个圆点卡添画圆点邻居并读一读。

(2)教师和幼儿一起小结：

圆点卡“6”添画的圆点是“5”和“7”，“5”比“6”少1，“7”比“6”多1。

圆点卡“7”添画的圆点是“6”和“8”，“6”比“7”少1，“8”比“7”多1。

圆点卡“8”添画的圆点是“7”和“9”，“7”比“8”少1，“9”比“8”多1。

圆点卡“9”添画的圆点是“8”和“10”，“8”比“9”少1，“10”比“9”多1。

5. 自由游戏，结束活动。

(1)教师给各组分发一套“10”以内的数字卡片，幼儿和同伴在组内互相抽取卡片，根据抽出卡片上的数字说出它的相邻数。

(2)教师巡回观察，适时给予指导。

活动延伸

领域内活动延伸：帮助幼儿理解左右相邻和前后相邻的含义。

区域活动延伸：在区角放置数字卡片，幼儿自由抽取练习。

亲子活动延伸：和爸爸妈妈一起玩寻找相邻数的游戏。

五、家畜和野兽

设计意图

家畜和野兽有很多共同特征，在幼儿的概念中，把它们都归为动物。为了发展幼儿分类认知的能力，教师引导幼儿在概括家畜和野兽共同特征的基础上，进一步根据它们的生活环境、生活习性以及局部器官的差别，借助已有经验对它们进行分类，同时讨论、了解家畜与人类的密切关系，初步探究野兽野外生存的能力，从而扩展幼儿对动物的认知。

活动目标

1. 锻炼观察、比较、分析、归纳的综合能力。
2. 通过观察、对比，区分家畜和野兽。
3. 尝试概括家畜和野兽的共同特征。

活动准备

知识经验：幼儿对常见动物有初步的认知。

物质准备：动物挂图 1 幅；各种家畜、野兽的图片若干。

活动过程

1. 听声音，猜一猜。

(1)播放几种动物(如马、牛、羊和老虎、狼、大象)的叫声录音，请幼儿猜一猜是什么动物在叫。

(2)教师出示几种相应的动物图片，验证幼儿所猜的是否正确。

2. 找特征，看一看。

(1)出示动物挂图，请幼儿观察，逐一指认挂图中的动物，说出它们的名称：马、牛、羊、驴、猪、狗、猫、兔、虎、狮、豹、狼、狐狸、野猪、长颈鹿、大象等。

(2)提醒幼儿注意观察这些动物的外形特征，找出它们相同的地方，如都有皮毛、腿、尾巴、蹄子或爪子等。

(3)教师补充讲解这些动物都生小动物，小动物都吃奶长大，所以我们把这些动物统一叫做哺乳动物。

3. 分类型，辨一辨。

(1)引导幼儿回忆听过的故事、看过的画面，分别说出这些动物生活在哪些地方并按生活环境进行分类。

第一类：马、牛、羊、驴、猪、狗、猫、兔等，是人们喂养的动物，称作家畜；

第二类：虎、狮、豹、狼、狐狸、野猪、长颈鹿、大象等，是在野外森林生活的动物，称作野兽。

(2)教师引导幼儿从外形特征、生活习性等方面寻找它们的异同点。

(3)小结：野兽与家畜有许多共同的地方。许多家畜本来也是野生的，被人们捕捉回来后，经过长期饲养、驯服，为人们做事，逐渐变得性情温和。还有许多野兽生活在深山密林里，养成了野外生活的习性，适于那里的生活环境。

4. 想一想，说一说。

(1)引导幼儿了解家畜的作用及其和人类的关系。

提问：人们为什么要养家畜？

教师归纳：这些家畜的食性比较简单，便于喂养，它们能帮助人们干活，给人们提供衣食的来源。马、牛都有大牙齿，只需要吃草，身壮力强，腿很长，还长着蹄子，能翻山蹚水，牛还给人们提供牛奶，帮助人们做很多事情；兔、羊也主要吃草，它们的肉可以食用，毛可以加工成毛线织毛衣；猪主要吃素食，每天吃了就睡，长着一身肉供人们食用。牛、羊皮还可以做衣服；狗可以帮人们看家护院、放羊；猫可以帮人们捕捉老鼠等。

(2)引导幼儿了解野兽为什么能自己在野外生存。

提问：野兽有什么本领？为什么不需要人喂养？

教师归纳：这些野兽由于长期生活在野外的森林、草原，各自练就了特殊的本领，能够自己主动寻找食物，也有一套躲避敌人的办法，具有自己生存的能力。如长颈鹿的长脖子便于吃树上的叶子；猴子灵活的四肢便于爬树摘果子；大象长长的鼻子便于摄取食物、喝水；老虎、狮子性情凶狠、牙齿尖锐、爪子锋利，有利于捕食小动物等。

5. 玩游戏，分一分。

(1)教师依次出示不同的动物图片，请幼儿回答是家畜还是野兽。

(2)请一些能力强的幼儿依次模仿不同动物的动作或叫声，让其他幼儿猜出是什么动物。

(3)教师带领幼儿玩“动物找家”的游戏。在教室两头分别简单布置农庄和森林场景，发给每位幼儿一个动物胸牌贴在胸前，请幼儿根据胸牌上的动物头像分别聚集在“农庄”和“森林”里。

活动延伸

领域内活动延伸：引导幼儿根据动物的外形特征和生活习性辨别其他家畜和野兽。

领域外活动延伸：帮助幼儿了解他们感兴趣的家畜及野兽。

区域活动延伸：在区角放置各种家禽及野兽的图片，幼儿自由辨认及分类。

亲子活动延伸：双休日和爸爸妈妈一起去动物园参观，积累动物相关知识。

六、可爱的蜻蜓

设计意图

蜻蜓飞行姿态优美，很惹孩子们喜爱。在本次活动中，教师引导幼儿观察蜻蜓的外形特征，了解“蜻蜓低飞”和“蜻蜓点水”的自然现象，加深对蜻蜓的认识。在此基础上，引导幼儿延伸了解蜻蜓是益虫，是人类的朋友，我们应该保护蜻蜓。

活动目标

1. 激发喜爱蜻蜓、乐意保护蜻蜓的情感。
2. 探究“蜻蜓低飞”和“蜻蜓点水”的自然现象。
3. 观察、了解蜻蜓的外形特征。

活动准备

知识经验：幼儿有观察蜻蜓飞行的经验，对“蜻蜓低飞”和“蜻蜓点水”的自然现象感兴趣。

物质准备：布置蜻蜓的主题展板，在观察角设置倾听标本；收录机 1 台，歌曲《小蜻蜓》的磁带 1 盘。

活动过程

1. 欣赏歌曲，导入活动内容。

教师播放歌曲《小蜻蜓》，请幼儿欣赏。

提问：歌里唱的是什么？歌里是怎样唱小蜻蜓的？

2. 观看图片，观察蜻蜓的主要外形特征。

(1)教师请幼儿观察蜻蜓图片，用提问的方式与幼儿交流。

提问：①蜻蜓的外形是什么样的？它分几个部分？

蜻蜓的身体细长，它分头部、胸部和腹部，还有两对透明的翅膀。

②蜻蜓的头是怎样的？头上有什么？各有什么作用？

蜻蜓头部很大，能够转动自如。头上最突出的是它的一对复眼，每个复眼是由许多小眼组成，数目由10个至3万个不等，随着头部转动，它可以环视所有的方向。它头上有一对很细小的触角，具有嗅觉作用。它的嘴巴很小，是咀嚼式的口器。

③蜻蜓的胸部是什么样的？有些什么？起什么作用？

蜻蜓胸部比较发达、坚硬，胸下靠近头部的地方有三对足，便于捕食。

④蜻蜓的腹部是什么样的？有什么作用？

蜻蜓的腹部又细又长，不要认为那是尾巴，蜻蜓和其他昆虫一样，是没有尾巴的，那是它的腹部。腹部末端有肛附器，它的腹部往上翘，表示处于警戒状态。

⑤蜻蜓有几对翅膀？是什么样的？

蜻蜓有两对翅膀，狭长、透明，有网状的脉络。停歇的时候，两对翅膀两侧水平伸展。

3. 交流资料，探究蜻蜓的飞行现象。

（1）蜻蜓低飞。

①请幼儿观看“蜻蜓低飞”的现象，分享各自收集的资料，交流谈话。

②教师参与幼儿的交谈，引导幼儿归纳：有时我们看到成群的蜻蜓在低空中飞行，这是下雨前后常见的现象。下雨前气压比较低，下雨后空气湿度大，蚊虫之类的小昆虫只能在低空中飞行，那么以蚊虫为捕食对象的蜻蜓当然也就在低空盘旋觅食了。所以有“蜻蜓低飞，下雨打雷”的说法。

（2）蜻蜓点水。

①请幼儿就“蜻蜓点水”的现象，分享各自收集的资料，交流谈话。

②教师参与幼儿的交谈，引导幼儿归纳：有时我们看到蜻蜓飞到水面上，俯冲下来，腹部点了几下水面，湖面马上漾起一圈圈波纹，这是蜻蜓将卵产于水中。“蜻蜓点水”也是一句成语，比喻做事肤浅、不深入。

4. 师生共同模仿蜻蜓飞行，结束活动。

活动延伸

领域内活动延伸：鼓励幼儿在下雨前后或有水的地方继续观察蜻蜓，实地观察“蜻蜓低飞”和“蜻蜓点水”的现象。

领域外活动延伸：引导幼儿了解蜻蜓在飞行时捕食的技能，知道蜻蜓是益虫。

区域活动延伸：在活动区投放蜻蜓的图片，幼儿自由地仔细观察。

七、勤劳的小蜜蜂

设计意图

蜜蜂是孩子们喜欢的昆虫之一，因为他们知道蜜蜂很勤劳，酿蜜为人类服务。可是，蜜蜂是飞舞的昆虫，孩子们又怕被蜜蜂蜇伤，所以没有机会近距离观察蜜蜂。通过这个活动，教师引导幼儿观察图片、交流资料，了解蜜蜂的外形特征及其生活习性以及它们传递信息的方式，知道它们具有团队合作的精神，从而对蜜蜂有较为完整的认识。在此基础上，教师引导幼儿延伸了解蜂蜜的营养价值，进一步感知蜜蜂与我们生活的密切关系。

活动目标

1. 了解蜜蜂对人类的贡献，体会蜜蜂与我们生活的密切关系。
2. 知道蜜蜂传递信息的独特方式。
3. 感知蜜蜂的外形特征及其生活习性。

活动准备

知识经验：幼儿搜集蜜蜂的资料并品尝蜂蜜。

物质准备：蜜蜂头饰（同幼儿人数）；黄纱巾（做翅膀）若干（幼儿人数的 2 倍）。

活动过程

1. 猜谜语，导入活动主题。

谜面：有只小小虫，飞到花丛中，吱吱采花蜜，勤劳来做工。

谜底：蜜蜂。

2. 观看图片，观察蜜蜂的主要外形特征。

请幼儿观察蜜蜂图片，用提问的方式与幼儿交流。

提问：（1）蜜蜂的头上有什么？各有什么作用？

蜜蜂头部有一对触角，具有嗅觉作用，能够发现蜜源。有一对很大的复眼，能分辨花的颜色、形状和方向。还有三个单眼，很小，能够分辨光线的强弱。它的嘴巴既能咀嚼花粉，又能吸吮花蜜。

（2）蜜蜂有几对翅膀？是怎么飞行的？

蜜蜂胸部有两对翅膀，在飞行时，因不停地振动，会发出嗡嗡嗡的声音。

（3）蜜蜂有几对足？起什么作用？

蜜蜂有三对足，第三对足上有花粉筐和花粉刷，可以用来携带花粉和刷掉花粉。腹部的末端有螯针，这也是它保护自己的武器。

3. 交流资料，探究蜜蜂的生活习性。

请幼儿分组讨论，分享各自收集的资料，交流对蜜蜂生活习性的了解。

讨论主题：

（1）蜜蜂住在哪里？它们的房子是什么形状的？为什么要做成这种形状？

教师小结：蜜蜂住在蜂巢里。巢房是六角形的，因为六角形使用的材料最少，相对空间又最大，所以，在狭小的地方，蜜蜂可以把上千个巢房有规律地排列在一起。

（2）每个蜂巢里都是一种蜜蜂吗？最勤劳的是什么蜜蜂？

教师小结：每一个蜂巢中，有许多的工蜂、一些雄蜂，还有一个最重要的蜂王。最勤劳的是工蜂，它们每天都出去采花酿蜜、饲养幼虫、清扫环境、保卫蜂群，就连蜂巢都是它们做的。

（3）蜜蜂会叫吗？我们平时听到的声音是什么声音？

教师小结：蜜蜂不会叫，我们听到的“嗡嗡”声是蜜蜂飞舞时翅膀扇动发出的声音。

（4）蜜蜂不会叫，它们之间用什么方式交流呢？

教师小结：蜜蜂用跳舞的方式打招呼。当它跳圆圈舞的时候，就是告诉同伴，它找到的花源离它们很近，如果是跳 8 字形的舞，就是说花源离它们很远。这说明蜜蜂具有很强的团结合作意识。

4. 集体游戏，模仿蜜蜂的舞蹈。

（1）教师请幼儿分小组探讨：蜜蜂是怎样跳圆圈舞和 8 字形舞的？

（2）教师鼓励幼儿发挥想象力创编蜜蜂跳舞的动作并轮流表演：幼儿戴上头饰，装上“翅膀”，随着《劳动最光荣》的音乐自由跳舞。

活动延伸

领域内活动延伸：引导幼儿了解有关工蜂和蜂王的科学知识。

领域外活动延伸：引导幼儿根据歌曲《劳动最光荣》的旋律和内容创编舞蹈，在合适的时候进行表演。

区域活动延伸：在活动区投放蜜蜂图片，幼儿自由认真观察。

亲子活动延伸：在家里制作蜂蜜茶和父母一起分享。

八、可爱的蚕宝宝

设计意图

一次，班上一位小朋友从家里带来一个小纸盒，盒里有几只很小的蚕宝宝，小伙伴们一下围观起来。他们认真地观察蚕宝宝在桑叶上蠕动爬行，仔细倾听蚕宝宝吃桑叶时发出来的“簌簌”的声音。看来孩子们喜欢与蚕宝宝亲密接触，于是生成了这个活动。在活动中，教师鼓励幼儿合作饲养蚕宝宝，持续观察蚕宝宝的生长过程及各个阶段的身体变化，从而对蚕有比较完整的认识。

活动目标

1. 从蚕一生的轮回体会生命的短暂和宝贵，知道要珍惜生命。
2. 乐意合作养蚕，训练动手能力，培养喜爱有益昆虫的情感。
3. 初步了解蚕的生长过程，通过持续观察，发现蚕的生长变化。

活动准备

知识经验：让幼儿合作分组饲养蚕，提醒幼儿要时常观察蚕的生长过程，注意蚕是怎样变大的。要特别注意观察蚕在蜕皮前后的变化，并用自己的方式做记录。事先请幼儿和家长一起收集蚕宝宝的有关资料。

物质准备：收集几个纸盒(同幼儿小组数)，将干净、鲜嫩的桑叶铺在盒底，将若干蚁蚕放在桑叶上，盖上盒盖，并在盒盖上戳几个小孔；放大镜若干(每个小组1个)。

活动过程

1. 比较幼儿饲养的蚕宝宝，引出活动主题。

教师用提问的方式引导幼儿讨论蚕的生长条件：

提问：(1)我们为什么要把蚕放在纸盒里喂养？

蚕要在合适的温度中生活。春天气候还比较冷，把蚕放在纸盒里可以保温。

(2)我们为什么要在纸盒盖上打几个孔？

蚕也需要呼吸空气，在纸盒盖上打几个孔好让空气流通，否则蚕会闷死。

（3）蚕喜欢吃什么样的桑叶？

蚕喜欢吃鲜嫩而不沾水的桑叶。蚕吃新鲜的桑叶可以不生病，吃不沾水的桑叶可以避免拉稀便。

2. 观察蚕的外形特征。（在蚕第二次蜕皮前后进行。）

（1）引导幼儿仔细观察蚕。先用放大镜看蚕身体的各个部分，用语言表述蚕的样子，再用手摸一摸蚕的身体，说说有什么感觉。

（2）师生共同小结：蚕有头有尾，身体下面有许多脚。蚕的头部有两只很小的眼睛和一张嘴，身体是青白色或微红色，有环节，身体柔软。

3. 讨论蚕的生长过程。（在蚕产卵后进行。）

（1）教师请幼儿回忆蚕的生长过程：

提问：①刚开始的蚕是什么样子？叫什么？

教师归纳：刚开始的蚕像蚂蚁，所以叫蚁蚕。

②它蜕了几次皮？是怎样变得全身透亮的？这时候的蚕叫什么？

教师归纳：蚕一生蜕了四次皮。每次蜕皮前，它吐出少量的丝，将腹足固定在蚕座上，头胸部昂起，不再运动，好像睡着了一样，称作“眠”。“眠”中的蚕，外表看似静止不动，体内却进行着脱皮的准备，脱去旧皮之后，蚕的生长就进入到一个新的龄期。蚕第四次蜕皮后，进入第五龄，全身就变透亮了，这个时候的蚕叫做熟蚕。

③蚕是怎样吐丝的？吐出的丝变成了什么？

教师归纳：（出示蚕茧。）熟蚕先以 S 形方式吐丝，开始出现茧的轮廓，后改变成∞形方式吐丝，结成了蚕茧，蚕茧里面的蚕变成了蚕蛹。（出示蚕蛹。）

④后来从蚕茧里钻出来什么？它是什么样子的？它出来后做什么？

教师归纳：（出示蚕蛾。）蚕蛹在蚕茧里变成了蚕蛾，钻出了蚕茧。蚕蛾的形状像蝴蝶，全身披着白色鳞毛。蚕蛾的头部长有鼓起的复眼和触角，胸部长有三对胸足及两对翅，腹部已无腹足。蚕蛾产下约 500 个卵后就慢慢死去。（出示蚕卵。）刚产下的卵是淡黄色或黄色的，经 1~2 天变为淡赤豆色、赤豆色，再经 3~4 天后又变为灰绿色或紫色。蚕卵孵成蚁蚕后，又开始了新一轮的生命。

4. 由蚕短暂的一生联想思考。

（1）教师引导：蚕的一生非常短暂。由蚕短暂的一生，我们应该怎么看待自己的生命？（幼儿根据自己的理解表述。）教师和幼儿一起小结：蚕的一生经过蚕卵—蚁蚕—熟蚕—蚕茧—蚕蛾五个阶段，共四十多天的时间。

（2）在幼儿表述的基础上，教师讲述：蚕的一生非常短暂。人的一生虽然比蚕的一生长得多，但是相对人类的历史来说，还是显得非常短暂。人只有一次生命，非常宝贵，所以我们每个人都要珍惜自己的生命。

活动延伸

领域内活动延伸：引导幼儿探究蚕丝的用途，了解蚕对人类重要的贡献。

领域外活动延伸：引导幼儿思考：动物会由小长大，有的动物从小到大一样，有的动物像蚕一样从小到大不一样。请幼儿想一想，还有哪些小动物从小到大不一样呢？它们是怎样变化的呢？

区域活动延伸：在活动区投放蚕宝宝让幼儿分组饲养，做观察记录。

亲子活动延伸：和爸爸妈妈一起在家养蚕。注意养蚕是有季节性的（春蚕 4 月中旬孵化）。

九、“轻轻”和“重重”

设计意图

比较是幼儿思维的一个基本过程，它是在思想上把各种对象或现象加以对比，确定它们的异同，是幼儿学习数学的前提。在本次活动中，教师始终引导幼儿在观察的基础上，运用比较的方法进行探究活动，通过看看、比比、玩玩、想想，来感知物体相对的轻和重。

活动目标

1. 锻炼运用比较探究问题的能力和动手操作能力。
2. 通过比较感知物体的“轻”与“重”。
3. 初步理解“轻”与“重”的含义。

活动准备

知识经验：幼儿初步具有观察、目测的经验。

物质准备：大小相同而材质不同的杯子若干(每个小组1套)；大小、材质都相同但装有不同轻重物体的盒子若干(每个小组1套)；几组两个品种不同、大小不同的物品(如海绵块和木块、书本和文具盒、皮球和布娃娃等)若干(每个小组1套)；体重秤1台，弹簧秤若干(每个小组1把)。

活动过程

1. 称量体重：谁是“轻轻”和“重重”的朋友?

(1)教师：今天，我班来了两位客人，一位客人因为重量轻，所以叫“轻轻”，另一位客人因为重量重，所以叫“重重”。它们希望小朋友能成为它们的好朋友并帮它们找到更多的朋友。我们先看看咱们班的小朋友，谁是“轻轻”的好朋友，谁是“重重”的好朋友。

(2)教师用体重秤给每位幼儿秤量体重。根据有关资料，4.5岁女孩的标准体重是15~19.4kg，取大致中间值，以17kg为准，把女孩分成“轻轻”和“重重”的好朋友；

4.5岁男孩的标准体重是15.7~19.9kg，取大致中间值，以18kg为准，把男孩分成“轻轻”和“重重”的好朋友。

2. 集体游戏：帮“轻轻”和“重重”找朋友。

(1)在同一类物品中找朋友。

游戏一：

①给各组幼儿提供杯子若干，引导他们发现这些杯子大小相同而材质不同。

②请幼儿分别为“轻轻”和“重重”找出它们的杯子朋友。

教师小结：比较物体的轻重，不能只看物体的大小，还要看物体的材质。大小相同而材质不同的物体有轻与重之分。

游戏二：

①给各组幼儿提供盒子若干，引导他们发现这些盒子大小、材质都相同，但盒子里分别放有轻重不一的物体。

②请幼儿分别为“轻轻”和“重重”找出它们的盒子朋友。

教师小结：比较物体的轻重，相同大小、相同材质的物体，不一定都是一样重，有时因为物体里面装有重量不一的物品而有轻重之分。

(2)在不同的物品中找朋友。

游戏三：

①给各组幼儿提供几组两个品种不同、大小不同的物品，如：海绵块和木块、书本和文具盒、皮球和布娃娃等。

②先请幼儿猜一猜：谁是“轻轻”的朋友？谁是“重重”的朋友？

③请幼儿把每组的两个物品分别装进两个同样的手提塑料袋中，利用弹簧秤的帮助找出“轻轻”和“重重”的朋友，检验自己的猜想是否正确。

教师小结：比较日常生活中物体的轻重，不能只看物体的大小，物体的轻重和物体的材质、重量有关，而且物体的轻重是通过比较得出的相对关系。

3. 学念儿歌《“轻轻”与“重重”找朋友》

(1)教师示范诵读儿歌《“轻轻”与“重重”找朋友》并讲解儿歌的意思。

(2)教师带领幼儿诵读儿歌，进一步加深幼儿对比较物体轻重的理解。

4. 操作练习：巩固所获得认知。

教师请幼儿比较日常生活中两个物体的轻重，体会物体和物体之间轻与重的关系。

活动延伸

领域内活动延伸：引导幼儿自己动手进行各种物品“轻”与“重”的比较。

区域活动延伸：在科学活动区中，提供各种“轻”“重”不同的物体和弹簧秤，让幼儿自己动手探讨、比较物体的“轻”“重”关系。

亲子活动延伸：和爸爸妈妈一起在家进行买菜、搬东西、称体重的活动。

十、捉迷藏

设计意图

米饭、馒头、蔬菜和水果等是幼儿非常熟悉的食物，只是以往他们更多关注的是这些食物的名称、外形特征以及它们的味道，对食物里面含有什么成分却忽略了。本次活动“捉迷藏”激发幼儿的好奇心和求知欲，让幼儿感知淀粉遇碘变色的现象，探究平时经常吃的一些食品中，哪些食品含有淀粉，培养幼儿认真观察和动手操作进行科学活动的能力，让幼儿真正感受到科学并不遥远，科学就在身边。

活动目标

1. 激发对身边事物的兴趣和探究欲望。
2. 感知淀粉遇碘变色的现象，锻炼动脑猜想和动手操作实验的能力。
3. 能用简单的方法填写实验记录表。

活动准备

知识经验：熟悉实验用的食物。

物质准备：准备几种常见食物如白菜、藕、胡萝卜、芋头、土豆、苹果、馒头、米饭等，将几种块茎食物切片(每组 1 盘)；毛笔(用于涂碘酒，共用)、淀粉水(已经调和好)和碘酒(每个小组 1 份)，白纸和毛笔(每个幼儿 1 份)；实验记录表 1 张。

活动过程

1. 变魔术，引发幼儿活动兴趣。

(1)教师变魔术——“捉迷藏”，把碘酒涂在纸上，引导幼儿观察纸张的变化。

(2)分发变魔术的材料：毛笔(用于涂碘酒，共用)、淀粉水(已经调和好)和碘酒(每个小组 1 份)，白纸和毛笔(每个幼儿 1 份)。

(3)教师指导幼儿操作：用毛笔蘸取淀粉液在纸上画出自己喜欢的图案，然后等待它晾干，再把碘酒涂在白纸上，蓝色的图案出现了。

（4）教师出示淀粉和碘酒，揭示魔术原理：淀粉躲在白纸上和我们捉迷藏，碘酒可以帮助我们找到它，因为淀粉遇碘会变成蓝色。

2. 猜想：淀粉会躲在哪些食物里?

（1）教师出示藕、胡萝卜、芋头、土豆、苹果、馒头、米饭、白菜等食物，请幼儿猜猜这些食物中哪些含有淀粉。

（2）教师请幼儿在组内与同伴交流自己的猜想，填写实验记录表。

教师介绍实验记录表的记录方法（出示样表）：表中左边从上到下的几栏里，画的都是各种食物，中间标有小"？"下面的格子，填画你们的猜想，打"√"表示食物里含淀粉，打"×"表示食物里不含淀粉；右边标有"！"下面的格子，填画待会要做的实验的结果，也是打"√"表示食物里含淀粉，打"×"表示食物里不含淀粉。

3. 探究：在食物里找出淀粉。

（1）教师将画面上食物（将块茎食物切成片）装在盘子里分发给各组，提出实验要求：

①按照表格上为食物排队的序号，小组长依次请组员进行操作。

②组员分别按序号将碘酒涂在食物切片上，大家观察它是否变色，小组长统一意见后，在记录表的实验栏记录下相关结果。

（2）在幼儿分组实验的过程中，教师巡回指导，提示幼儿别将碘溅到外面，保持桌面整洁。

4. 交流：探索淀粉遇碘的过程和经验。

（1）教师提问：哪些食物是含淀粉的？哪些食物是不含淀粉的？（幼儿根据表格讲述。）实验结果和大家开始的猜想一样吗？有什么不同呢？（幼儿根据表格对比讲述。）

（2）教师和幼儿一起总结正确的答案，告诉幼儿：淀粉中有对人体有用的维生素，能防止肠道疾病。许多食物中都含有淀粉，小朋友要适量进食，不挑食，身体才会健康。

活动延伸

领域内活动延伸：利用实验寻找其他含有淀粉的食物。

领域外活动延伸：鼓励幼儿利用魔术原理自由作画。

区域活动延伸：在活动区投放相关材料，供幼儿自由实验操作。

亲子活动延伸：请幼儿回家把魔术演示给家长观看，和家长一起猜想，利用实验验证其他的食物是否含有淀粉。

十一、豆宝宝的本领大

设计意图

近段时间，经常有小朋友将自己喜爱的豆类食品带来和大家共同分享，“豆豆”成了他们的谈话主题，于是决定和孩子们一起“利用身边的事物与现象作为科学探索的对象”，设计本次活动。通过看一看、尝一尝、说一说等一系列活动，引导幼儿了解自己喜欢的各种“豆豆”，对豆类食品形成综合认知。

活动目标

1. 增强对身边事物探究的兴趣，培养综合认知能力。
2. 探讨豆类食品的种类、功用及食用方法。
3. 知道几种常见豆子的外形特征和名称。

活动准备

知识经验：品尝过多种豆类食品。

物质准备：黄豆若干；豆浆机 1 台；液体容器 1 个；白糖少许；一次性小纸杯若干(同幼儿人数)。

活动过程

1. 观察豆子：我认识的豆宝宝。

请幼儿自由观察、交流，逐一说出各类常见豆类的名称：黄豆、绿豆、蚕豆、黑豆、红豆、扁豆、毛豆、豌豆、荷兰豆等。

2. 分组讨论：我的发现。

(1)教师请幼儿相互介绍自己还见过哪些豆。

(2)组织幼儿自由讨论：你吃过什么豆？它是怎么做出来的？(如：我吃过毛豆，是凉拌吃的；我吃过绿豆粥，是煮着吃的；我吃过扁豆、荷兰豆，是炒着吃的等。)通过讨论，让幼儿知道不同的豆子有不同的烹调方法。

3. 教师演示：制作豆浆的过程。

(1)教师一边操作，一边用黄豆的口吻讲述：

我们豆豆的本领可大了，会变许多魔术，小朋友每天喝的豆浆也是我们变出来的。

①做豆浆前首先得把“我”放在水里泡上一天，我“喝”了水后，就会变胖、变软，颜色变浅一些。

②做豆浆的时候，把我倒进豆浆机里，按下电源开关，豆浆机转动起来。

③请小朋友睁大眼睛看看我是怎么变成豆浆的。变，变，变——看，我变成了豆浆。

(2)教师将豆浆倒入较大的容器，引导幼儿观察豆浆，强调豆浆要煮沸才能饮用。

4. 交流讲述：豆宝宝做的食品。

(1)教师引导幼儿回忆吃过的豆制品，出示多种豆制品的照片。

提问：谁能说一说什么食品是豆宝宝做的？它是什么味道？

(2)幼儿互相交流讲述自己见过、吃过的不同的豆制品。如：豆腐、扁豆饭、绿豆粥、八宝粥、百叶、绿豆饮、粉丝、腐乳、豌豆脆、豆沙包、五香豆、兰花豆、绿豆糕、红豆羹、炒扁豆、炒荷兰豆等。

5. 教师讲解：豆制品的功用。

(1)介绍豆制品的营养，鼓励幼儿多吃豆制品，因为豆制品有利于身体发育，可以使他们健康成长。

(2)教师将少许白糖加入豆浆，分装在一次性小纸杯里，分发给幼儿品尝。

活动延伸

领域外活动延伸：欣赏乐曲《豆豆圆舞曲》。

区域活动延伸：增加科学区豆类的投放品种和数量，鼓励幼儿用多种方法玩游戏，如：豆豆找家、给小动物喂食、剥豆、夹豆等。

亲子活动延伸：和爸爸妈妈一起在家制作豆浆饮品。

十二、香甜的爆米花

设计意图

最近超市门口来了一架爆米花机，爆米花机的炸响和爆米花的香味吸引着孩子们围观。他们好奇小小的玉米粒放进机器里，喷出来时却变成了大大的爆米花。设计本次活动，教师引导幼儿多角度地观察玉米粒和爆米花的不同，尝试在教师的指导下亲自动手，借助微波炉把玉米粒变成爆米花，从而感知膨化食品制作的原理，更好地了解“遇热膨胀”这一科学现象。通过这个活动，鼓励他们关心周围事物、现象的变化，增强探索科学的兴趣，逐步提高观察、比较能力，使他们获得有关事物变化的知识和经验，激发热爱科学的情感。

活动目标

1. 关心周围事物、现象的变化。
2. 培养认真观察、动手操作进行科学探究的能力。
3. 感知玉米粒变成爆米花的过程。

活动准备

知识经验：对玉米粒和爆米花有初步的感知，尝过玉米棒和爆米花。

物质准备：爆米花若干(每个幼儿1小袋)，玉米粒若干(每个小组1碟)；微波炉1台；带盖的玻璃碗若干(每个小组1个)；奶油和白糖少许；小勺若干(每个幼儿1把)。

活动过程

1. 品尝：又香又甜的爆米花。

(1)教师给每位幼儿分发一个内装爆米花的纸包，让他们捏一捏、嗅一嗅，猜一猜纸包里面是什么。

(2)教师请幼儿打开纸包，验证自己的判断是否正确并观察、品尝爆米花。

提问：爆米花是什么形状？什么味道？

2. 比较：爆米花和玉米有什么不同？

(1)教师提问：爆米花是由什么东西变成的？(玉米粒。)爆米花和玉米粒有哪些地方不一样？(幼儿自由讲述。)

(2)教师给各组分发一小碟玉米粒，引导幼儿仔细观察，从大小、颜色、形状、质地、气味和口味各方面，讨论爆米花和玉米粒的不同。

师生一起归纳：爆米花大、白、松、熟、香甜；玉米粒小、黄、硬、生、无味。

3. 动手：自制爆米花。

(1)教师演示制作爆米花。

教师操作：把小半碗干玉米粒放进玻璃碗里，加一小块奶油和少许白糖进行拌和，盖上玻璃盖放入微波炉，打开计时器定时 2 分钟左右，进行加热。

随着加热的进程，提问：你听见了什么声音？你闻到了什么味道？玉米粒会变成爆米花吗？为什么？

(2)加热停止后，教师从微波炉里拿出玻璃碗，揭开盖让幼儿观察玉米粒是否真的变成了爆米花，自制爆米花的外形是否与样品相仿。

(3)幼儿回忆讲述教师制作爆米花的过程，尝试制作爆米花。

教师给各组提供相关材料，请幼儿将装有干玉米粒的玻璃碗加盖，依次放进微波炉里加热，制作爆米花。

制作要求：注意同伴之间要协调合作；不要在玻璃碗里放进过多的玉米粒，要给变大的爆米花留足够的空间；加热的时间不要过长，以免爆米花变煳了。

(4)教师请幼儿自由品尝，也可以互相品尝其他小组的爆米花，进行评价。

4. 讨论：玉米粒是怎么变成爆米花的？

(1)以“玉米粒是怎么变成爆米花的？”为话题，组织幼儿交流讨论，引导幼儿明白玉米粒遇热膨胀就变成了爆米花，这样的食品叫做“膨化食品”。

提问：除了玉米粒遇热发生膨胀，生活中还有哪些东西遇热也会发生膨胀？

(2)教师讲解膨化食品的食用要求，膨化食品虽然好吃，但不能多吃，不能获得全面的营养。膨化食品中含铅，长期食用会导致铅蓄积，慢性铅中毒就会引发消化系统和心脑疾病，影响智力发育。

活动延伸

领域内活动延伸：带领孩子制作爆黄豆、蚕豆、豌豆、年糕干。

领域外活动延伸：了解膨化食品食用过量对人体的危害。

亲子活动延伸：和家长一起去超市寻找可遇热膨胀的食品，加深幼儿对膨化食品的认识，提示幼儿膨化食品不可多食。

十三、“10”以内的序数

设计意图

在日常生活中，有些幼儿分不清数字和序数的区别，这是不懂得序数概念的表现。序数是集合论的基本概念之一，是表示次序的数目，与我们的日常生活有着紧密的联系。本次活动，幼儿通过日常生活中所熟悉的游戏和情景来了解“10”以内的序数，领悟序数的意义，通过观察、操作，尝试用语言和行为表现来表达出自己所认知的序数。

活动目标

1. 在游戏中正确应用序数，体验游戏的乐趣。
2. 理解序数的意义，知道数字与序数的不同。
3. 学习“10”以内的序数，会正确运用序数词。

活动准备

知识经验：已经学会使用“10”以内的基数词。

物质准备：彩色纸做的大毛毛虫一个和小毛毛虫若干(没有触角、花纹和脚)；有10节车厢(每节车厢颜色不同)的玩具火车1列(或图片1张)；“1~10”数字卡片1张；小猫、小狗、小象、小兔、小猴、孔雀、老虎、长颈鹿、熊猫和小鸡等动物头饰各1个。

活动过程

1. 复习“10”以内各数。

(1)游戏——“我拍你也拍”。

教师任意拍“10”以内个数，请幼儿模仿拍手，说出每次模仿拍了几下。

(2)游戏——“数字排排队”。

教师给各组分发一套“1~10”数字卡片，打乱顺序任意摆放，请幼儿按顺序重新摆放数字卡片。

2. 讲述数学故事，理解“10”以内序数的意义。

(1)出示一列玩具火车(或图片)，请幼儿点数共有几节车厢，说出每节车厢的颜色。

(2)教师在黑板上写出“10”，表示车厢的总数，一共有10节车厢。

提问：哪是第一节车厢？哪是第二节车厢？哪是第三节车厢？哪是第四节车厢？哪是第五节车厢？……(幼儿说出一个，就用相应的数字卡片贴在火车的车身上，表示车厢的次序。)

(3)请幼儿分组讨论：火车车身上的数字表示什么意思？车身上的“10”和黑板上的“10”意义有什么不一样吗？

教师小结：车身上的数字表示车厢的位置次序，车身上的“10”表示是第十节车厢，黑板上的“10”表示车厢一共有10节。

3. 游戏“小动物去旅游”，应用“10”以内的序数。

(1)教师布置游戏场景：先将一把办公椅放在前面，作为火车头，再将10把小椅子依次摆在后面，作为10节车厢。

游戏规则：将幼儿分为三个小组，戴上不同的头饰扮演小动物，教师扮演司机，请小猴坐第一节车厢，小狗坐第二节车厢，小猫坐第三节车厢，小象坐第四节车厢，小兔坐第五节车厢，孔雀坐第六节车厢，老虎坐第七节车厢，长颈鹿坐第八节车厢，熊猫坐第九节车厢，小鸡坐第十节车厢。

(2)请“小动物们”点数车厢数，然后上车，请其他幼儿检查“小动物们”坐的次序是否正确，坐错的幼儿进行纠正。教师模仿汽笛的声音：“呜——”火车开动，幼儿集体随着音乐跟唱歌曲《去游玩》，歌曲唱完，到达目的地。

4. 师生交换头饰，反复游戏，结束活动。

活动延伸

领域内活动延伸：引导幼儿说出自己小组组员的序数位置。

区域活动延伸：在活动区投放游戏中角色头饰和数字卡片，请幼儿自由排序并正确指出各角色的位置。

亲子活动延伸：放学的时候，提示幼儿回到家里的楼栋前，数一数自家或邻居小伙伴家住在第几层楼。

十四、水

设计意图

孩子天天跟水打交道，可以说对水非常熟悉。他们在生活的层面上，对水有一定的认知，但从科学的角度而言，还没有形成明确的概念。在本次活动中，教师引导幼儿运用多种感官对水进行观察、探究、试验，从而知道水的特征。通过这个活动，帮助幼儿学习运用对比观察、分析归纳的方法进行探究活动，同时提高动手操作能力。

活动目标

1. 激发幼儿对水的好奇心，使他们懂得珍惜水资源。
2. 尝试分析比较，锻炼动手操作能力。
3. 初步了解水的特性。

活动准备

知识经验：幼儿对水、酒、牛奶比较熟悉。

物质准备：酒瓶 2 个(分别装有水和酒)；自来水 2 杯，牛奶 1 杯；白糖少许；小水壶若干(每个小组 1 个)；各种不同形状的容器若干(每个小组 1 套)；塑料袋若干(每个小组 1 个)。

活动过程

1. 猜一猜。

(1) 出示两个酒瓶(分别装有水和酒)放在桌上，请幼儿猜一猜这两个瓶里分别装的是什么，引发幼儿参与活动的兴趣。

(2) 教师告诉幼儿这两个瓶里分别装的是水和酒，提问：有什么办法区别哪个瓶子里装的是水，哪个瓶子里装的是酒？(鼓励幼儿说出多种办法。)

2. 闻一闻。

(1) 教师请幼儿对两个瓶口分别嗅一嗅，说出自己的判断。

（2）教师和幼儿一起小结：通过对比感知，没有气味的是水，有刺鼻气味的是酒。

3. 尝一尝。

（1）将白糖放入一杯水中搅拌后溶解，让幼儿尝一尝并说出水的味道。

（2）教师和幼儿一起归纳：水原是没有味道的，现在水的甜味是糖在水中溶解的结果。

4. 看一看。

（1）看水的颜色：

①出示一杯水和一杯牛奶（不要兑水），请幼儿对比观察，提问：水是什么颜色？牛奶是什么颜色？（幼儿根据观察回答。）

②在水和牛奶里分别扔进一枚硬币，请幼儿对比观察，提问：在哪个杯里能看见硬币？（幼儿根据观察回答。）

教师和幼儿一起小结：水是无色、透明的。

（2）看水的形状：

①给各组分发各种不同形状的容器和一把小水壶，请幼儿用小水壶打来自来水，分别注入不同的容器里，看看水在各个容器里的形状。

②给各组分发一个透明塑料袋，请幼儿将水注入塑料袋里，看看水的形状。然后用手指轻轻地顶一顶、压一压或捏一捏，看看水的形状有什么变化。

③请幼儿继续往一个容器里注水，看看水满后溢出的样子。

教师和幼儿一起小结：水是流动的，无一定的形状。

5. 说一说。

（1）教师引导：刚才我们用闻、尝和看等多种方法对水进行了探究，谁能总结一下水有什么特征？（幼儿自由表述。）

教师和幼儿一起总结：水是无味、无色、透明、无固定形状、流动的液体。

（2）教师提问：水有什么作用？（幼儿交流讨论。）

引导幼儿回忆观察和实验的过程，一起总结：工业、农业生产和其他所有行业都需要水，我们的日常生活更需要水，水在我们的生产劳动和日常生活中起着广泛、重要的作用。

6. 读一读。

（1）教师示范诵读诗歌《水的自白》，讲解诗歌的意思。

（2）教师带领幼儿诵读诗歌，让幼儿进一步形象地理解水的特征。

活动延伸

领域外活动延伸：给幼儿介绍我国水资源不足的现状，教育幼儿树立节水意识并讨论节水的方法。

区域活动延伸：在活动区投放杯装水、牛奶、白酒、白醋等物品，幼儿自由观察感知。

亲子活动延伸：在家制作冰块，感受水的形态变化。

十五、水果的浮沉

设计意图

水果是幼儿非常熟悉的，只是以往孩子们关注得更多的是水果的名称、外形特征以及它们的味道。本次科学活动引导幼儿将各种水果投放在水中，通过观察感知物体的“浮”与“沉”现象，让幼儿体会发现的乐趣，产生愉悦的情感体验，培养幼儿观察、比较、归纳的能力。

活动目标

1. 认识标记“↑”和“↓”，理解标示的意思。

2. 观察水果在水中的浮沉现象，初步获得有关物体浮沉的经验，能根据浮、沉标记简单分类。

3. 培养观察、比较、归纳的能力和动手操作能力。

活动准备

知识经验：吃过多种水果。

物质准备：一篮水果(苹果、梨、桃、李子、芒果、香蕉、草莓、樱桃……)；若干“↑”和“↓”的图片标记；两只箩筐；双面胶等；教师将幼儿分组并为每组幼儿准备一盆水；“↑”和“↓”的图片标记。

活动过程

1. 唱一唱。

(1)教师逐个拿出苹果、梨、桃、李子、芒果、香蕉、草莓、樱桃……放在桌面上，每拿出一个，请幼儿说出它的名称。

(2)教师与幼儿谈话：小朋友，我们一年四季可以吃到哪些水果？(幼儿根据已有经验回答问题。)我们一起唱一首儿歌就知道了。

(3)教师带领幼儿一起诵唱儿歌《水果歌》，营造活动气氛。

2. 认一认。

(1)教师装作很神秘地对幼儿说：小朋友们，今天我们班要来两位小客人。老师准备了一些水果来招待这两位小客人。它们是两兄弟，名字有点奇怪，哥哥叫“浮起来”，弟弟叫“沉下去”。咦，它们怎么还没有来呀？我们一起大声喊它们的名字，把它们请出来，好不好？（引导幼儿一起念“浮起来”与“沉下去”，教师同时出示“↑”和“↓”的图片标记。）

(2)教师引导：我们来认识一下它们，你们看，“浮起来”和“沉下去”两兄弟长得好像呀，你们发现它们有什么不同吗？（引导幼儿认真观察图标，发现不同。）

(3)教师接着介绍：“浮起来”和“沉下去”两兄弟最喜欢玩把水果放到水里吃的游戏，你们看哥哥“浮起来”的嘴巴往上翘着，所以它只吃浮在水面上的水果，弟弟“沉下去”的嘴巴朝下垂着，所以它只吃沉到水底的水果。

3. 猜一猜。

(1)请幼儿帮这两兄弟把水果分开，猜猜哪些水果会浮在水面上，哪些水果会沉到水底去？

(2)各组幼儿自由讨论后，将各自的猜测结果记录下来。

4. 试一试。

(1)给每组幼儿分发一套实验器材，包括一盆水和一篮水果(苹果、梨、桃、李子、芒果、香蕉、草莓、樱桃……)，以及“↑”和“↓”的图片标记。

(2)教师指导幼儿将水果放入水中，观察哪些水果是浮在水面上的，哪些水果是沉到水底去的。（提示幼儿动作要轻，以免将水溅到脸上或身上。）

(3)根据实验观察结果将水果分类(苹果、梨、桃是浮在水面上的，李子、芒果是沉下去的)，将“↑”和“↓”的图片标记分别放在两类水果上。

5. 说一说。

请每位幼儿尝试把实验结果表述给同伴听。如：

幼 A：我发现苹果是浮在水面上的，李子是沉到水底的。

幼 B：我发现梨是浮在水面上的，芒果是沉到水底的。

……

6. 分一分。

(1)将标记“↑”和“↓”分别贴在两只箩筐上。

(2)教师对幼儿说：小朋友们，你们真棒，帮助“浮起来”和“沉下去”两兄弟找到了它们爱吃的水果，现在我们一起来将这些水果按照“浮起来”和“沉下去”分开放在两只箩筐里，好吗？（请各组幼儿根据刚才的实验结果分放。）

(3)幼儿分放完毕后，教师告诉大家一个好消息：“浮起来”和“沉下去”两兄弟为了表扬大家，把这些水果送给了大家，请大家一起品尝这些好吃的水果。（请幼儿自由选择一种水果品尝，体验实验带来的快乐。）

活动延伸

领域内活动延伸：鼓励幼儿观察生活中其他物品在水中的浮沉现象。

领域外活动延伸：鼓励幼儿多吃水果，提醒大家注意卫生，水果洗干净后去皮再吃。

十六、舞台灯光师

设计意图

孩子们喜欢色彩，喜爱五彩斑斓的事物，在缤纷的色彩世界中，孩子们充满了好奇，充满了探索的欲望。本次活动从“变”字入手，给予孩子发挥想象力、创造力的探索空间，引导孩子们发现白色的光经过有色纸的过滤就变成相应的颜色，两种不同颜色的光团重叠变成第三种颜色的光团，进而探究发现两种色光重叠变色的规律，满足孩子们感受美、创造美的情感。

活动目标

1. 乐意了解身边的科学现象，体验与同伴合作游戏的快乐。
2. 探究并发现两种颜色光团重叠变色的规律。
3. 观察白色光经过有色纸过滤后产生的变化。

活动准备

知识经验：观看过舞台表演，留意舞台灯光的变化。

物质准备：教师用大手电筒 1 个；红、黄、蓝色的玻璃纸(或布、皱纹纸)各 1 张；收录机 1 台，节奏强烈的音乐磁带 1 盘；幼儿用红、黄、蓝色的玻璃纸(或布、皱纹纸)若干(各为幼儿人数的三分之一)；幼儿自带小手电筒 1 个。

活动过程

1. 观察：会变颜色的光团。

教师出示手电筒，分别罩上红色、黄色、蓝色的玻璃纸变魔术。

提问：墙上的光团为什么会变颜色呢？(手电筒前面蒙上了不同颜色的布。)我们用这种方法做彩灯，好吗？

2. 动手：尝试制作彩灯。

(1)教师请幼儿每人选择一张彩色透明玻璃纸(或布、皱纹纸)，覆盖在手电筒前面的玻璃上。

(2)幼儿将自己的彩色灯打开，将光束射到白色墙面上，观察光团的色彩。

3. 发现：墙上的光团变了颜色。

(1)教师捕捉两个幼儿同时把两个不同颜色的光束照在墙面同一个地方的机会，提示幼儿：看，他们两个的光照在一起了。

(2)引导幼儿观察光的重叠，提问：两个不同颜色的光束在墙面上重叠的时候，变成了什么颜色？

(3)教师引导幼儿两个一组进行合作演示，探究两种色光重叠变色的规律。

教师和幼儿一起归纳：红光和黄光在一起就变成了橙光，红光和蓝光在一起就变成了紫光，蓝光和黄光在一起就变成了绿光。

4. 游戏：我是舞台灯光师。

(1)教师请幼儿模仿舞台灯光师，制造出活动、变化的灯光效果，全体幼儿跟着音乐的节奏和灯光效果，随意舞蹈、唱歌。

(2)教师鼓励幼儿大胆上台，在活动、变化的灯光效果下进行自由表演。

活动延伸

领域内活动延伸：引导幼儿通过调和红与黄、红与蓝、蓝与黄色颜料的效果，巩固感知色彩重叠的变化。

区域活动延伸：在活动区投放红、黄、蓝三种颜料，请幼儿自由调和观察。

亲子活动延伸：鼓励幼儿在家中和爸爸妈妈一起玩这个游戏，进一步感知色彩的变化。

十七、梯形宝宝过生日

设计意图

正方形、长方形、三角形和梯形都属于平面图形，前三者与后者有着一定的联系。本次活动以“梯形宝宝过生日”为线索，引导幼儿认识几种梯形，在此基础上，让幼儿观察发现正方形、长方形、三角形与梯形的不同之处。幼儿亲手操作，学习用组合法和切割法将正方形、长方形和三角形变成梯形的方法，感知它们之间的联系。整个活动引导幼儿积极观察、主动操作，让幼儿体验到数学探究的乐趣。

活动目标

1. 积极主动观察、探究、操作，体验数学活动的乐趣。
2. 探究将正方形、长方形和三角形变成梯形的几种方法。
3. 认识直角梯形、等腰梯形和任意梯形。

活动准备

知识经验：已经认识正方形、长方形和三角形。

物质准备：直角梯形、等腰梯形和任意梯形卡片各 1 张；正方形、长方形、直角三角形、等腰三角形、任意三角形卡片各若干(每个小组 1 套)；儿童安全剪刀若干(每个小组 1 把)。

活动过程

1. 游戏导入活动，引发幼儿兴趣。

设置生日情境，引导幼儿为梯形宝宝寻找梯形蛋糕过生日。

2. 观察图形，认识特征。

(1)教师引导幼儿认识几种梯形。

①认识直角梯形。

出示一张直角梯形卡片，请幼儿观察并描述它的形状。

师生共同归纳：直角梯形有四条边，其中有两条对边平行，有一条斜边和一个直角边，有四个角，其中有两个角是直角。

②认识等腰梯形。

出示一张等腰梯形卡片，请幼儿观察并描述它的形状。

师生共同归纳：等腰梯形有四条边，其中有两条对边平行，有两条斜边一样长，有四个角，其中有两对邻角相等。

③认识任意梯形。

出示一张任意梯形卡片，请幼儿观察并描述它的形状。

师生共同归纳：任意梯形有四条边，其中有两条对边平行，有两条斜边，但不一样长，有四个角，每个角都不相等。

④教师和幼儿一起提炼梯形的特征：有一组对边平行、一组对边不平行的四边形是梯形，或者说有一组对边平行但不相等的四边形是梯形。

3. 对比图形，加深理解。

(1)比较正方形和梯形。

①教师出示正方形和几种梯形卡片，请幼儿对比观察，说一说正方形和这几种梯形有什么不同。

②教师小结：正方形每个边都一样长，每两个对边都平行，每个角都是直角；这几个梯形每个边不都是一样长的，它们只有一个对边是平行的，它们的角也不都是直角，只有直角梯形有两个直角。

(2)比较长方形和梯形。

①教师出示长方形和几种梯形卡片，请幼儿对比观察，说一说长方形和这几种梯形有什么不同。

②教师小结：长方形每两个对边都相等，都平行，每个角都是直角，这几种梯形每两个对边不都是相等的，只有等腰梯形的两个斜边(腰)相等，它们只有一个对边是平行的，它们的角也不都是直角，只有直角梯形有两个直角。

(3)比较三角形和梯形。

①教师出示几种三角形(任意三角形、直角三角形和等腰三角形)和几种梯形卡片，请幼儿对比观察，说一说这几种三角形和这几种梯形有什么不同。

②教师小结：这几种三角形都有三条边、三个角，这几个梯形都有四条边、四个角。

4. 动手操作，创新思维。

提问：如何把正方形、长方形和三角形的蛋糕变成梯形的蛋糕？(幼儿讨论交流，自由表述。)

(1)教师引导幼儿运用组合法变梯形：

用组合法变梯形有两种方法，一是用正方形或长方形和一个有一条边与正方形或长方形的一条边等长的直角三角形，拼成直角梯形；二是用正方形或长方形和两个有一条边与正方形或长方形的一条边等长的直角三角形，拼成等腰梯形。

(2)教师引导幼儿运用切割法变梯形：

请各组幼儿用一个正方形尝试切割成两个直角梯形或一个直角梯形和一个直角三角形。

用切割法变梯形有两种方法，一是用正方形或长方形切割成直角梯形；二是用直角三角形、等腰三角形和任意三角形分别切割成直角梯形、等腰梯形和任意梯形。

5. 师生共同收拾教玩具，结束活动。

活动延伸

领域内活动延伸：引导幼儿在日常生活中寻找类似梯形的事物，加深对梯形特征的认识。

区域活动延伸：在活动区投放梯形、正方形、长方形、三角形的纸片，幼儿自由组合拼图。

亲子活动延伸：和爸爸妈妈一起在家玩七巧板的游戏。

十八、有趣的电池

设计意图

随着科技日新月异的发展，各种各样的电动玩具伴随着幼儿成长。这些电动玩具大多用电池驱动，电池装反了或没电了，都会导致电动玩具出现故障。对这样的问题，中班的孩子凭着经验和能力完全可以自己解决。本次活动旨在引导幼儿学会查找电动玩具故障的步骤和安装、更换电池的方法，提高动手能力，通过已有经验延伸获得新的经验，通过自己动手主动学习，体验获得成功的乐趣。

活动目标

1. 锻炼动手操作的能力，通过主动学习获得成功的体验。
2. 在发现问题的基础上，学习运用已有经验分析实际问题。
3. 探索、掌握查找电动玩具故障的步骤和安装、更换电池的方法。

活动准备

知识经验：有玩电动玩具的经验。

物质准备：事先设置三个电动玩具的故障(一个玩具没装电池，一个玩具电池装反了，一个玩具已经损坏)；教师事先通知幼儿将自己的电动玩具带到幼儿园来，收上来与三个有故障的电动玩具混放在一起；准备一张“玩具故障检查记录表”。

活动过程

1. 发现问题。

教师将自己准备的有故障的电动玩具分发给幼儿自由玩耍，引导幼儿发现问题。

2. 分析问题。

教师分别给有故障的电动玩具贴上1、2、3的数字作为辨别的记号。

提问：为什么电动玩具不动了，可能是什么原因？(引导幼儿根据已有经验猜测分析。)

教师归纳电动玩具不动的几种可能性：没装电池、电池没电、电池装反、玩具坏了。

3. 判断问题。

（1）教师将三个故障玩具分别交给三个小组的幼儿，鼓励幼儿打开电池盒检查，填写检查记录表。

（2）教师讲解记录表上三种符号的意思和填表方法，通过检查发现是哪种原因就在哪种符号下面打“√”。

（3）教师听取各组代表汇报检查玩具的情况，要求幼儿说清楚检查的程序，判断玩具不动的原因。

4. 解决问题。

（1）教师小结检查玩具的程序：首先看玩具电池盒有没有电池并观察电池是否装反了，没有电池就装上相应型号新电池，装反了就改正过来，如果能动就解决了问题，否则就是玩具坏了。

（2）根据各组幼儿的汇报讲述，引导幼儿共同确认：1 号玩具没有电池，2 号玩具电池装反了，3 号玩具坏了。鼓励幼儿给 1 号玩具装电池，给 2 号玩具换电池。要求幼儿一边操作一边讲解。

（3）教师请其他幼儿评价他们的操作和讲解是否正确，玩一下玩具检验效果。

（4）教师和幼儿一起总结装换电池的方法：

①先打开玩具电池盒盖，观察电池盒的大小，估计适合装几号电池，如果选择的电池装进去还能晃荡，说明所选的电池小了；如果电池装不进去，说明所选的电池大了。这样就可以确定装上正确型号的电池，装好电池后将盖子盖好。

②装电池的时候要观察电池盒上“+”的符号在哪边，“-”的符号和弹簧片在哪边，再将电池的平头对准符号“-”，压住弹簧片装上去，这时电池的凸头就对准了符号“+”，然后盖上电池盒盖。

5. 巩固练习。

（1）教师请每位幼儿将自己手中玩具的电池盒打开，把电池取下来，按照正确的方法重装一次，然后盖上电池盒盖。

（2）师生共同开展电动车比赛游戏。

活动延伸

领域外活动延伸：讲解乱扔废旧电池的危害。

区域活动延伸：在活动区投放电池和故障电动车，幼儿自主修理。

亲子活动延伸：向家人进行宣传，制止乱扔废旧电池的行为，提高幼儿的环保意识。

大班(上)

一、变化

设计意图

随着年龄的增长，孩子们对自己身体的变化有了很大的关注，很想了解变化的秘密。我们周围的事物时时在变，不管你走到哪里，只要用心去观察，就会发现周围许多东西都在变，只不过有的变得快，有的变得慢。针对幼儿对变化的好奇和强烈的探索欲望，引导幼儿参与“变化”这一活动，观察周围事物的变化，关注自己的变化，从而理解这些变化是事物发展的必然规律。

活动目标

1. 培养幼儿对自然界和科学活动的兴趣，感受活动的乐趣。
2. 感知一切物体都在变，不同物体的变化是不一样的。
3. 能初步掌握实验的正确方法。

活动准备

知识经验：事先向父母了解自己的成长过程。

物质准备：杯子、纸张、橡皮泥、酒精灯、试管、夹子、吸管、打气筒、各色颜料、电筒、电池、电线、蜡烛等各若干。

活动过程

1. 实践探索，观察变化。

(1)进行气球由小变大的试验，请幼儿观察并讲述气球的变化过程，自己尝试用打气筒打气或用嘴吹气把气球由小变大。

(2)请幼儿分组自主操作材料，第一组大变小，第二组干变湿，第三组不动变动，第四组冷变热，让物体发生变化。

(3)各组幼儿交换操作项目再次操作材料，感知不同的变化现象。

2. 观察照片，交流谈话。

（1）幼儿观察教师的照片。

教师出示一组个人的成长照片。

提问：①这些照片拍的是一个人，你们知道是谁吗？

②现在的我与小时候的我有什么不同？（鼓励幼儿大胆讲述。）

（2）请幼儿拿出自己小时候的照片和同伴相互介绍、讨论，说说自己各方面（高矮、见识、智力、技能等）的变化。引导幼儿表达对自己变化的感受，激发幼儿为自己的成长而高兴、自豪的情感。

（3）教师提问：猜一猜，我们小朋友再长长会有什么变化呢？

请幼儿表演父母上班、看报、做事的样子，表演老奶奶、老爷爷走路的样子。

教师小结：刚才我们小朋友通过讨论都知道人是在不断变化的，由小变大，由少年变成青年，再由青年变成中年，然后变成老年，就像你们的爷爷奶奶现在这样。

3. 观察周围，扩散思维。

（1）教师带领幼儿来到幼儿园的大操场，引导幼儿观察周围的景物。

（2）提问：①你发现幼儿园的什么东西在变化？（引导幼儿回忆对比讲述。）

②除了这些东西在变，你还看到生活中哪些东西会变化呢？

4. 话题讨论，总结活动。

（1）教师以“事物为什么会变化”为话题组织幼儿讨论，引导幼儿大胆地发表自己的见解。

（2）教师以“蝌蚪变青蛙”为例，说明任何事物的变化都有一定的规律。

5. 教师带领幼儿学念儿歌《你就是个帅青蛙》结束活动。

活动延伸

领域内活动延伸：请幼儿观察“果树生长”的组图，按照事物变化的规律给各图排序。

领域外活动延伸：引导幼儿通过各种手段发现事物的变化，如通过种植活动仔细观察植物的生长变化、通过记录天气观察天气的变化、通过饲养小动物发现小动物的生长变化等。

亲子活动延伸：和爸爸妈妈、爷爷奶奶一起观赏家庭影集，感受家庭成员的变化。

二、泡泡系列活动之一

——泡泡水的秘密

设计意图

孩子们是善于观察的，在日常生活中，他们常常发现洗手时摸了肥皂，搓动小手可以鼓出小泡泡，抿动的嘴唇也能鼓出小泡泡，还有不少孩子带来了父母在游乐场买来的泡泡水，和伙伴们分享吹泡泡的快乐。根据孩子们这一兴趣点，设计有关“泡泡”的系列活动，让幼儿通过亲自动手，学习配制合适的泡泡水，在自由的操作探索中，体验科学活动的魅力。

活动目标

1. 锻炼幼儿发现问题、分析问题的能力，体验愉快的情绪和探索的乐趣。
2. 在讨论、记录、交流中积累和提升经验，大胆地发表自己的见解。
3. 自主探究泡泡水的制作方法。

活动准备

知识经验：有过吹泡泡的体验。

物质准备：洗衣粉、肥皂、洗发水、沐浴露、洗洁精、洗手液、水各若干，每人一个透明杯子；记录纸、笔，吸管(细、粗)若干，各种形状的吹泡泡工具若干(铁丝弯成的三角形、椭圆形、长方形；教师用记录表格 1 张。

活动过程

1. 游戏：吹泡泡。

教师用吸管吹泡泡，引发幼儿活动兴趣。

2. 猜想：制作泡泡水的材料。

请幼儿回忆生活经验。

提问：①怎样才能吹出泡泡？需要哪些东西？

②我们生活中哪些东西可以用来做泡泡水？(洗衣粉、肥皂、洗发水、沐浴露、洗

洁精、洗手液等。)

3. 探索：泡泡水的配制方法。

(1)教师引导幼儿认识实验的材料：洗衣粉、肥皂、洗发水、沐浴露、洗洁精、洗手液等。

提出实验要求：可以任选一种材料，拿一个杯子倒一点，再加一点点水搅拌一下，用吸管轻轻吹一吹，看能不能吹出泡泡来。用过的吸管就放在你的杯子里，注意吸管不要翘得太高，不要把吸管里的水弄到嘴巴里，这样对身体不好。

(2)幼儿自由配制泡泡水。教师巡回指导，首先，提示幼儿配置泡泡水的关键在于兑多少水，请幼儿注意适量兑水，调整水和材料的比例；其次，在吹泡泡的时候，要注意掌握吹气的力度，吹气要轻，出气要稳。

4. 交流：探索配置泡泡水的过程和经验。

(1)提问：谁的泡泡水能吹出泡泡来？

请一位实验成功的幼儿讲述并演示自己的实验操作，然后表演吹泡泡。

(2)提问：谁的泡泡水吹不出泡泡来？

请一位实验不成功的幼儿讲述自己的操作过程。

大家帮助分析原因，推测吹不出泡泡的原因：可能是水太少或太多、水和材料的比例不合适，没有均匀搅拌，或者吹得太用力等。

(3)鼓励幼儿再次调整配制泡泡水，配制出成功的泡泡液，感受成功的快乐。

5. 实验：不同形状的吹泡泡工具。

(1)教师出示铁丝弯成的圆形框工具。

提问：它是什么形状的？(圆形。)

谁会用它来吹泡泡？吹出来的泡泡是怎样的？

(2)教师出示正方形的、三角形的、椭圆形的工具。

提问：刚才我们用圆形框的工具吹出泡泡，那么，用这些工具吹出来的泡泡会不会是正方形、三角形或者椭圆形的泡泡呢？(请幼儿猜测表述。)

(3)请各组幼儿分别用正方形、三角形、椭圆形工具尝试吹泡泡，看看吹出来的泡泡是什么形状。

(4)交流实验结果并做小结：原来形状不同的工具吹出来的泡泡都是圆的。

活动延伸

领域内活动延伸：引导幼儿用不同的颜料吹出彩色的泡泡。

领域外活动延伸：鼓励幼儿大胆尝试，制作出别具一格的吹泡泡工具，表现出一定的创意。

区域活动延伸：在操作区提供泡泡水制作材料，鼓励幼儿探索泡泡水的制作方法。

亲子活动延伸：和爸爸妈妈一起在网上、书刊上收集资料，了解为什么不同形状的工具吹出来的泡泡都是圆的。

三、泡泡系列活动之二

——吹泡泡的工具

设计意图

孩子们在学会配制泡泡水后，对吹泡泡系列活动的热情越来越高了，对活动中出现的问题也越来越关注，还冒出了许多新的问题，如：泡泡都是圆的吗？泡泡只能用吸管吹吗？还有哪些工具能出吹泡泡呢？本次活动旨在让孩子们在“猜想—实践—创造”的主动探究过程中，发现能吹泡泡的工具的基本特征，尝试用不同材料制作吹泡泡的工具。

活动目标

1. 愿意参加小组交流，勇于探索解决问题的方法。
2. 能用不同的材料制作吹泡泡的工具。
3. 了解吹泡泡工具的基本特征。

活动准备

知识经验：幼儿进行过“好玩的泡泡”主题活动——吹泡泡、配置泡泡水、比比谁吹的泡泡大等系列活动，有一定分组活动及小组实验统计的经验。

物质准备：彩笔每个小组 1 盒；各类玩具、不易浸透的纸数张、剪刀、胶皮包裹的铁丝、用大盆装好的泡泡液等；师幼共同布置“好玩的泡泡”活动区及主题墙饰。

活动过程

1. 游戏：吹泡泡。

请幼儿用配制好的泡泡水吹泡泡，比比谁的泡泡吹得多。

提问：你是用什么工具吹出泡泡的？还有哪些工具也能吹出泡泡？

2. 猜想：哪些工具能吹泡泡。

(1)分发观察记录表，请幼儿辨别记录表上的工具：中间有洞的小花片、透明胶筒、弹簧、泡沫纸、卫生纸筒、小插棒拼成的三角形、C 形的小钩子等。

(2)请幼儿根据记录表上的工具(边缘封闭或不封闭的物品)进行小组猜想，想想哪些物品能做吹泡泡的工具，在记录表上记录自己的猜想。

(3)分组活动，交流猜想：你认为哪些物品能成为吹泡泡的工具，简单讲述理由。

3. 实践：我的工具能吹泡泡。

(1)小组成员分工合作，验证猜想的正确性：提示幼儿将每种工具都试一试，并在记录表上做记录，将能吹出泡泡的工具打"√"，不能吹出泡泡的工具打"×"。

(2)小组交流自己的实践经验：请组员将实验结果和猜想结果进行比较，找出成功与失败的原因。

(3)师生共同将工具按"能作为吹泡泡的工具"和"不能作为吹泡泡的工具"进行分类，在每类物品中取出一种进行对比实验。

如：将C形的小钩子与卫生纸筒同时吹泡泡，引导幼儿发现小钩子不能构成一个封闭的外缘，泡泡总是破，不能成功地吹出泡泡；卫生纸筒有一个封闭的外缘，中间的空洞能吹出泡泡。

(4)师生共同小结能吹泡泡的工具的特征：中间有空洞，边缘封闭。

4. 创造：变泡泡的工具多又多。

(1)引导幼儿观察活动区的材料(纸张、玩具、铁丝等)，研究这些材料各自的特征。

(2)鼓励幼儿动脑筋、想办法，制作新的变泡泡工具或将不能吹泡泡的工具变成能吹泡泡的工具。

如：将纸的中间剪出洞洞，铁丝弯成圆圈，小插棒拼成封闭的图形，用双手和成封闭的心形等都能吹出泡泡来。

5. 交流：比比谁的办法多。

(1)请幼儿说说自己创造的新的吹泡泡的工具，在全班进行演示。

(2)启发幼儿说出自己创造的理由，进一步巩固吹泡泡工具的特点：中间有空洞，边缘封闭。

如：纸片原来不能吹出泡泡，因为它中间没有洞洞，因此我将纸片中间剪出洞洞，就能吹出泡泡了。

(3)评选"最佳小小发明家"，体验成功的快乐：每一种成功的工具计一朵小红花，比比谁的小红花多，谁就是"最佳小小发明家"。

6. 欣赏儿歌《吹泡泡》。

教师带领幼儿学念儿歌《吹泡泡》，体验获得成功后的快乐情绪。

活动延伸

领域内活动延伸：继续收集幼儿关于"泡泡"的问题，根据需求开展系列活动。

领域外活动延伸：将本次活动的成果收集整理，继续布置在主题墙上。

区域活动延伸：丰富"好玩的泡泡"活动区材料，让孩子在活动区中继续尝试创造更多的吹泡泡工具。

亲子活动延伸：和爸爸妈妈一起玩吹泡泡的游戏。

四、厨房专用小工具

设计意图

幼儿喜欢做“过家家”的游戏，在他们观察模仿爸爸妈妈在厨房干活的过程中，发现许多的厨房小工具能为我们的生活带来便利。本次活动，教师引导幼儿认识各种厨房专用工具的名称和用途，学习简单工具的操作方法，体验工具对我们生活的意义。同时让幼儿意识到这些新工具的产生源于生活的要求和时代的进步，鼓励幼儿努力学习科学知识，将来也能进行发明和创造。

活动目标

1. 愿意使用常见的厨房小工具，体验它们给人们生活带来的方便。
2. 能选择恰当的厨房小工具进行简单劳动。
3. 认识日常厨房小工具，了解其用途。

活动准备

知识经验：有在家中观察父母使用各种厨房小工具的经历。

物质准备：收集各种厨房小工具，如小刨刀、苹果削皮器、鸡清分离器、打蛋器、切菜器等；各种食物，如黄瓜、苹果、鸡蛋、土豆等若干；小篮、碗盘若干。

活动过程

1. 观看图片和实物。

出示收集的各种厨房小工具，请幼儿仔细观察。

提问：你认识这些东西吗？根据它们的外形想一想，猜一猜，它们有什么作用？

提示幼儿根据自己的经验表述，将自己认识的厨房专用小工具向同伴介绍，如小刨刀、苹果削皮器、鸡清分离器、打蛋器、切菜器等。

2. 观察教师演示。

(1)教师用实物逐一介绍这些厨房专用小工具，说明它们的作用和功能。

(2)教师重点演示几种厨房专用小工具的操作，让幼儿在观察过程中对这些工具有直观的认识，知道这些厨房专用小工具可以给我们的生活带来许多的便利。

3. 对比尝试体验。

(1)教师出示各种食品材料，如黄瓜、苹果、鸡蛋、土豆等，请幼儿帮忙想办法选择合适的用具加工成削好皮的黄瓜条或黄瓜丝、苹果片、鸡蛋羹、土豆丝、蛋清羹、蛋黄羹等。

(2)邀请几名幼儿，分两组，一组用专用工具，一组用普通工具(如普通的切菜刀)，看谁先完成指定的食物加工任务。(教师提醒幼儿注意安全，不要伤害了自己的小手。)

①用小刨刀刨黄瓜皮，再用切菜器刨出黄瓜丝。

②用苹果削皮器为苹果削皮，再用小刀切成片。

③用小刨刀刨土豆皮，再用切菜器刨出土豆丝。

④用蛋清分离器分离蛋清和蛋黄。

⑤用打蛋器搅拌打出蛋花羹。

(3)教师和幼儿一起小结：各种厨房专用小工具都有它们的独特用途，在生活中必不可少，用它们加工食物材料既方便，又快捷，而且可以保证安全。

4. 交流讨论问题。

(1)提问：以前我们家庭厨房用具很少，就是简单的刀、棍、铲、勺，为什么现在会出现这么多新鲜玩意呢？(幼儿自由表述。)

(2)在幼儿自由表述的基础上，教师归纳：随着社会经济的飞跃发展，人们对生活质量的要求日益提高。人们在长期的厨房操作中，发现那些传统的厨房用具有很多缺陷，迫切希望有所改进，于是一些有心、聪明的人根据存在的问题研究、实验，不断发明这些厨房专用小工具，现在的高科技手段也促使了许多新产品问世。

(3)教师寄语幼儿：从小培养热爱学习、热爱科学的兴趣，努力学好各门知识本领，将来在实际生活中发现问题，发明、创造更多的新东西来。

活动延伸

区域活动延伸：在操作区提供各种厨房小工具，鼓励幼儿使用这些小工具完成简单的劳动任务。

亲子活动延伸：在家向爸爸妈妈请教，继续学习其他常见劳动工具的使用方法和操作原理，提高动手操作能力。

五、好吃的鸡蛋

设计意图

孩子们很小就开始吃鸡蛋了，有的喜欢吃，有的是大人逼着吃，有的只吃蛋白不吃蛋黄，但他们对“为什么要吃鸡蛋”、“应该怎样吃鸡蛋”以及“鸡蛋有哪些吃法”并没有深入的了解。本次活动旨在让孩子通过观察、品尝活动，了解鸡蛋的营养价值和吃法，增添生活情趣，做到喜欢并愿意坚持每天吃鸡蛋。

活动目标

1. 愿意品尝各种做法的鸡蛋，逐渐养成每天坚持吃一个鸡蛋的好习惯。
2. 观察并讲述鸡蛋的烹饪方法，丰富生活经验。
3. 初步了解鸡蛋的营养价值。

活动准备

知识经验：事先在家观察爸爸妈妈做鸡蛋的过程，知道简单的鸡蛋烹饪方法，完成鸡蛋的调查表；会用恰当的词语初步表述烹饪的方法，如煮、煎、炒、蒸等，并理解其含义。

物质准备：鸡蛋；烹饪材料和工具，如电磁炉、锅、铲、各类作料等；与食堂厨师联系活动时间，交流活动过程中需要配合的事项。

活动过程

1. 问题导入活动。

教师出示鸡蛋。

提问：小朋友，你知道鸡蛋可以怎么吃吗？

引导幼儿根据鸡蛋调查表，交流在家观察到的鸡蛋的各种烹饪方法，如炒鸡蛋、煎鸡蛋、煮白水蛋、蛋花汤、腌制的鸡蛋等，简单说说鸡蛋在烹饪过程中会发生什么样的变化。

2. 观察幼儿园厨师烹饪鸡蛋，品尝味道。

(1)煮：将鸡蛋放进锅中用水煮，煮熟后请幼儿剥壳品尝。

(2)煎：将鸡蛋打开放进锅内用油煎，加盐少许，煎好后将锅稍稍倾斜，请幼儿观察鸡蛋在烹饪过程中的变化并品尝。

(3)炒：将鸡蛋打开放进碗里，用打蛋器将蛋液搅匀，请幼儿观察鸡蛋的变化，再放进锅内用油炒，加盐和其他作料少许，炒熟后请幼儿再次观察鸡蛋在烹饪过程中的变化并品尝。

(4)蒸：将鸡蛋打开放进碗里，用打蛋器将蛋液搅匀，请幼儿观察鸡蛋的变化，加入少许用水调和好的淀粉和其他作料，然后再加水搅匀，放入蒸锅或微波炉加热，取出请幼儿观察成品的形状并品尝。

3. 交流鸡蛋的各种做法。

(1)请幼儿回忆并交流表述刚才看到的鸡蛋的各种烹饪方法，说出鸡蛋在烹饪过程中味道、颜色和形状发生了哪些变化。

(2)教师小结：鸡蛋有很丰富的营养，含有蛋白质、脂肪、卵黄素、卵磷脂、维生素和铁、钙、钾等人体所需要的矿物质。鸡蛋的突出特点是，它含有自然界中最优良的蛋白质，是很好的营养食品，所以我们在很小的时候就开始吃鸡蛋了。鸡蛋有多种做法，做出来的口味也不一样，小朋友可以请爸爸妈妈更换鸡蛋的做法，这样我们就会逐渐喜欢上吃鸡蛋，最好每天都吃一个鸡蛋。

4. 讨论吃鸡蛋时必须注意的问题：

(1)鸡蛋虽然好吃，但一次不能吃太多，吃多了不容易消化。

(2)小朋友的肠胃功能还不太健全，要少吃没有熟的“流黄”鸡蛋，因为这样的鸡蛋里面含有细菌，吃了容易拉肚子。

(3)蛋白和蛋黄含有不同的营养，所以吃蛋时要把蛋白、蛋黄全部吃下去，这样才能保证身体吸收到全面的营养。

活动延伸

领域外活动延伸：指导幼儿将鸡蛋抽出蛋液，用完整的鸡蛋壳制作工艺品；组织幼儿参观附近的养鸡场，了解如何收集、运输鸡蛋。

亲子活动延伸：请家长帮助收集、展示其他蛋，如鹌鹑蛋、鸭蛋、鹅蛋等，了解蛋的来源。

六、神奇的风

设计意图

自然界中充满着神奇有趣的科学现象，就拿“风”这一自然现象来说，一年四季天天都和我们会面，是孩子们来到户外的那一刻起就能感受到的现象。“风”是孩子感兴趣的内容，本次活动追随孩子们的经验和生活，让大班幼儿围绕“风”探索自然的奥秘。

活动目标

1. 在活动中能和同伴协调配合，在合作中互相学习。
2. 感受发现风的大小、探究和判断风的方向并尝试制造风。
3. 初步了解风的利与弊，会运用多种途径获取有关风的信息。

活动准备

知识经验：幼儿记录近几日天气预报，着重关注风的内容(根据风力的不同，让幼儿将自己的发现和体验用图画的形式记录下来)；请家长予以配合，和孩子一起收集一些关于“风”的资料和知识。

物质准备：吹风机、扇子、垫板、气球打气筒、纸板、书、气球、风车、鸡毛、棉花、小纸船等；选择有微风的天气进行活动。

活动过程

1. 户外观察，感受发现风。

在有风的日子，带领幼儿到户外观察，请幼儿静静地站在风中，仔细地听，认真地看，用心感受。

提问：你听到了什么？(树叶在“沙沙”响。)看到了什么？(树枝在摆动，彩旗在飘扬，池水在波动。)感觉到什么？(脸上凉凉的。)这说明什么？(有风。)

2. 互相交流，了解风的特征。

(1)探究风形成的原因。

请幼儿用手在脸边扇动。你觉得有风吗？为什么？

小结：我们周围充满着空气，用手扇一扇，空气就流动起来了，这样就感觉有风了。

(2)引导幼儿了解风的不同。

提问：①除了这样的微风，你还知道哪些风？(引导幼儿说出自己知道的各种风，如大风、狂风、龙卷风等。)

②这些风给我们的感觉是相同的吗？有什么不同？(进一步启发幼儿说出这些风带来的现象，如起狂风时树叶都被风吹掉了，在空中打转；起龙卷风时，风好像变成了一个“旋涡”，“旋涡”到的地方都被风毁灭了，房子被吹倒了，车子被吹翻了等。)

小结：风有风级，不同的风级表示风的大小不同，人的感受也不同。

(3)探索判断风向。

提问：天气预报说今天是北风，这是什么意思？(北风就是从北边来的风，说的是风向。)

幼儿小组讨论，引导孩子用他们的方法证明风来的方向。如：观察旗杆上的国旗飘动；让孩子将羽毛、塑料球放在操场中间，让它们随风滚动……让孩子通过活动，真正明白“风真的从北边来”。

3. 尝试制造风的方法。

(1)教师出示风车，提问：这些风车在活动室能玩吗？怎样让风车转起来？怎样制造风？

鼓励幼儿利用提供的各种物品，如吹风机、扇子、气球打气筒进行实验，引导孩子们用纸板、扇子扇，把气球吹鼓后撒气等，鼓励孩子用各种方式尝试制造风。

(2)幼儿介绍自己是用哪些方法造风的，具体是怎样操作的，并说说为什么有时风大、有时风小。

4. 带领幼儿学念《风力歌》，理解歌里面的内容，结束活动。

活动延伸

领域内活动延伸：鼓励幼儿用多种办法制造风。

领域外活动延伸：引导幼儿讨论风给我们带来的好处和危害。

区域活动延伸：在活动区投放小风车，幼儿自由观察。

亲子活动延伸：和爸爸妈妈一起在户外感受风。

七、躲迷藏

设计意图

幼儿对躲迷藏游戏非常感兴趣，而且能发现躲藏在与自己衣服颜色相近的地方不容易被他人发现。教师因势利导将之生成为集体教育课程，旨在引导幼儿发现身边的乐趣，进而探索保护色的功用。

活动目标

1. 锻炼合作意识和合作能力。
2. 提高幼儿的动手动脑能力。
3. 发现保护色的隐藏、保护作用。

活动准备

知识经验：有玩躲迷藏的经验，了解一些动物的自我保护方式。

物质准备：将“躲迷藏”的场地进行布置，以利于幼儿躲藏；树叶、各色皱纹纸、即时贴、花藤等各种装饰物，供幼儿躲藏保护用；各种玩具若干，供幼儿游戏用；电脑动画课件(有保护色的动物逃避狮子的捕食)1个，电脑1台。

活动过程

1. 进行“躲迷藏”的游戏。

(1)带领幼儿到室外宽敞且易于躲藏的地方，进行“躲迷藏”的游戏。

(2)鼓励幼儿尝试多种躲藏方法，启发幼儿观察装饰物与周围环境的关系。

引导幼儿小结：用与周围环境相似颜色、形状的物品来装扮自己，能很好地保护自己，不易被别人发现。

2. 了解小动物的藏身术。

(1)教师将幼儿带回活动室，讲述《变色龙》的故事，结合故事与幼儿交流下列问题：

①小变色龙一开始遇见谁？它有什么反应？

②是谁让小变色龙静静地趴着不动的？

③为什么蜥蜴没有发现小变色龙？

④后来小变色龙又发现了谁？它是怎样发现的？

通过交流，使幼儿了解有些动物利用自己身上的保护色进行自我保护。

(2)请幼儿看电脑课件，进一步了解保护色的隐藏、保护功能。

课件内容：青蛙、斑马、变色龙在草地上开心地玩耍，一头狮子前来捕食，小动物们纷纷跳进池塘、跑进森林躲藏起来，狮子瞪圆双眼找了半天也没找到，垂头丧气地走开了。

(3)启发幼儿小结：许多动物的体色跟其生活环境的颜色相似，可以更好地隐藏自己，躲避猛兽的袭击，像这种用来保护自己身体的颜色，叫做保护色。

3. 进行“小小侦察员”的游戏。

(1)将幼儿分成两组，让两组幼儿各自想办法装饰、隐藏各类玩具(请一位老师录像)。

(2)各组开始侦察队行动，寻找对方隐藏的玩具，比比哪组找得多。

(3)观看录像，了解同伴隐藏玩具的方法，点评对方哪些隐藏玩具的方法是运用了保护色的原理。

活动延伸

领域内活动延伸：引导幼儿了解迷彩服的设计特点和作用。

领域外活动延伸：进一步观察其他动物的自我保护方法。

区域活动延伸：在植物角放置变色龙、枯叶蝶的图片，幼儿自由观察。

八、自制饮料

设计意图

幼儿都喜欢饮料甜中带酸的味道，知道因为有糖饮料才会有甜味。他们曾围绕“饮料中的酸味从哪儿来”展开过激烈的争论，孩子的想法真是千奇百怪：有的认为叔叔阿姨做饮料时把酸话梅泡在里面，就像爷爷喝的药酒；有的认为是把橘子榨成汁倒进去了……教师可以利用幼儿的探究兴趣，引导幼儿进行“自制饮料”的活动，了解碳酸饮料的成分，知道柠檬酸钠所起的作用。

活动目标

1. 体验成功的喜悦，激发科学探究的兴趣。
2. 尝试配置可口的饮料。
3. 初步了解碳酸饮料的制作方法。

活动准备

知识经验：有过喝碳酸饮料的体验。

物质准备：一次性茶杯、勺子、托盘，小苏打、柠檬酸钠；各种不同颜色、不同味道的果汁粉以及凉开水若干；不同的碳酸饮料(可乐、汽水等)若干。

活动过程

1. 操作实验。

引导幼儿通过操作实验，观察小苏打和柠檬酸钠混合在水中时产生二氧化碳气体的现象。

实验步骤：

(1)出示小苏打和柠檬酸钠，引导幼儿通过看、摸、尝认识它们，给幼儿介绍其名称及作用。

(2)幼儿操作实验：把小苏打、柠檬酸钠各舀一勺放在茶杯中，加凉开水，观察水中发生了什么现象。

(3)提问：当小苏打、柠檬酸钠混合在一起时，水中发生了什么现象？教师讲解：水中冒出的一串串气泡叫二氧化碳气体。

2. 认识碳酸饮料。

(1)出示几种碳酸饮料，让幼儿说出其名称、味道，并摇动饮料瓶，观察瓶中有什么现象发生，告诉幼儿有二氧化碳气体的饮料叫碳酸饮料。

(2)启发幼儿回忆：日常生活中还在什么时候见过二氧化碳气体？还喝过什么味道的碳酸饮料？喝后有什么样的感觉？

(3)小结：足量的二氧化碳在饮料中能起到杀菌、抑菌的作用，还能通过蒸发带走体内热量，起到降温作用。不过，如果碳酸饮料喝得太多对肠胃是没有好处的，而且还会影响消化，因为大量的二氧化碳在抑制饮料中细菌的同时，对人体内的有益菌也会产生抑制作用，所以消化系统就会受到破坏。特别是年轻人，一下子喝得太多，释放出的二氧化碳很容易引起腹胀，影响食欲，甚至造成肠胃功能紊乱，大量糖分也有损脏器健康。

3. 幼儿尝试配制饮料。

(1)自由讨论：配制碳酸饮料需要哪些材料呢？

(2)出示糖、凉开水、各种味道及不同颜色的果汁粉、小苏打、柠檬酸钠等材料，激发幼儿制作的欲望。

(3)幼儿自己尝试制作不同口味的饮料，教师巡回指导，提醒幼儿喝多少就配制多少饮料，不要浪费。鼓励幼儿互相谈谈自己配制的是什么味道的饮料，怎样配制的。

4. 把自制的饮料送给中班的弟弟妹妹喝，体验成功的快乐。

活动延伸

领域内活动延伸：引导幼儿进一步探讨为什么有的小朋友配制的饮料过酸或过甜，怎样配制才能做出可口的饮料。

领域外活动延伸：了解可乐的发明故事。

区域活动延伸：在活动区投放相应材料，鼓励幼儿仔细观察小苏打、柠檬酸钠混合实验反应。

亲子活动延伸：和爸爸妈妈一起在家配制饮料。

九、蹄形磁铁

设计意图

中班认识完磁铁后，幼儿对磁铁吸铁的现象已非常熟悉。在玩各种各样的磁铁时，幼儿产生了新的疑问：蹄形磁铁的各部分磁性都是一样大的吗？为了让孩子的科学经验进一步扩展，本次活动引导幼儿认识蹄形磁铁，并用磁铁进行探索实验，让幼儿自己在实验中找到答案。

活动目标

1. 能大胆地表达自己的想法，有初步的质疑精神。
2. 能够正确记录猜想与实验的结果。
3. 感知蹄形磁铁各个部位的磁力。

活动准备

知识经验：已初步了解磁铁吸铁的现象。

物质准备：条形磁铁 1 个、蹄形磁铁若干(每个小组 1 个)；回形针若干(每个小组 1 盒)；牙膏盒若干(每个小组 1 个)；彩笔若干(每个幼儿 1 支)。

活动过程

1. 认识蹄形磁铁。

(1)对比条形磁铁和蹄形磁铁的外形特征。

教师出示条形磁铁和蹄形磁铁。

提问：这两种磁铁的形状有什么不同？

介绍直条形状的叫做条形磁铁，这种弯形像马蹄形状的叫做蹄形磁铁。

(2)认识蹄形磁铁的两极。

提问：①条形磁铁的两极在哪里？(两端。)

②蹄形磁铁的两端在什么方向呢？(在同一个方向。)

把蹄形磁铁的两极称作两只“脚”，把弯曲的顶部称作“头”，把两极和弯曲的顶部之间的部分称作“身子”。

2. 操作对比实验。

提问：蹄形磁铁和条形磁铁的形状不同，磁性最大的部位是否也跟条形磁铁不同呢？

实验一：引蛇出洞。(蹄形磁铁是不是每个部位都有磁性？)

(1)教师设置情景：寒冷的冬天来了，北风呼呼地吹，小动物都躲进温暖的家里不愿出来。(把一些回形针放进牙膏盒里面靠近开口的地方)这些回形针就是卷曲的“小蛇”，躲进了牙膏盒这个小洞里，我们就用蹄形磁铁引“小蛇”出洞。那么，这个蹄形磁铁的每个部位都能把“小蛇”吸引出洞吗？

(2)幼儿分组讨论，提出猜想并各自说出理由。

(3)教师发给每个小组幼儿一些回形针和一个牙膏盒，让幼儿把回形针放进牙膏盒靠近开口的地方。然后操作实验，验证本组的猜想。

(4)请各组代表谈谈本组的做法及实验结果，做集体记录，与猜想进行比较。

师生共同小结：蹄形磁铁的“脚”和“身子”的一部分能吸引出“小蛇”，蹄形磁铁的“头”不能吸引出“小蛇”。

实验二：金蛇狂舞。(蹄形磁铁哪个部位的磁性最大？)

(1)教师设置情景：小蛇出了洞想活动一下，想表演舞蹈给小朋友看！你们想一想，用蹄形磁铁的什么部位能使小蛇跳舞呢(用蹄形磁铁让回形针跳动)？

(2)幼儿分组讨论，提出猜想，各自说出理由。

(3)各组幼儿进行探索、尝试。教师巡回观察，适当给予提示。

(4)请各组代表谈谈本组的做法及实验结果，做集体记录，与猜想进行比较。

师生共同小结：蹄形磁铁的“脚”的磁性最大，能使小蛇舞动狂欢。

3. 总结活动内容。

教师总结并提出进一步的思考：蹄形磁铁每个部位的磁性是不一样大的，蹄形磁铁的两只“脚”磁性最大。那么，环形磁铁、圆形磁铁呢？它们是不是都有这样的特点呢？

活动延伸

领域内活动延伸：鼓励幼儿继续研究磁铁的其他特性，如不同形状的磁铁磁性是否都是一样大？

区域活动延伸：在活动区投放各类磁铁，幼儿自由探索。

十、火箭上天了

设计意图

数十年来，随着“神舟系列飞船”、“长征系列运载火箭”的胜利凯旋，神秘的太空有了中国人的足迹，国人为之欢呼雀跃，就连幼儿园的小朋友谈话的焦点也离不开飞船和火箭，其中孩子们对火箭是怎样飞上天这一现象特别感兴趣。教师抓住这一契机，设计了主题活动“火箭上天了”，满足孩子们的好奇心和求知欲，引导幼儿主动探讨，从而获得多种学习能力，掌握多种学习方法，获得主动发展。

活动目标

1. 锻炼观察、分析能力，增强创新意识和合作意识。
2. 探索使火箭上天的多种方法，感受成功的快乐。
3. 探究、发现作用力大小与火箭飞得高低的关系。

活动准备

知识经验：事先收集关于“神舟系列飞船”、“长征系列运载火箭”相关资料，学会折纸小火箭；对长征火箭送飞船上天的情况有所了解，与父母商讨如何让纸折火箭飞上天空；幼儿知道塑料瓶、气球、橡皮筋、弹簧等物品的特征。

物质准备：幼儿自带使火箭上天的各种材料：塑料瓶、气球、橡皮筋、弹簧、塑料板、积木、纸折小火箭、双面胶等。

活动过程

1. 导入活动。

讲述“神舟系列飞船”、“长征系列运载火箭”的有关情况，让幼儿了解我国航天事业的飞跃发展及其深远意义。

2. 探索活动。

(1)教师出示纸折小火箭，请幼儿谈谈自己准备用什么材料、什么方法使“小火箭”

上天?

(2)鼓励幼儿合作研究，互帮互助，尝试使用不同的材料使火箭上天，教师巡视指导。

常用方法：将“小火箭”套在塑料瓶口，突然挤压瓶身产生空气压力使火箭射出；将火箭套在吹足气的气球口上，用气球放气的反冲力使火箭冲上天；用橡皮筋、弹簧的弹力将火箭弹上天，将小积木放在木板的中间做成跷跷板，用跷跷板的弹力将火箭弹上天等。

(3)教师小结：许多办法都能让“小火箭”上天，不论是冲力还是弹力，都叫作用力，我们只要给火箭一定的作用力，就能使火箭上天。“神舟系列飞船”就是靠发动机内燃料燃烧产生的巨大的向下推力(反冲力)将飞船送上天的，这种巨大的推力也是一种作用力。有了作用力，火箭就可以飞上天了。

3. 游戏活动。

(1)教师提问：为什么有的“小火箭”飞得高，有的“小火箭”飞得低呢？你能不能让你的火箭飞得更高些？

引导幼儿探索如何使自己的“小火箭”飞得更高，发现作用力与“小火箭”飞得高低的关系。

(2)组织幼儿进行“小火箭”飞天比赛。

(3)让幼儿比比谁的“小火箭”飞得高，简单说说自己的发现。

引导幼儿发现更用力更猛地捏瓶子，将气球吹得更大些，将橡皮筋拉得更长些，更用力地拍跷跷板都能使“小火箭”飞得更高。

(4)师生共同小结：给“小火箭”的作用力越大，火箭飞得越高。

4. 收拾教具，结束活动。

活动延伸

领域内活动延伸：鼓励幼儿继续寻找还有什么材料可以使火箭上天，进一步验证作用力与火箭飞得高低的关系。

区域活动延伸：在活动区投放各种制作火箭的材料，引导幼儿研究制作材料与火箭飞得高低的关系。

亲子活动延伸：和爸爸妈妈一起在家观看飞船、火箭上天的视频节目。

十一、鞋底上的花纹

设计意图

户外活动时，幼儿三三两两在一起玩游戏。他们在玩“跑”的游戏时，有的幼儿在没有干扰的情况下，自己突然滑倒，有时还错怪是同伴造成的，甚至引起同伴之间的冲突。面对这种情形，教师引导幼儿进行“鞋底上的花纹”的活动，让幼儿弄清人在跑动中突然滑倒的原因，进一步了解鞋底上花纹的作用，从而学习摩擦的科学知识。

活动目标

1. 在游戏中体验探究的乐趣。
2. 尝试使用记录表记录实验结果。
3. 了解鞋底上设计花纹的作用，初步了解摩擦力的功能。

活动准备

知识经验：知道鞋底上有不同的花纹；师幼共同布置“鞋底上的花纹”展板。

物质准备：两种不同鞋底的鞋子(鞋底有花纹和无花纹)各1双。

活动过程

1. 观察鞋底图片。

请幼儿观察自己鞋底上的花纹，交流讨论下列问题：

①鞋底上的花纹有什么不同？(波浪状、圆圈状、块状、齿轮状等。)

②鞋底上的花纹有什么作用？(幼儿自己猜测。)

2. 对比实验活动。

(1)请幼儿分别试穿鞋底无花纹和有花纹的鞋子，在光滑的场地上来回地跑动，在跑动中做“刹车”或做滑冰的动作，比较穿上两种鞋子有什么不同的感受。

(2)相互交流自己的感受。引导幼儿说出穿鞋底无花纹的鞋子跑步时很滑，“刹车”时不能及时刹住，还要向前溜一下；穿鞋底有花纹的鞋子无论做什么动作都很稳，像牢牢地吸在地上一样。

(3)引导幼儿小结，介绍摩擦力的含义。

两个相互接触的物体，当它们发生相对运动或具有相对运动趋势时，就会在接触面上产生摩擦，而这种摩擦产生的力，就是摩擦力。

3. 发现生活中的摩擦力。

(1)提问：除了鞋底上的花纹，还有什么和鞋底花纹起同样的作用?

在我们生活中还有许多地方也用到花纹来进行防滑，如汽车的轮胎、自行车的轮胎上都有花纹，也都是为了防滑。

(2)讨论：生活中有需要避免摩擦的地方吗?

4. 参观“鞋底上的花纹”展板，结束活动。

活动延伸

领域内活动延伸：引导幼儿进一步比较鞋底不同花纹的不同防滑程度。

领域外活动延伸：组织幼儿开展“拔河比赛”游戏，帮助幼儿进一步了解鞋底花纹的防滑作用。

亲子活动延伸：和爸爸妈妈一起寻找、了解生活中其他的摩擦现象。

十二、滑滑梯

设计意图

幼儿滑滑梯时无意中发现有的滑梯滑得快，有的滑梯滑得慢，并饶有兴趣地反复做着尝试、比较，教师敏锐地抓住这一教育契机，将它生成为集体教育活动——“滑滑梯”，旨在引导幼儿发现滑梯滑得快的秘密。

活动目标

1. 锻炼与同伴合作的意识和动手操作能力。
2. 尝试发现物体在斜坡上滑得快的原因。
3. 了解滑动摩擦的原理。

活动准备

知识经验：有玩滑滑梯的经验；知道实验报告的作用及记录方法。

物质准备：在活动区投放各种搭建滑梯的材料，让幼儿自由操作试验；试验所用的各种材料(木板、积木、塑料板，绒布、毛巾等)；小组实验报告单；彩笔。

活动过程

1. 游戏：积木块滑滑梯。

请幼儿分组活动，合作用小椅子和木板为积木块搭建滑梯，看积木块怎样从滑梯的上面滑下来。

2. 实验探索材料粗糙程度与滑速的关系。

(1)指导幼儿将各种不同粗糙程度的材料铺在木板上作为新的滑梯，如塑料板、绒布、毛巾等，比比积木块在哪些材料的滑梯上滑得快，在哪些材料的滑梯上滑得慢，记录实验报告。

(2)比较滑梯的替代材料(塑料板、绒布、毛巾等)的粗糙程度并与滑速相比较：塑料板很光滑，积木块能很快地滑下；绒布比较粗糙，积木块在上面能较慢地滑下；毛巾最粗糙，积木块在上面滑不动或滑得很慢。

(3)引导幼儿小结：积木块在光滑的滑梯上滑得快，在粗糙的滑梯上滑得慢。

3. 实验探索木板坡度不同与滑速的关系。

(1)教师出示用木板搭建的坡度不同的滑梯，请幼儿观察积木块是否滑得同样快。引导幼儿发现小积木在坡度平的滑梯上滑得慢，在坡度陡的滑梯上滑得快。

(2)幼儿尝试改造滑梯，比比怎样滑得更快。

教师巡视，引导幼儿用升高或降低滑梯高度的方法来改变滑梯的坡度，从而提高滑速。

(3)引导幼儿小结：把滑梯垫高，坡度变陡，积木块滑得更快。

4. 比赛：看谁搭的滑梯使积木块滑得快。

请各组幼儿运用已有经验搭建滑滑梯(尽量让滑梯的角度更陡，滑面更光滑)，比比哪组的滑梯使积木块滑得更快。

活动延伸

领域内活动延伸：鼓励幼儿在生活中寻找其他可滚动的物体(如汽车玩具、可乐瓶等)，观察这些物体在滑滑梯上滚得快还是慢，继续探索滚动摩擦。

区域活动延伸：在区角活动中投放“滑动”材料，让幼儿进一步进行使积木块的滑速“由快变慢”、“又慢变快”的探索活动，进一步巩固对滑动摩擦的理解。

十三、奇妙的光

设计意图

大班幼儿对光的现象已经有了初步的了解，但是他们对光的产生并不十分理解，教师可以通过各种科学小实验来帮助幼儿初步了解光的种类、光的特性及光的用途，探索有关光的奥秘，满足幼儿的求知愿望。本次科学活动还可以培养幼儿的动手能力和通过实验寻找真相、发现真知的观念。

活动目标

1. 激发幼儿探索光的奥秘。
2. 培养动手进行科学小实验的兴趣与习惯。
3. 了解光的种类、特性及用途。

活动准备

知识经验：幼儿有过观察光现象的体验。

物质准备：手电筒、一段不透明的软管、各种各样的小镜子、筷子、一个盛有水的玻璃杯等；一段关于光的用途的视频或课件，其中可以录入：各种照明灯、浴霸、歌厅里的灯光、装饰的彩灯、港口和马路上的信号灯以及医用的胃透镜、X 光、激光、汽车的反光镜、潜艇的潜望镜、南极考察用的冰透镜、照相机、放大镜等。

活动过程

1. 设置场景，体会有光和无光。

(1)教师拉上窗帘使室内变暗。

提问：小朋友，屋里为什么变暗了？(没有光了，所以屋里变暗了。)

(2)教师打开灯。

提问：“为什么屋里又亮了？”(因为有灯光了，所以屋里变亮了。)

2. 了解光的种类。

请幼儿说出自己见过的光，如：太阳光、月光、星光、闪电光、火光、激光、荧光棒、灯光、萤火虫发出的光等。

教师小结：光有自然光和人造光两种，像太阳光、月光、星光、火光、闪电光、萤火虫的光是自然界产生的光，叫自然光；像灯光、激光、荧光棒的光是人们制造出的光，叫人造光。

3. 实验探索光的特性。

(1)教师将灯、窗帘都关上，使室内变暗，打开手电筒，让幼儿观察手电筒的光是怎样走路的。

教师将软管的一头套在手电筒前，拉住软管的另一头。打开手电筒，请幼儿观察软管在拉直和弯曲时，看到的光有何不同，用自己的语言描述观察结果。

教师小结：当软管弯曲时，我们就看不到光了，这是因为光具有直射性。

(2)教师拉开窗帘，让幼儿在有阳光的地方玩小镜子。在玩的同时，问小朋友发现了什么？(启发幼儿发现小镜子反光、小镜子让光拐弯了等现象。)

教师小结：小镜子将太阳光照到墙壁上，改变了太阳光的路线，是因为光具有反射性。

(3)教师将一支筷子斜插入盛有水的玻璃杯中，请幼儿观察筷子发生了什么变化。(筷子好像折断了。)教师再拿起筷子，结果发现筷子并没有折断，又放入水中，还是像折断了。

教师讲解：这种现象叫光的折射。

(4)师生一起总结光的特性：光具有直射性、反射性和折射性。

4. 了解光的用途。

(1)教师播放事先准备好的关于光的一些用途的视频或课件。(如光可以用来照明、取暖、娱乐、装饰或用作信号等，还有一些特殊用途，如用于诊疗、美容、科考、照相等。)

(2)请幼儿说说还知道光的哪些用途，鼓励幼儿长大后探索、发现更多的没有被人类发现的光，利用光的特性发明更多有用的东西，造福人类。

活动延伸

领域内活动延伸：引导幼儿玩相关的玩具，如万花筒、双面镜等，提高幼儿的探究兴趣。

区域活动延伸：在区角中投放相应的操作材料，让幼儿进一步感知光的特性。

亲子活动延伸：鼓励幼儿在家附近与父母一起利用光的直线传播原理自制“阳光时钟”。

十四、燃烧的秘密

设计意图

幼儿喜欢玩火，对火倍感神秘，继而产生了许多的疑问：火从哪里来？物体为什么会燃烧？本次活动旨在引导幼儿探索物体燃烧的条件，让他们通过实验操作、设疑推理，揭开燃烧的秘密，解决自己的困惑，激励幼儿注意观察生活中的事物与现象，产生探究的欲望，获得成功的喜悦。

活动目标

1. 愿意参加探究活动，感受成功的喜悦。
2. 掌握简单的防火措施，增强自我保护意识。
3. 初步了解物体燃烧的条件。

活动准备

知识经验：在家长的指导下有过使用火的体验。

物质准备：蜡烛若干(教师 1 支、每组幼儿各 2 支)，打火机若干(教师 1 个、每组幼儿各 1 个)；玻璃杯若干(教师 1 个，每组幼儿各 2 个)，水(教师 1 碗、每组幼儿各 1 碗)；录有防火措施的录像带 1 盘，录像播放器材 1 套。

活动过程

1. 故事导入，引发幼儿兴趣。

教师简单介绍火的产生与发展：钻木取火—击石取火—火柴、打火机—电子打火。(注意：火是一种自然现象，并不是人类发明的，只是人类发现的。)

2. 探索燃烧需要具备的基本条件。

(1)请幼儿猜想：蜡烛能燃烧，空气和水能燃烧吗？

(2)教师实验：用打火机去点周围的空气和杯中的水，验证幼儿的猜想。

(3)讨论：空气和水为什么用火点不能燃烧？(空气和水是不可燃烧的物质。)蜡烛为什么用火一点就可以燃烧?(蜡烛是可燃烧的物质。)

(4)师生共同小结:燃烧需要物质本身具有可燃性。

3. 探索燃烧需要的温度。

(1)请幼儿猜想:蜡烛是可燃烧物质,你们桌上都有蜡烛,为什么没有燃烧呢?怎样才能燃烧?

(2)幼儿自主实验:点燃蜡烛。

(3)讨论:为什么要用火点,蜡烛才会燃烧?火有什么特点?(会发光、发热。)

(4)师生共同小结:燃烧需要温度,达到可燃物的着火点。

4. 探索燃烧需要的条件。

(1)请幼儿猜想:用杯子罩住燃烧的蜡烛,会发生什么现象?

(2)幼儿自主实验:用一个杯子罩住燃烧的蜡烛,观察结果,验证幼儿猜想。

(3)引导幼儿再观察:当杯子罩住的蜡烛快要熄灭时,拿开杯子,又会发生什么现象?(蜡烛的火变亮了、变大了。)

(4)师生共同小结:燃烧需要空气。

5. 教育幼儿安全用火。

(1)引导幼儿归纳燃烧的条件:燃烧需要物质本身具有可燃性,需要一定的温度(达到着火点),需要空气。

(2)播放一段防火措施视频,让幼儿了解火的危害,掌握日常防火方法。(如不能在靠近火炉的地方玩易燃物、放鞭炮;如果不慎烧了东西要用水泼灭;火势太大应立即打求救电话119或告诉大人,以求得帮助;如果在失火现场应立即离开;如果身上着火了,应在地上滚动,压灭火焰;如有浓烟就用湿布掩住鼻子,俯身冲向门外;如果房子被大火围困,应尽力呼救并想办法在窗户上系好绳子滑下去等。)

(3)提示幼儿小心收拾打火机和蜡烛,不能随便玩火。

活动延伸

领域内活动延伸:引导幼儿探索蜡烛为什么一吹就熄灭?炉子里的火为什么越扇越旺?

领域外活动延伸:进行"安全防火自救"游戏,通过游戏培养幼儿遇火不惧怕、不慌张,提高幼儿防火自救的能力。

亲子活动延伸:和爸爸妈妈一起利用太阳光聚焦取火。

十五、我来搭纸桥

设计意图

纸是幼儿常见的生活用品之一。活动中引导幼儿观察发现并动手实验，使幼儿初步了解不同材质、不同形状的纸，承受能力是不同的，桥墩距离不同，承受能力也是不同的。幼儿在不断实验和操作的过程中获得相关经验，从而真正地促进探究能力的发展。

活动目标

1. 有探索的兴趣，体验发现与成功的乐趣。
2. 发展动手操作能力和判断推理能力。
3. 探索桥面材料、形状、桥墩距离与桥承受力的关系。

活动准备

知识经验：请幼儿在家长的帮助下查找桥的有关资料和中国古今桥梁图片；将幼儿收集的资料和图片张贴在墙上布置成桥梁知识及图片展。

物质准备：皱纹纸、图画纸或白板纸若干；小积木、小玩具熊若干；实验表。(每个小组分发不同的纸张材料，是为了做比较。)

活动过程

1. 参观展览，导入活动。

带领幼儿参观教室里布置的桥梁图片展，鼓励幼儿说说自己在收集桥梁知识时都学到了什么？桥的用途、种类有哪些？

2. 分发材料，预测结果。

(1)请幼儿区分皱纹纸、图画纸和白板纸，用手摸一摸，感受它们的不同。

(2)鼓励幼儿根据自己所掌握的桥的知识和观察到的各种桥的形状，填写实验表中的预测结果部分。

3. 分组开始搭纸桥。

（1）每组幼儿用教师提供给该组的纸张材料搭桥：用纸张做出桥身，积木用做桥墩，搭出一座梁桥，即平桥。

（2）搭好纸桥后，相互参观别的小组搭出的纸桥。

（3）请幼儿往桥面上放小熊玩具，比一比哪组桥面上放的小熊多。

（4）根据对比结果填入实验结果部分。

师生共同总结：用材料硬的纸搭桥，放的小熊多，桥结实；用材料软的纸搭桥，放的小熊少，桥不结实。

4. 调整桥墩距离，比较试验。

（1）请幼儿调整各组搭出的纸桥的桥墩距离（调远或调近），比较不同桥墩距离下的纸桥所能承载的小熊数量。

（2）根据对比结果填入实验结果部分。

（3）根据实验结果总结：同一种材料搭建的桥，桥墩距离不同，所承载的重量不同。桥墩距离近，放的小熊多，桥结实；桥墩距离远，放的小熊少，桥不结实。

5. 拱桥实验，对比观察。

（1）请幼儿用同一种纸张材料搭出一座平桥和一座拱桥（注意：两座桥的桥墩距离相同），分别往平桥和拱桥上放小熊玩具。

（2）比较这两座桥各自所承载的小熊数量，根据对比结果填入实验结果部分。

（3）根据实验结果总结：桥墩距离相同的桥，桥面形状不同，所承载的重量不同。拱形桥面放的小熊多，桥结实；平行桥面放的小熊少，桥不结实。

6. 总结经验，结束活动。

请幼儿各自对比实验前的预测结果与实验后的实验结果，说明实验对于掌握真理、发现真相的重要性，建议幼儿以后多做实验来探究未知的问题。

活动延伸

领域外活动延伸：鼓励幼儿根据想象画出自己喜欢的桥梁并将优秀作品展出。

区域活动延伸：教学区里提供更多的材料，让幼儿尝试使用不同的材料构建桥，发现桥的承受力与桥墩数量的关系。

亲子活动延伸：鼓励幼儿在爸爸妈妈的带领下游览所在地附近的桥梁。

十六、浮与沉

设计意图

浮沉现象在生活中十分常见，夏天游泳和清洗物品时孩子们都会观察到水中的浮沉。本次活动引导幼儿将各种物品投放在水中，感知对比不同物体的“浮”与“沉”，感受发现的乐趣，产生愉悦的情感体验，培养幼儿观察、比较、归纳的能力。此外，利用水的浮力制作简单的玩具，培养幼儿的动手能力。

活动目标

1. 初步获得有关物体浮沉的经验，感受发现的乐趣。
2. 培养幼儿观察、比较、归纳的能力和动手操作能力。
3. 观察各种物体在水中的浮沉现象，学习用简单的图画方法记录实验结果。

活动准备

知识经验：观察过生活中的浮沉现象。

物质准备：给每组幼儿准备 1 盆水和 1 个物品袋(内置乒乓球、小石块、小木块、泡沫盒子、小铁块等)、2~3 支内有橡胶胆的钢笔和 1 个大口的玻璃杯。

活动过程

1. 引导幼儿回忆夏天游泳时的情境，描述浮与沉的感受。

2. 观察物体在水中的浮沉现象。

(1)请每个小组的幼儿将物品袋中的乒乓球、小石块、小木块、泡沫盒子、小铁块等一一放入面前的水盆里(注意动作要轻，以免将水溅到脸上或身上)。

(2)仔细观察水盆中物品的状况，用手将漂浮在水面上的物品按下去，将下沉到水底的物品拿起来再重新轻轻地放入，说说自己的观察结果。

(3)引导幼儿将浮在水面上和沉到水底的物品分类，将分类结果记录在图表中，并正确运用“浮”与“沉”来表述。

3. 教师讲解，引导幼儿再次观察。

(1)教师讲解浮力现象：任何物体在水里都会受到水的浮力。当物体所受水的浮力小于自身重量时，物体就沉到水底了；当物体所受水的浮力等于自身重量时，它就漂浮在水面上或悬浮在水中了。

(2)引导幼儿观察、比较、归纳。

请幼儿分别观察能浮在水面上和沉入水底的这两类物品的大小，感受物体在水中所受浮力与物体的大小无关(浸在液体里的物体所受浮力的大小与液体密度和排开液体的体积有关)。

4. 教师指导幼儿制作“潜水艇”。

(1)观察潜水艇视频和图片，了解其作用。

(2)动手制作潜水艇。

制作方法：给每组发一支去掉了外壳的钢笔和一个盛有大半杯水的玻璃杯。鼓励幼儿将钢笔的橡胶胆吸入适量的水，放入玻璃杯中，观察有什么现象发生。(钢笔会竖直漂浮在水面上)。再请幼儿细心调节橡胶胆中的水量，可改变钢笔浮在水中的深度。将胆中吸足水，钢笔就沉入水底；再把胆中的水挤出一些，钢笔又会浮在水面上，就像“潜水艇”一样。

5. 讲评，适时结束活动。

活动延伸

领域内活动延伸：引导幼儿观察鸡蛋(生或熟都可)在清水中的沉浮现象，考虑怎样使鸡蛋浮起来。(加盐可以使鸡蛋浮起来，初步了解加盐可以增加水的浮力。)

领域外活动延伸：给幼儿介绍“死海”，讲解“死海”能使人漂浮的原因。

区域活动延伸：在操作区提供各种材料和水盆，鼓励幼儿自由探索浮力现象。

十七、空气的压力

设计意图

我们每个人无时无刻不被空气包围着，但空气却看不见、摸不着。为了让幼儿感受到空气的存在、感知到空气的压力，可以通过实验探究的方式，从科学的角度对空气的现象进行解释，培养幼儿相信科学、尊重知识的观念，鼓励他们关注身边的事物，乐于发现生活中的“惊奇”。

活动目标

1. 体验科学活动带来的成就感和快乐。
2. 感知空气的特性。
3. 亲手操作小实验，感受空气的压力。

活动准备

知识经验：有过游泳屏住呼吸的体验。

物质准备：教师准备干净塑料袋 1 个；给每组幼儿准备 1 个空水盆、若干个一次性塑料杯或玻璃杯、若干张纸片（大小以能盖住玻璃杯口为宜）；准备 1 桶水和 1 个水瓢；请幼儿每人自备 1 个塑料的空眼药水瓶。

活动过程

1. 问题导入，引发幼儿兴趣。

提问：教室里除了布置教室的东西和摆放的物品以外，请小朋友找找看还有什么？（幼儿自由回答。）

2. 寻找空气。

（1）教师请幼儿试试摸一摸空气，睁大眼睛找一找空气。

提问：空气是否存在呢？你们看看老师怎么把空气找出来。

（2）教师拿出一个塑料袋（干净、无味的），演示塑料袋由瘪（没有空气）到鼓（充满空气)的变化，让幼儿明白空气是存在的，然后释放塑料袋中的空气让幼儿闻一闻有什么气味。(没有气味。)

(3)教师引导幼儿小结:空气看不见、摸不着,无色、无味,但它占据空间,确实存在。

3. 自我体验。

(1)请幼儿用手指捏住鼻翼，闭紧嘴巴，不吸气也不呼气，看谁坚持的时间长。通过体验让幼儿知道人如果离开了空气，不进行呼吸，就不能生存。

(2)教师结合生活讲解：动物、植物和人一样，离开了空气也不能生存。

4. 实验探究。

实验一：

(1)每个小组一个装满水的水盆，请小朋友想办法将塑料空眼药水瓶里装满水。(有的小朋友用瓶子去舀水，可怎么也不能舀起水来。)

(2)教师巡视，鼓励大家交流讨论，请瓶里装满水的小朋友与同组的同伴分享自己的成功经验。(原来用瓶子去舀水是舀不起来的，但用手挤捏瓶子，再松开手，水就进入瓶里去了。)

(3)教师提问：大家知道为什么用手挤捏瓶子，水就进入瓶里去了吗?

鼓励小朋友大胆回答。(因为空瓶里装满了空气，水不能进去，用手捏瓶子，把瓶里的空气挤了出来，水就进入瓶子里了。)

(4)请小朋友再实验一遍。提示幼儿留意用手捏瓶子时有什么感觉。(用手捏瓶子时，觉得瓶子鼓鼓的，要用劲才行。)告诉幼儿：这是空气的压力造成的。让幼儿感受空气的压力。

实验二：

(1)请幼儿将玻璃杯里装满水(注意：杯里的水要装满，不能有气泡)，用一张纸片盖住杯口，用手按住纸片，把杯子倒过来，慢慢拿开按住纸片的手，观察有什么神奇的结果。

(2)教师提问：为什么薄薄的纸片能托住一满杯水呢?

鼓励大家发表自己的见解。(因为杯子里装满了水，没有空气，盖上纸片后，是外面空气的压力顶住了纸片，纸片就把水托住了。)

5. 结束活动。

师生有感情地朗诵诗歌《空气》。

活动延伸

领域内活动延伸：引导幼儿继续探究有关空气的问题，如空气的压力、空气的重量等。

区域活动延伸：在益智区提供实验用品，鼓励幼儿自主实验。

亲子活动延伸：鼓励幼儿回家后将实验二演示给爸爸妈妈看，告诉他们神奇现象产生的原因。

十八、奇妙的云

设计意图

一次绘画活动时，大多数小朋友都在天空上画出白云，有个小朋友却画出了黑色的云，教师问他为什么，他说要下雨了。大班的孩子已经关注到天气的变化，而且知道用云的色彩表现天气的变化。设计“奇妙的云”这个活动，旨在引导幼儿观察不同的云层变化与天气的关系，理解天气谚语所表达的意思，学习看云识天气，进而通过实验初步了解云的形成。

活动目标

1. 对云及天气的变化现象感兴趣。
2. 探究云的变化与天气的关系。
3. 初步了解云形成的原因。

活动准备

知识经验：幼儿有初步观察天气的经验；事先请幼儿和家长一起收集与天气变化相关的资料，收集相关谚语，观察不同天气情况下各种各样的云，做好记录。

物质准备：各种各样云的图片若干。

活动过程

1. 欣赏图片：各种各样的云。

(1)教师出示各种各样云的图片，请幼儿欣赏。

(2)请幼儿用简单的词语描绘图片上云的色彩和形状，如：白色的云、暗灰色的云、红黄色的云、淡黄色的云、乌云、红色的云、钩钩云、扫帚云、棉花般的云、鱼鳞般的云、小山似的云、黑压压的云、像城堡一样的云等。

2. 话题讨论：云与天气的关系。

(1)以“云与天气的关系”为话题，请幼儿分组活动，根据收集的资料分享、交流各自在不同天气情况下观察到的云的记录。

(2)提问:①晴天有云吗?(蓝蓝的天上几乎没有云。)

②云变多、变厚是什么天气?(要下大雨了。)

③下雨时能看见云吗?(一般看不见云,夏季有时下小雨看得见。)

教师小结:云能够帮助我们识别阴晴风雨,预知天气变化,天上挂什么云,就将出现什么样的天气。天空的薄云,往往是天气晴朗的象征;那些低而厚密的云层,常常是阴雨风雪的预兆。此外,云的颜色也可预兆一定的天气,例如黄色的云上下翻滚,就可能下冰雹;黑云滚成团,就可能雨夹着冰雹一起下。

3. 理解谚语:看云识天气。

(1)请幼儿将自己收集到的关于看云识天气的谚语念给大家听。

(2)教师引导幼儿观察图片,根据语句推断理解不同的云与天气的关系:

①天上钩钩云,地下雨淋淋。(钩钩云出现,是雨淋淋的先兆。)

②天上灰布悬,雨丝定连绵。(天上的云像蒙上大块灰布,就会连续下雨。)

③滚轴云,暴雨淋。(天空出现像滚轴一样的云,预示暴雨即将来临。)

④早晨棉絮云,午后必雨淋。(早上出现像棉絮一样的云,下午就会下雨。)

⑤黄云上下翻,将要下冰蛋。(黄色的云翻滚,就要下冰雹。)

⑥西北天开锁,明朝大太阳。(西北方向云层裂开,露出一块蓝天,称“天开锁”,天气将转好。)

⑦天上鱼鳞斑,明天晒谷不用翻。(天上出现像鱼鳞一样的云,明日肯定是晴朗的好天气。)

⑧朝霞不出门,晚霞行千里。(早上有霞要下雨,晚上有霞会是晴天。)

(3)教师小结:关于天气的谚语,都是用简单通俗的语言来反映天气变化的情况,符合科学规律。它们是劳动人民几千年来在日常生活中通过观察、比较、验证,对天气变化规律的经验总结,是劳动人民智慧的结晶。

4. 实验探究:云从哪里来?

(1)教师操作实验,请幼儿观察、发现云的形成与变化。

①教师先在玻璃容器里倒入开水,引导幼儿观察容器上方的热汽。

②教师再盖上玻璃盖,引导幼儿观察“水汽上升→玻璃盖雾化→玻璃盖上出现水珠→揭开玻璃盖水珠滴下”的现象。

(2)教师提问,帮助幼儿小结:

提问:①水遇热蒸发变成什么?(水蒸汽。)

②水蒸汽上升变成什么?(云。)

③云遇到冷空气变成什么?(雨雪、冰雹。)

5. 简略讲评,结束活动。

活动延伸

领域内活动延伸：引导幼儿探究云是怎么形成的。

区域活动延伸：将各种云的图片放置在活动区，请幼儿自由观察。

亲子活动延伸：和爸爸妈妈一起在家观察云的变化并做好画图记录。

大班(下)

一、长长的海带

设计意图

在内地生活的孩子们都非常向往大海，他们渴望了解大海里生长着哪些生物以及这些生物和我们生活的关系。针对幼儿的兴趣，教师引导幼儿认识海带，通过看、摸、比、说、做等方式，运用各种感官感知海带的主要特征，了解海带的营养和烹饪方法，同时在探究活动中获得乐趣。

活动目标

1. 学习运用各种感官进行科学探究活动。
2. 尝试做凉拌海带，体验自己动手做菜的乐趣。
3. 认识海带，了解其特征、营养和烹饪方法。

活动准备

知识经验：请家长和幼儿一起收集海带的有关资料。

物质准备：水泡海带若干(每个小组1小盆)，干海带1片，煮好的海带丝若干(每个小组1盘)；糖醋等凉拌调料若干(每个小组1套)。

活动过程

1. 看一看。

(1)教师出示海带，请幼儿猜猜是什么。

(2)教师给每个小组分发一小盆水泡的海带，请幼儿近距离观察。

提问：海带是什么颜色？(青褐色。)它是什么形状？(长带状。)

(3)教师播放视频，引导幼儿了解海带在海里的生长环境，启发幼儿根据画面用身体的扭动、手臂的摆动表现海里的海带的柔软与动感。

2. 摸一摸。

提问：海带摸起来有什么感觉？

请幼儿把海带捞出来摸一摸，说出手里有什么感觉。(滑溜。)

3. 闻一闻。

提问：海带闻起来有什么气味?

请幼儿闻一闻海带有什么气味，引导幼儿说出海腥味。

4. 比一比。

(1)教师出示干海带，引导幼儿比较干湿海带的异同。

(2)请幼儿把自己捞的海带和别的小朋友比一比，看海带是不是一样长。

(3)教师提问：你们吃过的海带是这么长、这么大吗?是什么样子的?(海带丝、海带结。)

5. 说一说。

提问：①你们喜欢吃海带吗?你们知道吃海带对我们有什么好处吗?(幼儿根据和家长一起收集的资料交流表述。)

教师小结：海带里含有丰富的碘、钙等多种元素，多吃海带就不会生大脖子病，还可以长得更高、更健壮。

②海带有哪些吃法?(幼儿根据已有经验交流表述。)

师生共同小结：海带可以凉拌、红烧、做汤等。

6. 做一做。

教师和幼儿一同制作凉拌海带：将事先煮好的海带丝分成几盘，倒进调料进行凉拌，幼儿集体品尝。

活动延伸

领域外活动延伸：可结合进餐，进一步认识不同的海产品，如紫菜汤、红烧带鱼、红烧剥皮鱼等。

区域活动延伸：在活动区放置海底图片，幼儿自由观察海底的海带和其他生物。

亲子活动延伸：请家长带幼儿到“海洋世界”参观，认识更多的海洋植物和动物。

二、根的秘密

设计意图

根是植物的重要器官，对植物的生长有着多种作用。幼儿对根的了解常常是非常肤浅的、零碎的，为了帮助幼儿将这些点滴的知识初步汇成相对完整的科学概念，教师通过引导幼儿观察根、比较根、做根的小实验，让他们在与根的亲密接触中获得有关“根”的知识。

活动目标

1. 乐于收集、观察、比较几种常见植物的根，喜欢科学探究活动。
2. 能在教师的启发下设计、操作和观察“根吸水”的实验。
3. 知道植物根的不同形态及其作用。

活动准备

知识经验：师生共同收集各种有根的植物，如吊兰、青菜、芹菜、蒜、葱、萝卜等。

物质准备：各种透明无色容器如可乐瓶、量杯等若干。

活动过程

1. 交流展示带根的植物。

请幼儿把自己收集的某种带根的植物放在桌上，以“植物的根”为话题自由交谈。

2. 认识不同形态的根。

(1)教师出示葱。

提问：谁能告诉我哪一部分是葱的根呢？它像什么？

小结：葱的下面像胡须一样的部分就是葱的根。

(2)教师出示萝卜。

提问：谁能告诉我哪一部分是萝卜的根呢？它像什么？

小结：萝卜的叶子长在泥土上面，我们常见的萝卜长在泥土下面，整个萝卜就是它的根。

(3)请幼儿对比观察葱和萝卜的根，比较两种根的不同。

小结：根有许多形态，可以分为须根和直根。像葱根一样如胡须的根叫须根，像萝卜一样直直粗粗的根叫直根。

(4)讨论植物根的作用。

提问：植物的根有什么用途呢？

小结：根的功能主要包括固着、吸收、输导、合成、储藏和繁殖六个方面。

3. 尝试“根吸水”的实验。

(1)教师出示装有水的透明容器。

提问：有什么办法可以证明植物的根会吸收水分？

启发幼儿用水泡植物根的方法进行观察。

(2)提问：怎么才能知道根有没有吸收水分呢？

教师修正、归纳幼儿的意见，介绍两种方法：

①引导幼儿在容器上贴上刻度标记(根据标记倒入相应刻度的水)，以后每天都来看看每种植物所在容器的水量有什么变化，并做连续的记录。(此法适用于各种植物。)

②在容器的水中加入少许与植物不同颜色的颜料，以后每天都来看看每种植物的茎和叶子的颜色有什么变化，是不是逐渐显出有加入颜料的色素，并做连续的记录。(此法适用于茎或叶为浅色，接近于白色的植物。)

4. 提出要求，结束活动。

要求幼儿一周后再进行观察，如果容器里的水每天都在减少，植物的茎或叶子显出有加入颜料的色素，说明水都被植物的根吸收进去了，证明根有吸水的作用。

活动延伸

领域外活动延伸：绘画活动——“错综盘结的根”。

区域活动延伸：在活动区中投放各种根的实物，让幼儿根据根的外部特征，发挥想象力进行制作活动。

亲子活动延伸：和父母在家里观察水培植物的生长。

三、奇异的植物

设计意图

在户外活动中，植物是幼儿乐于观察的对象。各种植物不同的外形特征、开花结果等自然现象常会引发孩子们的探索兴趣。在幼儿的眼中，树叶的凋落、花草的枯萎仿佛是自然界在“变戏法”，他们瞪大双眼，好奇地观望满地的落叶，采摘幼儿园围墙旁蔷薇花的果实……带着孩子们稀奇古怪的问题和好奇心，我们一起进入植物的研究，探索身边具有奇异功能的植物。

活动目标

1. 对自然现象感兴趣，激发探究和表达的欲望。
2. 认识几种常见的具有神奇特征的植物。
3. 锻炼观察、分析、比较的能力。

活动准备

知识经验：师生共同收集有关“奇异植物”的资料。

物质准备：含羞草1盆。

活动过程

1. 提问导入，导入活动。

提问：植物和我们人类一样有生命吗？

2. 会动的植物。

(1)教师出示一盆含羞草。

提问：这个植物叫什么名称？

如果我们碰碰它，它会有什么变化？

引导幼儿观察含羞草的奇异变化，用自己的语言大胆表述，了解会动的植物。

(2)教师讲解：含羞草的叶子被触摸以后产生振动，里面细胞内的细胞液立即向细胞间隙流去而减少了细胞的膨胀能力，叶片即自动闭合，叶柄和嫩枝也同时下垂，当“风平浪静”几分钟后，它们又恢复如初了，这一特性是含羞草的一种自我保护本领。

（3）教师引导幼儿观看视频，认识其他几种常见的会运动的植物：向日葵、跳舞草、风滚草等。

3. 吃虫的植物。

（1）提问：有的植物更奇特，它不仅会动，还会自己吃虫子。你见过吗？在哪里见过？（幼儿自由讨论。）

（2）教师请幼儿观看视频，认识几种吃虫的植物：扑蝇草、猪笼草、茅膏菜、毛毡苔等。

（3）教师提问：这些吃虫的植物靠什么来吸引小虫呢？它们是怎么吃掉虫子的？（幼儿交流讨论。）

（4）教师引导幼儿小结：这些吃虫的植物靠漂亮的颜色和香甜的气味吸引虫子，用吃虫器的黏液粘住小虫并把它们消化掉，或靠草梗上的刺扎住小虫，然后草梗卷曲把小虫吃掉。

4. 模仿游戏，结束活动。

教师引导幼儿进行“我是奇异小植物”的游戏活动，用动作自由模仿会运动的植物和会吃虫的植物并交流展示。

活动延伸

领域内活动延伸：请幼儿继续收集有关奇异植物的资料，和小伙伴分享。

区域活动延伸：在区域活动中，鼓励幼儿充分发挥想象力，用多种材料来制作、扮演奇异的植物。

亲子活动延伸：和爸爸妈妈一起栽种含羞草。

四、“动物之最”大比拼

设计意图

自然界的动物身上藏着很多很多秘密。孩子们在参观动物园和“海洋世界”或者观看动物图片的时候，一个又一个问号出现在脑海里：长颈鹿的脖子为什么那么长？兔子的尾巴为什么那么短？还有比猎豹跑得更快的动物吗？鲸是不是最大、最重的动物？……于是，“动物之最”成了他们探究的话题。本次活动中，通过谈话、观察、讨论、游戏等环节，引导幼儿探究自然界的“动物之最”，了解不同的野生动物为适应“生存法则”而形成突出特征和特别本领，懂得野生动物与人类互相依存的关系，激发喜爱动物的情感，增强保护野生动物的意识。

活动目标

1. 喜欢、关爱动物，乐于参加“动物之最”的探究活动。
2. 了解一些在某个方面能称得上“之最”的野生动物。
3. 培养观察、判断以及语言表达能力。

活动准备

知识经验：教师和幼儿共同收集各种“动物之最”的资料、图片，进行“动物之最”调查并在调查表上做记录。

物质准备：白纸、笔、橡皮泥、剪刀、卡纸、动物轮廓、动物拼图、胶水等多种材料；背景音乐磁带、录音机。

活动过程

1. 师幼谈话，导入活动主题。

教师与幼儿自由交谈：你喜欢哪一种动物？它长什么样子？喜欢吃什么？

在我们的身边生活着各种各样的动物，它们生活的环境不同，长得也各不相同，每一种动物都有自己特别的地方。

2. 了解动物之最。

(1)出示长颈鹿的图片，它是动物王国里长得最高的动物了。

提问：这是什么动物？

谁能说说它长什么样？

长颈鹿的脖子为什么那么长？这对它有什么好处？(幼儿根据自己的了解和推测表述。)

(2)在幼儿表述的基础上，教师补充讲述：在很久很久以前，长颈鹿祖先的颈和腿没有现代的那么长。后来，由于地球生态环境和气候的变化，食物缺乏，脖子短点的长颈鹿因为够不着高树上的树叶而相继死去，脖子长点的则顽强地生存下来。长颈鹿的脖子长是为了能吃到高处的树叶。

3. 观察图片，模仿动作。

(1)请幼儿观察相关图片，说一说图片上的动物在哪个方面比较突出。

最长寿的动物是海龟；鼻子最长的动物是大象；最聪明的动物是黑猩猩；最重的动物是鲸；最凶猛的鸟是安第斯兀鹰；最耐饥渴的动物是骆驼；最善游泳的动物是海豚；最凶猛的动物是老虎；嘴巴最大的动物是河马；世界上速度最快的动物是猎豹等。

(2)鼓励幼儿边看图片边模仿动物具有代表性的动作。

(3)请幼儿根据自己的"动物之最"调查表，自由发表意见，说一说还有什么动物在哪些方面最突出。

4. 交流讨论。

(1)组织幼儿讨论：自然界的野生动物住在哪里？如果它们的家没有了会怎样？帮助幼儿了解保护生态环境的重要性。

(2)在幼儿交流表述的基础上，教师补充讲述：自然界的野生动物都是我们人类的好朋友，都在地球上共同生存。保护野生动物，也就是保护我们人类生存的环境。可是有的动物却越来越少了，比如蓝鲸，由于它们生活的大海受到污染，还有我们人类的捕杀，数量少得几乎看不到它们的踪迹了。为了人类自己，一定要保护野生动物，特别是那些珍稀野生动物，保护生态平衡。

5. 自由参观，结束活动。

活动延伸

领域内活动延伸：搜集了解更多的"动物之最"，和小伙伴交流一些相关知识。

区域活动延伸：在活动区投放"动物之最"的动物卡片，引导幼儿进一步探究不同动物突出的特征和特别的本领。

亲子活动延伸：和爸爸妈妈一起观看电视节目《动物世界》。

五、自然界的食物链

设计意图

食物链是自然界中永存的规律，是一种自然现象。从一个简单的吃与被吃的游戏中让幼儿认识食物链，进行合理的推断和思考，激发他们对动植物之间相互依存、相互制约现象的探究心和求知欲，从小萌发对自然界中生态平衡的关心和爱护。

活动目标

1. 知道保护自然界食物链的意义，萌发保护生态平衡的意识。
2. 了解自然界的食物链，感知动植物之间相互制约、相互依存的关系。
3. 学习运用观察、推理的方法进行科学探究活动。

活动准备

知识经验：请家长协助幼儿查找资料，了解自然界中各种动物都喜欢吃什么。

物质准备：各种动物小卡片若干(每个小组 1 套)。

活动过程

1. 观看视频，导入活动内容。

教师播放几个不同动物吃东西的视频，与幼儿交谈：这些动物在吃什么？

今天我们的活动就从动物吃东西说起。

2. 了解食物链的关系。

(1)理解俗语——“大鱼吃小鱼，小鱼吃虾米，虾米吃泥巴”。

提问：虾米真的吃泥巴吗？(吃微生物。)

微生物又吃什么呢？(大海里有的动物死了，微生物就侵入它们的身体，去腐化、分解它们的身体，从中吸取营养。)

(2)观察画页。

请幼儿观察“螳螂捕蝉，黄雀在后”的画面。

提问：图中画了些什么东西？表示了什么意思？

(3)在幼儿回答问题的基础上，教师小结：当螳螂捕食蝉的时候，没想到黄雀在后面捕食它。我们可以这样理解这幅图：黄雀吃螳螂，螳螂吃蝉，蝉吸取大树的汁液，大树吸取鸟类和其他动物粪便中的营养。

(4)教师请幼儿用箭头表示它们之间的关系。(黄雀→螳螂→蝉→大树→黄雀)

3. 游戏活动。

(1)教师发给各组幼儿很多不同的动物和植物卡片，请大家一起玩一玩，按照吃什么的顺序排排队，连成一长串。

(3)引导幼儿通过操作，感知动植物之间相互制约、相互依存的关系。

(3)教师小结：生物之间以“谁吃谁”或“谁被谁吃”的一种食物关系连接起来，形成了链状的联系，生物学家把它称为食物链。

4. 了解食物链对生态平衡的重要性。

(1)请幼儿观看图片，说一说草原上的鹰、野兔和草之间的食物链的关系。

提问：如果草原上没有了鹰，会发生什么后果？(幼儿自由推理讨论。)

(2)在幼儿讨论的基础上，教师归纳：如果人们大量地捕猎鹰，鹰少了，兔子会大量繁殖，草来不及长就很快被吃光，大量的兔子会饿死；草原没有草了，地上就变成了沙漠；沙土就会浮起，一起风，就会起沙尘暴，严重影响我们的正常生活。草原上没有草，长江、黄河上游的水土保持破坏了，沙土都滑落到长江、黄河里，就会造成洪水泛滥，给我们带来灾难。这就说明，食物链上的动植物一样都不能少，缺了一环，就失去了生态平衡，危害到我们人类，所以我们要爱护环境和动植物。

5. 观看视频，结束活动。

活动延伸

领域外活动延伸：尝试用图表示食物链。

区域活动延伸：和幼儿共同布置关于食物链的主题墙饰，让幼儿进一步巩固所获知识。

亲子活动延伸：和爸爸妈妈一起搜集自然界中的食物链。

六、一起来玩沙

设计意图

幼儿都有爱玩沙的天性，幼儿园的沙盆旁每天都挤满了孩子。本次科学活动就是让幼儿在玩中触摸沙子，感受沙子的特性，在游戏“堆沙堡”中体会干沙与湿沙的不同，了解湿沙可塑性强的特点，促使幼儿乐于在游戏活动中探究科学知识。

活动目标

1. 乐于在游戏活动中探究科学知识。
2. 了解沙子的成因和湿沙可塑性强的特点。
3. 感知沙子松散、流动的特性，锻炼观察、分析、比较能力。

活动准备

知识经验：有过玩沙子的体验。

物质准备：漏斗 1 个，木板 1 块，自来水 1 桶，一次性杯子若干(每个小组 2 个)，干沙若干(每个小组 1 盆)。

活动过程

1. 感知沙。

(1)教师引导幼儿自由玩沙，感知沙的性质。

提问：用手抓沙会有什么结果？(沙很散，会从手指缝里漏下去，抓得越紧漏得越多。)

(2)教师拿出漏斗，请幼儿将沙子从漏斗口倒入。

(3)请幼儿用一块木板搭成一个斜坡，捧一把沙放上去，谈谈发现了什么？(沙子像水一样可以流动。)

2. 做实验。

(1)请幼儿尝试用干沙堆沙堡。(怎么也堆不起来，手一松，沙子就散了。)

提问：怎样才能堆出沙堡呢？

妈妈在做馒头的时候，是怎么把面粉变成面团的？

通过提问引导幼儿进行联想：向沙子里加水。

(2)鼓励幼儿向沙中倒入一小杯水，自己动手验证。

提问：水到哪里去了？(教师引导幼儿将沙子挖开，摸一摸，使幼儿明白：原来水渗到沙子里面去了。)

那该倒入多少水才合适呢？(请幼儿自己尝试，相互交流。)

师生小结：制作湿沙时，要把握好水和沙的比例，水太多太少都不行，应一边倒入水一边用手揉一揉、捏一捏沙子，直到能将沙子攥在一起就行了。

3. 堆沙堡。

(1)教师请各组幼儿调好合适的沙开始堆沙堡，鼓励幼儿发挥自己的想象力，团结合作，一起堆出一个漂亮的沙堡来。

(2)沙堡完工后，教师请各组幼儿相互参观交流。

(3)教师引导幼儿总结：湿沙因为具有可塑性才能堆出沙堡，而干沙却不行。

4. 画沙堡。

教师待幼儿洗净手后，请幼儿将自己的作品画出来。

活动延伸

领域内活动延伸：引导幼儿探究沙子形成的原因。

领域外活动延伸：选择自己喜欢的图案完成沙画作品。

区域活动延伸：在活动室外设置一个沙盘，供幼儿自由活动时间玩。

亲子活动延伸：和爸爸妈妈一起玩沙堆游戏。

七、筛子本领大

设计意图

筛子，一种极其普通的家居器物，却蕴涵着深刻的科学道理和人生智慧。教师以帮助其他小朋友解决问题的方式引出本次科学活动，鼓励幼儿学会帮助他人并体会助人的乐趣。活动中，幼儿通过观察、尝试，了解筛子的作用，初步学会使用筛子，明白选择适宜的筛子可以分离相应的物品，同时，活动中进行了手臂、手腕力量的锻炼。

活动目标

1. 通过观察、摆弄，萌发勇于尝试的积极情感。
2. 认识、了解筛子的作用，发现筛子能分离大小不同混合物的原因。
3. 加强手臂、手腕力量的锻炼。

活动准备

知识经验：在家和幼儿园使用过筛子。

物质准备：黄豆和大米的混合物若干(教师 1 碗，每组幼儿各 1 碗)；面粉 1 碗；纸盒子若干(教师 1 个，每组幼儿 1 个)；大孔筛子若干(教师 1 个，每组幼儿 1 个)，小孔筛子 1 个。

活动过程

1. 设置问题，导入活动。

教师出示一个大碗(碗里装着黄豆和大米的混合物)，请大家想办法将黄豆和大米分开。

2. 尝试操作，发现问题。

(1)请幼儿尝试用手将黄豆和大米分开。(预设：幼儿用手从碗里一颗一颗地将黄豆拣出，同时也带出了一些大米，黄豆在桌面上滚得到处都是。)

提问：从大米里一颗一颗挑出黄豆的办法虽然可行，但花的时间太长，想想还有没有其他的办法?(提示可以借助某些工具。)

(2)幼儿思考之后,教师介绍神奇的工具——筛子,可以把混合的黄豆和大米瞬间分开成两堆。

(3)教师拿出事先准备好的筛子(孔眼比黄豆小,比大米大),轻轻地晃动筛子,筛子下方用纸盒子接住大米。

提问:请大家观察有什么神奇的事情发生?

3. 认识筛子,操作体验。

(1)教师请小朋友仔细观察"筛子"。

提问:有谁认识这个神奇的工具?说说它是怎样将黄豆和大米快速分开的?

(2)教师归纳:因为筛子里有许多小孔,用手晃动筛子,比筛孔小的东西就会漏下,比筛孔大的东西就会留在筛子里,筛子起到了过滤的作用。

(3)教师将一个筛子及一碗黄豆和大米混合物分发给各组幼儿,请幼儿合作操作,亲自体验,将黄豆与大米分开。

4. 延伸问题,拓展思维。

(1)教师将大米、面粉、黄豆三种物体混合在一起。

提问:三种大小不同的物体混在一起,怎样把它们分开呢?

幼儿根据教师提出的问题思考、讨论,交流自己的想法。

(2)在幼儿交流讨论的基础上,教师一边归纳,一边演示:出示两个筛子(让幼儿观察发现:一个筛子的孔比大米稍大,一个筛子的孔比大米小),先将混合物倒入其中一个筛子(若先倒入大筛子,先分离出了黄豆;若先倒入小筛子,先分离出了面粉),再将剩下的混合物倒入另外一个筛子,这样就将三种物体都分离开了。

(3)教师指导幼儿动手操作:将大孔、小孔两个筛子重叠起来(大孔筛子在上,小孔筛子在下),再将大米、面粉、黄豆三种物体的混合物倒入上面的筛子,两手握住两个筛子轻轻摇晃。不久,三样东西一下子就分开了。

5. 师生总结,结束活动。

筛子神奇的本领就是筛子上有许多小孔,它把比孔小的东西过滤掉,比孔大的东西留在上面,能够又快又方便地把混在一起的东西分开。

活动延伸

领域内活动延伸:鼓励幼儿寻找生活中还有哪些类似的"筛子",观察、体验运用筛子可以解决哪些困难。(如:建筑工地筛沙用的纱网,家里炸肉丸子时用的油漏,过滤豆浆时用的漏勺,过滤中药时用的纱布,纱门、纱窗等。)

区域活动延伸:引导幼儿进行沙子和食盐混合物的分离实验,帮助幼儿扩展关于分离混合物的认知。

亲子活动延伸:和爸爸妈妈一起在家使用筛子分离物品。

八、垃圾山

设计意图

生态环境的平衡与否直接关系人类的健康和生存。近年来，生态环境教育已逐渐引入幼儿园教育课程。幼儿虽然年龄小，但对我们生活的世界充满了探索的渴望。本次活动就是在幼儿生活经验的基础上，让孩子们懂得一些环保常识，唤起积极的情感体验，帮助他们形成良好的行为习惯并在社会生活中规范自己的行为。

活动目标

1. 萌发初步的环保意识，养成垃圾分类投放的习惯。
2. 知道垃圾可以变废为宝，初步了解垃圾的循环利用。
3. 认识垃圾桶分类标记，能运用已有经验对垃圾进行分类。

活动准备

知识经验：观察小区里面的分类垃圾桶及居民丢垃圾的习惯。

物质准备：橙、绿、红色垃圾桶各 1 个，分别贴上“可回收”、“不可回收”与“有毒”的标志；垃圾，如废电池、钉子、纸张、果皮、布头等。

活动过程

1. 提问导入。

提问：什么是垃圾？垃圾从何而来？（幼儿用已有经验讲述对垃圾的认识。）

教师小结：垃圾是脏土和废弃的破烂东西。但是按照环保的说法，“世界上不存在垃圾，垃圾是放错地方的资源！”

2. 欣赏故事。

（1）请幼儿倾听《垃圾山又回到妈妈身边》的故事。

提问：故事中摩天城、垃圾山分别指什么？

垃圾山为什么离开了妈妈？妈妈为什么三天都不送吃的给垃圾山？

摩天城发生了什么变化？垃圾山怎么回到了妈妈身边？

教师请幼儿根据故事的内容回答问题，理解故事中“垃圾再利用”的情节。

提问：故事中什么东西被回收再利用，变成了宝贝？我们每天丢弃的垃圾哪些可以回收再利用？

在幼儿表述的基础上，教师小结：可回收垃圾主要包括废纸、塑料、玻璃、金属和布料五大类。

3. 垃圾分类。

（1）教师引导幼儿认识街头“橙绿红垃圾桶”的含义：橙色表示不可回收垃圾，绿色表示可回收垃圾，红色表示有毒垃圾。

（2）鼓励幼儿设计班级垃圾分类的标志。

（3）指导幼儿尝试对已准备的几种垃圾进行分类。

教师组织幼儿交流垃圾分类过程中的体验，增强幼儿环保意识，教育幼儿保持生活环境的干净整洁，做义务宣传员，督促大家讲卫生，让我们的生活更好。

4. 利废制作。

（1）引导幼儿利用废旧材料制作玩具，如用卫生纸筒制作小马、用塑料大可乐瓶制作花瓶、用牙膏盒制作高楼房等。

（2）教师示范讲解制作方法，指导幼儿制作：

①卫生纸筒小马：在硬纸板上画上小马的头和尾巴（可尽量画得夸张些），剪下，再用纸条折叠成小马的脚。将卫生纸筒前后各剪一条小缝，将头和尾巴分别插进小缝，再将四条腿粘在下方。

②大可乐花瓶：将大可乐瓶拦腰剪断，用下半部分。将下半部分瓶身从边沿处向底座剪成均匀的条状（注意不要剪断），再把每一条向底座处弯曲粘牢成花瓶的瓶身，最后用上半部分可乐瓶剪出一根花篮把手粘贴在瓶身上。

③牙膏盒高楼房：将牙膏盒一面的下部剪出一个楼门，然后在各面整齐地剪出几个方孔（或贴上几张小方形蜡光纸做窗户），再将盒子整理好即可。

5. 清理教玩具，结束活动。

活动延伸

领域外活动延伸：鼓励幼儿回家在小区倡议居民对垃圾进行分类，共同为保护环境而努力。

区域活动延伸：在美工区投放材料，请幼儿设计垃圾分类宣传画。

亲子活动延伸：请家长带领幼儿共同开展一次有意义的环保活动。

九、奇妙的温度计

设计意图

温度计被广泛地运用在人们的生活、劳动和工作中，比如测量体温、测量水温、测量气温等。幼儿虽然见过温度计，但对它只有一个模糊的概念。设计本次活动就是让幼儿来了解温度计的基本知识，学习使用温度计进行温度测量，培养对科学活动的兴趣。

活动目标

1. 对温度的变化感兴趣，喜欢观察、探究温度计的特性及作用。
2. 认识常见的温度计，了解其用途并学会初步使用。
3. 具备简单的温度测量和记录的能力。

活动准备

知识经验：在家里观察体温计，用体温计测量体温。

物质准备：每组提供热水、冷水各 1 杯，体温计、水温计、气温计各 1 支；每个幼儿记录卡 1 张，记录笔 1 只；温度计模型 1 个。

活动过程

1. 设置情景，导入活动内容。

教师讲述并提问：在日常生活中，我们难免生病。到医院后，经过医生一系列检查，知道病人发烧了，还能准确说出病人体温的度数。医生是怎么知道的呢？（幼儿根据已有经验自由表述。）

2. 观察温度计。

（1）教师出示体温计：医生用这个体温计测量病人的体温。

发给每个小组一只体温计，请幼儿轮流仔细观察，说出它的特征：玻璃管子、红柱子、数字。

（2）教师补充讲述：体温计是温度计里的一种，温度计里的柱子一般有两种颜色，一种是红色的，那是加入了红色的酒精；还有一种是银色的，那是水银。这两种东西都是液体，都能指示温度的数字。

(3)观察模型，认读、记录温度。

出示温度计模型，提问：温度计里的红柱子和数字有什么用？(幼儿猜测讲述。)

教师告诉幼儿：红柱子指的数字就是温度，我们可以用"℃"来记录，读作摄氏几度。(出示卡片"℃"。)

(4)教师移动模型中的红柱子，指导幼儿认读温度并在记录卡上记录温度。

3. 动手操作：测量并记录水温。

(1)提问：你们觉得测量有趣吗？请你们去把它的温度测量出来，记录在小卡片上。

(教师在每组的桌上摆上冷水、热水各1杯。)

(2)教师在测量前提几个小要求：

①(给各组分发一支水温计。)测量体温用的是体温计，测量水温要用这种水温计。

②温度计是用玻璃制作的，特别容易碎，请小心使用。如果用的是水银温度计，万一摔破了，千万不要让水银吸入口、鼻中，否则就会中毒。

③碰到困难，请仔细想一想，或与好朋友商量，想出解决的办法。

④测量结束后，请与好朋友说说你是怎么测量的。

(3)幼儿按冷水—热水—冷水的顺序进行测量并做记录。

提问：刚才我们先后测量了冷水和热水的温度，发现了什么？

温度计中的红柱子的长度发生了什么变化？是怎么变化的呢？

从冷水到热水怎么变？从热水到冷水又会怎么变呢？

教师归纳：我们先测量了冷水的温度之后，再测量热水的温度，红柱子遇热就膨胀，变长了；然后再测量冷水的温度，红柱子遇冷就萎缩了，变短了。这说明温度计运用了物体热胀冷缩的原理。

4. 动作游戏：表演热胀冷缩。

(1)游戏——"热胀冷缩"。

提问："热胀"和"冷缩"怎样用动作表现出来？

(2)教师与幼儿商量统一动作，一起演示两遍。

5. 认识气温计，了解它的用途。

(1)教师出示气温计，提问：这个温度计和我们刚才认识的两种温度计的样子有什么不同？它有什么作用？(幼儿猜测讲述。)

(2)教师引导幼儿小结：测量体温的叫体温计，测量水温的叫水温计，测量气温的叫气温计，它们有一个共同的名字，都叫温度计。

6. 收拾教具，结束活动。

活动延伸

领域外活动延伸：引导幼儿了解为什么有的温度计里装酒精，有的温度计里装水银。

区域活动延伸：请幼儿观察家中和教室里的温度计，关注每天的气温变化，并进行持续一周的观察记录。

亲子活动延伸：请幼儿在家中和父母一起每天用温度计记录天气。

十、我从哪里来

设计意图

“我是从哪里来的呢?”这个问题长期以来一直困扰着孩子和家长，敏感的话题常常让家长因为尴尬而回避或者搪塞幼儿。设计本次科学活动，让幼儿了解小宝宝的孕育、成长和诞生，感受到父母对自己的爱，同时懂得感恩。

活动目标

1. 体会妈妈怀孕的辛苦和对自己的爱，激发感恩的情感。
2. 了解自己在妈妈肚子里的生长过程。
3. 能够大胆想象并用动作表现出自己在妈妈肚子里的快乐生活。

活动准备

知识经验：欣赏妈妈怀孕时的照片或视频。

物质准备：视频播放设备 1 套，关于小宝宝孕育生长过程的视频 1 个；录音机 1 台，舒缓的音乐磁带 1 盘；小靠垫若干个。

活动过程

1. 认知活动：我从哪里来?

提问：小鸡是从哪里来的?（鸡蛋里孵化出来的。）

小猫、小狗从哪里来的?（大猫、大狗生出来的。）那你们从哪里来的?（妈妈肚子里出来的。）

你们想知道你们是怎么在妈妈肚子里长大和出生的吗?（引起幼儿的好奇心。）

2. 理解故事，观看视频。

（1）讲述故事《我从哪里来》，帮助幼儿大致了解妈妈孕育宝宝的过程。

（2）播放关于小宝宝孕育生长过程的视频资料，帮助幼儿进一步了解自己在妈妈肚子里的生长过程并做相应讲解。

3. 创编活动：我在妈妈的肚子里。

(1)鼓励幼儿大胆想象：你在妈妈肚子里都做了些什么？

引导幼儿用相应的动作和表情表示出来。如：转头、吃手、蹬脚、听妈妈说话唱歌等。

(2)播放音乐，请幼儿跟着音乐一起表演。

4. 游戏活动：我来当怀孕的妈妈。

提问：小朋友，你们看见过肚子里怀着小宝宝的阿姨是什么样的吗？想想她是怎么走路、怎么做事、怎么坐下的。(幼儿模仿讲述。)

(1)指定几个幼儿尝试扮演怀孕的妈妈，按照“扶着肚子小心走路—弯腰扫地—轻轻坐下”的顺序进行表演。

(2)请参加表演的小朋友谈谈当妈妈的感受，请观看的小朋友们说说，妈妈是否辛苦，是否爱她肚子里的宝宝。

5. 教育幼儿懂得感恩。

请幼儿体会当妈妈孕育宝宝的辛苦，要从内心感谢妈妈。

活动延伸

领域外活动延伸：请幼儿制作感谢卡，在适当的时候对爸爸妈妈说“我爱你”。

区域活动延伸：在教室里布置胎儿生长发育系列图片，幼儿自由观看。

亲子活动延伸：鼓励幼儿回家后，帮妈妈做一件力所能及的家务事，感谢妈妈对自己的付出。

十一、妈妈和宝宝

设计意图

通过“我从哪里来”的活动，幼儿都知道自己是从妈妈肚子里生出来的，进而他们又产生了新的疑问：哪些动物宝宝也都是从动物妈妈肚子里生出来的呢？针对幼儿的疑问，教师引导幼儿运用已有的经验去观察、比较、分析，知道动物分“胎生”和“卵生”两类，学习凭借一定的依据分辨胎生动物和卵生动物的类别，提升幼儿质疑、探究的兴趣。

活动目标

1. 增强喜爱妈妈的情感。
2. 了解几种动物的不同繁殖方式，知道动物分“胎生”和“卵生”两类。
3. 提高观察、比较事物和分析、归纳问题的能力。

活动准备

知识经验：在父母的引导下在网上寻找“胎生”和“卵生”的相关知识。

物质准备：动物繁殖方式的图片。

活动过程

1. 看展览：妈妈和我。

请幼儿将自己和妈妈的照片带到幼儿园。教师布置一个专栏，指导幼儿将“妈妈和我”的照片贴到专栏里，请全班幼儿互相欣赏照片。

提问：你们刚出生时是什么样子？和现在有什么不同？（幼儿自由表述。）

教师小结：小朋友现在和刚出生时的样子变化很大，长得更漂亮、更壮实了。可是，从人体的形态和构造来讲，没有什么不同。有些动物宝宝刚出生时的形态和构造跟后来长大的样子差不多，可是有些就完全不一样了。

2. 听故事：《新生宝宝》

（1）播放录音故事《新生宝宝》。

提问：①刚出生时的猴宝宝是什么样子？和后来长大的样子一样吗？

教师引导幼儿归纳：猴宝宝在妈妈肚子里，靠妈妈给他的养分慢慢地长大，最后直接从妈妈肚子里生出来，他一出生就和妈妈长得很像。动物妈妈这种生宝宝的方式叫胎生，许多哺乳动物都是胎生动物。

②鱼妈妈、鹅妈妈生下的是什么？和后来长大的样子一样吗？

教师引导幼儿归纳：鱼妈妈、鹅妈妈生下的是卵。鱼妈妈生下的卵没有壳，是软的；鹅妈妈生下的卵有壳，是硬的。它们的小宝宝待在卵里，吸收卵里的养分慢慢长大，最后破卵而出，这时才和后来长大的样子差不多了。可是有的动物的小宝宝从卵中出来的时候，和后来长大的样子还有很大差距，如小蝌蚪。动物妈妈这种生宝宝的方式叫卵生，动物界的很多鸟类、昆虫类、鱼类、爬行类动物都是卵生动物。

（2）教师小结：动物宝宝刚出生时的形态和构造跟后来长大的样子差不多的是胎生动物；动物宝宝刚出生时的形态和构造跟后来长大的样子完全不同的是卵生动物。

（3）教师请幼儿观看图片，将各图对比观察，判断哪些是胎生动物，哪些是卵生动物，并进行连线操作。

3. 做游戏：宝宝找妈妈。

（1）教师请各组选出一个幼儿，各戴上不同动物妈妈的头饰，扮演动物妈妈，其他幼儿戴上相应不同动物宝宝的头饰，扮演动物宝宝。

（2）游戏开始，全体念儿歌："今天天气真正好，小动物出门跑呀跑。"然后幼儿四散跑开。

游戏规则：动物妈妈们站到恰当的位置，说："妈妈在家真着急，我的娃娃在哪里？"然后模仿动物的叫声。动物娃娃听到叫声要迅速跑到自己妈妈面前排好队，动物妈妈再数一数自己一共有几个娃娃，它们是不是都回家了。

（3）游戏反复进行，让幼儿变换角色。

4. 讲评，结束活动。

活动延伸

领域内活动延伸：请幼儿继续收集关于动物繁殖方式小知识的图书和图片，带到幼儿园和大家一起分享。

区域活动延伸：在活动区中投放各种动物图片，请幼儿继续将动物按"胎生"、"卵生"分类。

亲子活动延伸：将活动中学到的知识讲给父母听。

十二、不停跳动的心脏

设计意图

随着年龄的增大，幼儿对自己的身体越来越显示出好奇，本次活动重点是激发幼儿对人体内部器官奥秘的兴趣，让幼儿初步感受到心跳的现象，认识心脏的基本功能，初步了解有关心脏的科学知识，从而提升自己的保护意识。

活动目标

1. 关心、爱护自己的身体，增强自我保护意识。
2. 知道心脏是人体的重要器官，初步了解心脏的形状、大小、位置及其功能。
3. 感受心脏的跳动，对人体内部器官有探索的兴趣。

活动准备

知识经验：幼儿有体检时被医生用听诊器听心音的经历。

物质准备：录音机 1 台，心脏跳动的录音磁带 1 盘，欢快的音乐磁带 1 盘；听诊器 1 个，心脏模型 1 个；实验记录表若干(每个幼儿 1 张)。

活动过程

1. 倾听录音，导入活动内容。

播放心脏跳动的录音。

提问：听，这是什么声音呀？谁来猜猜？

教师讲述：这是我们心脏跳动的声音。我们每个人都有一颗心脏，心脏是人体的一个重要器官。

2. 认识心脏。

(1)观看图片，认识心脏的形状、大小、位置。

提问：①我们的心脏是什么样的？像什么？(幼儿发挥想象力自由表述。)

②我们的心脏有多大呢？(自己拳头般大小。)

③我们的心脏在哪呢？在身体什么位置？（在胸腔中部偏左的地方，请幼儿一起找一找，在自己心脏位置上贴上红心。）

在幼儿交流表述的基础上，教师补充讲述：我们在摸心脏所在部位的时候，并不能直接摸到心脏，只能摸到心脏外面的骨骼。这个骨骼就像笼子一样，保护着心脏和其他胸部内脏器官。

(2)互相倾听，感知心脏的跳动。

提问：心脏在我们身体里面，看不见，有没有什么方法知道它的跳动呢？(幼儿根据已有经验交流表述。)

在幼儿交流表述的基础上，教师介绍感知心脏跳动的简单方法(用听诊器、按脉搏、用耳朵听等)。

(3)教师指导幼儿两人一组互相交换贴近左胸倾听心脏的跳动。

鼓励幼儿用语言和肢体动作来表现心脏的跳动，如用象声词形容——咚咚、怦怦、扑通扑通，用动作表示——拍手、跺脚、双手模仿心脏一张一合等。

3. 对比实验，探究心脏的跳动变化。

(1)提问：心脏的跳动声音会不会有变化呢？我们来做个实验就知道了。

(2)请幼儿随欢快的音乐自由跳舞，两人一组，听一听对方一分钟心跳的次数并在记录表上进行记录。

(3)音乐停止，请幼儿将手放在自己的心脏处，感受心脏快速的跳动。再听听一分钟心跳的次数，做记录。

(4)比较跳舞前和跳舞后心跳的次数，交流记录结果。

教师引导幼儿小结：原来心脏就像一个顽皮的孩子。当我们进行剧烈运动时，它就跳得快；当我们进行安静的活动时，它和平时一样平稳。

(5)提问：除了跳舞，平时还有什么事情会让心跳加快呢？(幼儿运用发散思维自由表述。)

教师归纳：跑步、游泳、跳绳等运动后，或者突然受到惊吓后都可能引起心跳加快。

4. 观看课件，了解心脏的功能。

(1)教师播放课件，提问：我们人体里的心脏有什么作用呢？(幼儿根据课件内容自由表述。)

在幼儿自由表述的基础上，教师小结：心脏是身体的重要器官，它像人身体的发动机，日夜不停地跳动，通过咚咚的跳动，把血液送到我们身体的每个部位，送到头上，送到手上，送到脚上，使身体得到营养物质和氧气，使我们的身体保持健康。

(2)交流讨论，了解保护心脏的方法。

提问：心脏是我们人体的重要器官，心脏停止了跳动，人就会死亡，那我们怎么来保护心脏呢？(幼儿根据已有经验和自己的理解交流讨论。)

在幼儿交流讨论的基础上，教师小结：锻炼身体能使心脏健康，但又不能长时间做剧烈的运动，否则心脏会劳累。发热或害怕时，心跳加快，因此，不要看恐怖的动画片。发烧时要及时治疗，平时多呼吸新鲜空气，锻炼身体。睡觉时不要趴着睡，以免压迫心脏，应保持正确的睡眠姿势。

活动延伸

领域外活动延伸：欣赏一些舒缓的钢琴曲，学习调节自己的情绪以保护心脏。

区域活动延伸：在活动区提供听诊器，让幼儿相互听听心脏跳动的声音，摸摸脉搏的跳动。

亲子活动延伸：和爸爸妈妈一起了解保护心脏的方法。

十三、声音

设计意图

声音无时无刻不存在于我们的生活中，生活中各种各样的声音都会吸引孩子们的注意。本次活动根据幼儿的心理和思维特点，试图通过创设蕴涵问题的活动环境，提供充足的可操作性材料，从而开阔幼儿的思维，为他们的探索创造最大的空间。教师在引导幼儿探究声音的过程中，使其已有的知识经验得到巩固，且能迁移到其他方面，不断生成新的问题，获得新的知识经验。

活动目标

1. 了解乐音和噪音，知道在某些场合要轻声说话，养成轻声说话的好习惯。
2. 知道声音是因为物体的震动而产生的，不同的声音可以表达不同的意思。
3. 在教师的指导下，尝试利用自己的嘴巴和借助一些物品为故事配音。

活动准备

知识经验：留意倾听生活中的各种声音。

物质准备：小鼓、碰铃、串铃、三角铁、钢琴、小提琴（或二胡）、木琴、笛子、沙槌等各种乐器各 1 件；塑料袋、大纸片、刷子、砂纸、竹片、筷子、小桶等物品各 1 件；录音机 1 台，活动过程需要的音响资料磁带各 1 盘。

活动过程

1. 让乐器发出声音。

教师请幼儿用各种方法让小鼓、碰铃、串铃、三角铁等乐器发出声音。

提问：你是用什么方法让乐器发出声音的？（幼儿分享交流。）

2. 探究声音的产生。

（1）教师演示“鼓上的小米粒”。

提问：鼓上的小米粒为什么跳动？（幼儿根据观察推测表述。）

在幼儿表述的基础上，教师讲述：鼓皮的震动引起了米粒的跳动，说明鼓声是由鼓皮震动发出来的。

(2)引导幼儿感知发声时喉部的振动。

教师引导幼儿小结：物体互相碰撞，产生振动才能发出声音。没有了振动，也就没有了声音。

3. 感知不同的声音。

(1)教师先后演奏钢琴、小提琴(或二胡)、木琴、笛子，请幼儿欣赏不同的乐音。引导幼儿发现：钢琴是琴棒敲击钢丝发出的声音；小提琴是弓毛与钢丝摩擦发出的声音；木琴是琴棒敲击木板发出的声音；笛子是气流吹动空气发出的声音。

提出：为什么不同的乐器会发出不同的声音？(幼儿互相讨论，交流表述。)

(2)教师参与幼儿的讨论，引导幼儿小结：由不同材料制成的乐器，它们产生的振动就不同，声音当然也就不同了。

(3)教师播放不同的声音，请幼儿辨别、想象、猜说：

①先是两只鸟对叫的声音，接着是许多鸟一起叫的声音。

②马儿在嘶叫，接着是马儿飞奔的马蹄声，后来声音越来越小，渐渐消失。

③先是流水叮咚叮咚，接着是一群鸭子嘎嘎嬉戏的声音。

④风吹雨打的声音。

⑤《狮王进行曲》的音乐。

教师小结：不同的声音能告诉我们不同的事情，我们可以根据听到的声音想一想，猜出发生的事情。

4. 分辨乐音和噪音。

(1)分别播放一段音乐和一段电锯切割木头的声音。

提问：哪种声音好听，那种声音不好听？(幼儿根据自己的感受自由表述。)

教师小结：电锯切割木头的声音是噪音。噪音非常刺耳，我们听了感到难受、心里不舒服，它会使我们生病，大家要尽量地避免制造和听到噪音。

(2)分别播放两个幼儿轻声说话的声音和两个幼儿大声吵闹的声音。

提问：哪种声音好听，哪种声音不好听？(幼儿根据自己的感受自由表述。)

教师小结：我们平时说话的时候要学会轻声说话，让别人听起来悦耳、舒服。

5. 初步学习合作配音。

教师根据图片讲述故事，请幼儿用嘴巴和其他物品配音：

①清晨，大公鸡迎着太阳高声叫唤。(模仿公鸡的叫声。)

②鸟儿们醒来了，两三只鸟儿快活地叫着。(先是揉塑料袋和拍打纸片，接着吹口哨。)

③大象在悠闲地散步。(一下一下摇沙槌或拍桌子。)

④青蛙在森林边的池塘岸上呱呱地叫，呼唤着乌龟。(模仿青蛙的叫声。)

⑤乌龟慢慢地爬过来了。(用刷子先轻轻刷砂纸，声音渐大渐止。)

⑥在湖边的草地上，放牛娃用手拍了一下牛背，牛发出“哞”的叫声。（用手拍巴掌，接着模仿牛的叫声。）

⑦小牧童骑在马背上，马鞭一扬，发出清脆的响声。（用竹片快速拍打桌子一下。）

⑧小马驮着小牧童快快跑去，越跑越远。（用筷子敲桶，渐轻渐止。）

活动延伸

领域内活动延伸：指导幼儿继续探索用生活用品模拟发声。

领域外活动延伸：提供大海背景等操作材料，鼓励幼儿创编故事，配以合适的音响。

亲子活动延伸：和父母一起观看口技表演。

十四、奇妙的对称

设计意图

对称的物体在我们生活中随处可见，对称的形式不仅美化着我们的生活，而且蕴涵着一定的科学知识。对折剪纸的方法能让幼儿很容易就理解对称的原理，然后针对这个原理，通过多层次的操作游戏，让幼儿不断思考、操作尝试，从而迁移思维，有效提升运用知识的实践能力。

活动目标

1. 欣赏对称图形的美。
2. 学习运用不同的方式表现对称的效果。
3. 锻炼迁移思维和动手操作能力。

活动准备

知识经验：幼儿已有安全使用剪刀的经验，熟悉一些对称的物品，排练过有对称动作的舞蹈。

物质准备：卡纸若干(每个幼儿 1~2 张)；安全剪刀若干(每个幼儿 1 把)；画笔、颜料、橡皮泥、积木等若干(按幼儿所需准备)；师幼共同收集各种对称图案的图片。

活动过程

1. 对折剪纸游戏。

(1)教师在一张对折后有中心轴的纸上，用剪刀任意剪出一个图形(保留一段中心轴相连)，然后将对折纸展开，请幼儿观察出现什么现象。

(2)指导幼儿在一张对折后有中心轴的纸上，用安全剪刀一次剪出中心轴两边一样但方向相反的两个图形。

(3)教师请幼儿展示自己的作品，互相交流、分享，欣赏、体验对称的美感。

(4)教师引导提问：小朋友剪出的这些图形虽然大小、形状不一样，但它们有一个共同的特点。谁能说一说这个特点是什么？（幼儿根据自己的感知表述。）

教师在幼儿表述的基础上讲解，重点帮助幼儿理解对称，就是中心轴两边的图形样子和大小都一样，而方向不一样。

2. 观察对称图形。

（1）请幼儿观察图片，分组讨论图片上的图案是不是对称图形，为什么？

（2）各组幼儿归纳整理讨论结果，派代表在班上交流表述。

（3）教师请幼儿在图案的中心画上中心轴，再次比较中心轴两边是否对称。

3. 交流分享资料。

（1）教师：在我们生活的周围有许多东西是对称的，我们先从收集的图片资料中找找，看看能发现什么呢？

（2）幼儿分组活动，分析收集到的图片，然后归纳整理分析的结果。

（3）各组派代表在班上交流表述：你认为对称的理由是什么？不对称的理由是什么？

4. 半边图形猜物。

教师出示只有一半图形的物品图案，请小朋友看图猜这个物品是什么。如：蜻蜓、枫叶、风筝、中国结、飞机等俯视的一半图形，青蛙、莲蓬、布娃娃、宝塔、小汽车等正面的一半图形。

5. 表现对称效果。

（1）教师：会动手动脑的小朋友，应该会灵活运用学到的本领，我们可以运用多种方式表现对称效果，想想我们可以用什么形式来表现对称？

（2）帮助幼儿确定一个主题，鼓励幼儿用剪纸、绘画、捏塑、舞蹈、搭积木等形式来尝试表现对称的效果。

活动延伸

领域内活动延伸：请幼儿在自己的身上找找对称的器官（眼、耳、鼻、手、腿等）。

区域活动延伸：请幼儿继续收集生活中的对称物品或图片，带到幼儿园布置在活动区，和小伙伴分享。

亲子活动延伸：和爸爸妈妈一起找找自己身边有哪些动植物是对称的。

十五、好玩的磁铁玩具之一

设计意图

游戏是幼儿的基本活动，是幼儿身心发展的需要和学习的适宜方式，为幼儿提供充分适宜的玩教具是促进幼儿生动活泼、主动学习的重要物质条件。本活动在幼儿感知磁铁通透性的基础上，启发幼儿应用磁铁的这个性质制作磁性玩具。

活动目标

1. 乐意参加科学探究活动，从中获得成功的愉悦。
2. 观察、感知和理解磁铁的特性，能应用磁铁的特性制作磁性玩具。
3. 能用适当的方式表达、交流探究的过程和结果。

活动准备

知识经验：幼儿对磁铁能吸铁和铁制品的特性已经有所了解；对生活中部分磁铁玩具(如小猫钓鱼、磁力跳棋等)有所接触、了解。

物质准备：各种盛放沙、水的玻璃和塑料器皿；各种磁铁、透明胶、双面胶、剪刀；幼儿前期自制的各种玩具以及玩各种磁铁玩具所需的背景材料。

活动过程

1. 出示磁铁，引发幼儿活动兴趣。

2. 感知磁铁的特性。

(1)提问：磁铁隔着物体能吸铁吗？(幼儿猜测表述。)

请幼儿自由探索、操作，将铁钉、回形针、磁性玩具等放在玻璃板上、玻璃小杯里、沙盒里，用一块磁铁隔着玻璃板、玻璃小杯的底、沙盒的底吸引上面的东西，发现磁铁可以将上面的铁钉、回形针、磁性玩具吸住并移动。

教师引导幼儿小结：磁铁隔着物体也能吸铁，磁铁具有通透性。

(2)教师提问：谁能让两块小磁铁隔着自己身体吸住不掉下来呢？

幼儿自由尝试放在腿上、手上、耳朵上、脚上等身体部位，探索发现：有的部位隔着可以吸，可有的部位隔着吸，磁铁会掉下来。

教师引导幼儿小结：物体厚了，两块磁铁距离远了，会影响磁力的通透性。

3. 尝试制作磁性玩具。

（1）幼儿自由选择磁铁等材料，尝试制作磁性玩具，如“神奇的钓鱼竿”、“小鸭游池塘”、“娃娃跳舞”、“磁性拔河”等。

（2）教师请幼儿轮流讲述自己制作磁铁玩具和玩磁铁玩具的过程，分享经验。

4. 了解磁铁通透性的应用。

（1）提问：小朋友都知道磁铁可以隔着物体吸铁，那么谁能说一说在实际生活中哪些事物用到了磁铁的这种特性。

教师引导幼儿运用发散思维列举事例，如：教师用磁铁将挂图固定在铁制的黑板上，我们平时玩的磁性棋类，爸爸妈妈用冰箱贴将留言条“粘”在冰箱的门上，用磁铁取出小口瓶里的缝衣针……

（2）在幼儿列举事例的基础上，教师延伸讲述：磁铁的其他性质也能为我们的日常生活服务，磁铁的性质在医学上得到了广泛的运用呢！科学家们利用了人自身有磁场的特性，研制出了各种治病的仪器，像磁共振、磁针灸等。小朋友们现在要好好学习，将来也能创造出很多对人们有用的发明。

5. 玩具展示，结束活动。

活动延伸

领域外活动延伸：尝试用磁铁的特性去解决生活中的问题，如检验物品的制作材料、在磁性黑板上张贴图片等。

区域活动延伸：在科学区放置各种有关磁铁实验和制作所需要的材料，供幼儿自由操作。

亲子活动延伸：请幼儿回家和家长制作磁性玩具，带到班上和同伴一起交流展示。

十六、好玩的磁铁玩具之二

设计意图

幼儿参与自制玩教具的活动，从过程到结果对于幼儿身心健康的全面发展都具有积极的意义。动手做玩具的过程是幼儿发现问题、解决问题的过程，可以激发他们探究的兴趣，培养动手能力、想象力和创造力，丰富他们的经验；做玩具的结果可以让幼儿看到自己的劳动成果，体验到自己的能力，享受成功的喜悦。幼儿自己做的玩具可能比较简单粗糙，但是它凝结着幼儿的智慧和情感。

活动目标

1. 大胆操作探索，了解和发现磁铁同性相斥的应用。
2. 能在教师的指导下根据磁铁的特性创作磁铁玩具。
3. 锻炼幼儿的故事创编能力和表演能力，体验成功的快乐。

活动准备

知识经验：已有磁铁的相关认知经验。

物质准备：空心小磁铁若干(每个幼儿 2 个)，实心小磁铁若干(每个幼儿 1 个)，橡皮泥若干(每个幼儿 2 小团)，动物小卡片(龟和兔、牛和马、雀和鹰等)若干(每个幼儿 1 组)，薄纸板若干(每个幼儿 1 张)；教师演示用的磁铁动物(小兔、乌龟)各 1 个，实心小磁铁 1 个，薄纸板 1 张。

活动过程

1. 提问导入，引发幼儿活动兴趣。

提问：今天我们班来了两位小客人(出示兔子和乌龟磁铁玩具)，它们是兔子和乌龟。今天它们又要进行赛跑了，看看它们俩又发生了什么事。

2. 演示操作磁铁动物玩具。

(1)教师一边讲故事，一边操作磁铁动物玩具演示新编《龟兔赛跑》，幼儿认真观赏。

（2）教师将磁铁乌龟和磁铁兔子一前一后放在一张薄纸板上，左手端着纸板，右手另外拿一个磁铁吸住后面兔子下面的磁铁往前移动，前面的乌龟也自行往前移动，兔子始终追不上乌龟。

（3）提问：乌龟被小兔子追上了吗？（没有。）

小兔子为什么追不上乌龟呢？（幼儿猜测。）这里可藏着一个小秘密呢！好，现在就让我们来研究一下，看一看小兔和乌龟到底是用什么做的。

3. 探究磁铁玩具小兔和乌龟的结构。

（1）教师请一名幼儿拆开玩具拿到大家面前，展示玩具的结构：里面有磁铁，还有橡皮泥。

提问：这个玩具是怎么做成的呢？（幼儿观察回答。）

（2）教师请回答正确的幼儿演示一遍：把一张动物卡片插在橡皮泥上，然后把泥嵌在磁铁的洞洞里。

4. 大胆尝试制作磁铁玩具，感知磁铁特性。

（1）引导幼儿利用磁铁，橡皮泥，薄纸板，龟和兔、牛和马、雀和鹰等图片，自己动手做两个玩具，做好后可以玩一玩磁铁玩具“你追我赶”的游戏。

（2）幼儿动手操作。提示幼儿要动脑筋，想办法，怎样做到用一只手操作，就能让两个动物一个追一个逃。

教师巡回观察，适当指导幼儿制作，鼓励幼儿遇到困难互相商量，想办法解决。

（3）教师请幼儿把在操作中碰到的问题提出来，发动大家一起来帮助解决。

如：为什么我的小兔子一下子就被乌龟抓住了？

为什么两个小动物一下吸了起来？为什么两个小动物一直碰不上？

（4）教师操作磁铁，向幼儿展示两块磁铁“同性相斥”、“异性相吸”的现象。

（5）幼儿进行调整，完成制作。

5. 创编、演示磁铁玩具的故事。

（1）鼓励幼儿根据自己做的两个磁铁玩具创编故事（如《龟兔赛跑》、《马牛赛跑》、《雀鹰赛飞》等），尝试用两个磁铁玩具演示这个故事。

（2）组织幼儿开展讲故事比赛，赛后评选“优秀制作奖”、“优秀创编奖”、“优秀表演奖”等。

活动延伸

领域外活动延伸：开展自制玩具讲故事比赛。

区域活动延伸：在科学活动区投放一定数量的磁铁，供幼儿继续探索磁铁的其他特性，进一步激发幼儿对科学活动的探究兴趣。

亲子活动延伸：和爸爸妈妈一起制作磁铁玩具。

十七、信息的传递之一

——神奇的电话

设计意图

电话作为普及的一种通信工具已被孩子们所接受，许多孩子都会打电话。本次活动主要引导幼儿初步了解电话的工作原理和功能，让幼儿体会到电话是人类一项了不起的发明，从而对通信工具产生好奇，为下次活动打下认知兴趣的基础。

活动目标

1. 激发幼儿的求知欲，在游戏中获得乐趣。
2. 感受电话给人们生活、工作带来的方便，知道电话发挥的重要作用。
3. 初步了解电话的工作原理和功能，能够在教师的指导下自制土电话(传声筒)。

活动准备

知识经验：有过打电话的体验。

物质准备：有免提功能的电话机 1 部；自制土电话玩具的材料(棉线、一次性纸杯、小木棒)若干(两个幼儿 1 套)。

活动过程

1. 拨打电话，引发活动兴趣。

提问：小朋友，如果我们现在想听听爸爸妈妈的声音，怎么办？

教师用免提电话接通某个家长的电话，请幼儿与父母对话，激发幼儿的兴趣。

2. 了解电话。

(1)提问：为什么我们一拨通电话，就可以听到爸爸妈妈的声音，爸爸妈妈也能听到我们的声音？(幼儿自由讨论。)

(2)教师出示班级固定电话，边演示边讲解：每个电话都连着两根线，一头连着话筒，一头连着听筒。电话拨通以后，我们这边的电话机把说话的声音变成电流，通过电话线传送到对方的电话机，电话机把电流还原成声音送到听筒里，他就听到我们的声音；对方说话的时候，两边的电话机同样把声音变成电流，又把电流还原成声音，我们就听到他的声音。

(3)教师提问：和我们刚才使用的固定电话有同样功能的通信工具还有哪些？

(4)教师请幼儿观看视频，了解古时候人们没有电话时的通信方法，如点烽火传送战争消息、灯光暗号传递信息、信鸽送信、骑马送信等。

提问：我们现代用电话通信的方法和古人用的那些通信方法相比有什么优点？（传递信息方便、快捷、准确。）

(5)教师列举几种紧急情况（发生火灾、聚众斗殴、突发重病、交通事故等），引导幼儿知道几种常见的紧急电话：火警 119，报警 110，急救 120，路障 122 等。

(6)教师引导幼儿小结：电话是一个了不起的发明，它缩短了人与人之间的距离，给人们的生活、工作带来了极大方便。

3. 自制“电话”。

(1)提问：小朋友，今天我们了解了电话的工作原理和功能，大家想不想自己做一个土电话玩一玩？

(2)示范介绍土电话的做法和玩法：

①做法：拿两个一次性纸杯，分别在纸杯底部中间扎一个小孔，用一根棉线穿过小孔（用一小截木棒固定在纸杯底部），将两个纸杯连接起来即可。

②玩法：两名幼儿手持纸杯，将棉线拉直，一人说，一人听。（教师强调通话时一定要将棉线拉直，否则棉线不能振动就传递不了声音。）

(3)幼儿按照教师的示范介绍动手制作土电话，自由结伴用土电话进行通话游戏。

4. 自由选择同伴打电话，结束活动。

活动延伸

领域内活动延伸：引导幼儿了解既能通话又能看见人像的电视电话。

领域外活动延伸：引导幼儿牢记各种紧急电话号码。

区域活动延伸：在活动区放置自制电话，幼儿自由通话。

亲子活动延伸：请幼儿与家长共同收集各种各样的电话图片或实物。

十八、信息的传递之二
——各种各样的通信工具

设计意图

现代科学技术的迅猛发展极大地促进了社会经济和文化的发展。以电话为代表的通信技术是现代科技的一个重要领域，它的发展给人们的生活带来了许多便利。本活动向幼儿介绍各种各样的现代通信工具，让幼儿了解现代科技产品的不断更新与进步，激发幼儿的探索精神和创造意识。

活动目标

1. 对信息传递的多种方式感兴趣，初步感受现代科技给人们生活带来的便捷。
2. 初步了解与他人通信的常用方法，能进行简单的比较。
3. 能大胆发表自己对各种信息传递方式的看法，乐于与同伴分享。

活动准备

知识经验：打过各种类型的电话。

物质准备：把活动室布置成“电话博览会”，有各种电话：普通电话、磁卡电话、投币电话、录音电话、可视电话、移动电话等。

活动过程

1. 导入活动内容。

提问：小明远在外地的奶奶要过60岁生日了，小明可以通过什么方式来祝福奶奶的生日？

幼儿自由讨论，教师鼓励幼儿大胆发表自己的见解。

2. 了解各种各样的电话。

(1)教师组织幼儿参观“电话博览会”，让幼儿认识各种不同的电话。

(2)幼儿交流分享：你刚才看见了电话家庭的哪些成员？

(3)教师补充介绍：磁卡电话、投币电话、可视电话、录音电话、移动电话等。

①普通电话是家庭和单位日常使用的固定电话，可以任意拨打接听，按月交费。

②磁卡电话是将充值卡插入电话机就可以拨号通话。

③投币电话是将硬币投入电话机的投币口后才能拨号通话。

④录音电话是可以边讲话边录音。

⑤移动电话是不用电话线的，可以随身携带，随时可以拨打接听通话。

⑥可视电话不仅可以听到声音，还可以看到讲话的人。

3. 介绍传真机、电报机等通信工具。

(1)教师出示传真机、电报机的图片，让幼儿知道我们写的信可以通过发电报、发传真来传递，远方的人们马上可以收到我们发过去的信。

(2)设置情景讨论。

①芳芳因一次生病，耳朵听不见声音了。明天是她6岁的生日，我们可以通过什么方式祝贺她的生日？

②欢迎外国小朋友来中国旅游，我们可以通过什么方式邀请他们？

(3)鼓励幼儿运用已有知识充分想象，运用各种通信工具传递爱的信息，如：可将绘画作品寄给芳芳，也可用手语表达祝福并制作成录像带寄给她，可以通过上网、发电子邮件等方式邀请外国小朋友等。

4. 积极发言，相互交流。

提问：你最喜欢哪种联络方法？为什么？

教师鼓励幼儿积极发言，讲述现代通信工具给人们的生活带来的方便和快捷。

活动延伸

领域外活动延伸：教师可申请一个班级电子邮箱，教师、家长可以发邮件给某个幼儿或全班。教师在固定时间带幼儿上网收信，体验电脑和网络的神奇。

区域活动延伸：在活动区布置现代通信工具发展史图片展。

亲子活动延伸：请家长协助幼儿用各种方法和远方的亲戚朋友联系，让幼儿切身感受各种现代通信方式的便利和快捷。

学前班(上)

一、有趣的影子

设计意图

玩影子是幼儿最感兴趣的游戏，教师紧紧抓住幼儿这一特征设计了本次活动，以幼儿玩影子为导入，循序渐进地引导孩子研究影子是怎样产生的，从而让幼儿全面系统地掌握有关“光与影子”的感性经验：光线照射在物体上，物体挡住光线就产生了影子。让幼儿养成从小就主动探索科学的习惯，提倡幼儿自己体验成功的喜悦，并且进一步体验自信带来的愉悦感。

活动目标

1. 对探究影子的活动感兴趣，享受活动的乐趣。
2. 通过探究，感知物体挡住光线就会产生影子。
3. 能积极观察和讲述自己在活动中的发现。

活动准备

知识经验：幼儿玩过捉影子的游戏。

物质准备：蜡烛、手电筒、粉笔若干。

活动过程

1. 猜谜语。

(1)教师说出谜面：黑黑长长，有人学样，你走它也走，你坐它也坐，有光它就来，没光就跑开。(打一生活现象。)

(2)教师引导幼儿猜出谜底是“影子”，并告诉幼儿这次活动的主题就是“影子”。

2. 找影子。

(1)请幼儿到室外找影子，注意：有光和没有光的地方都要找。

(2)与幼儿谈话：你发现什么地方有影子？什么地方没有影子？

启发幼儿说出太阳光下有影子，阴暗处没有影子，也可以说树、旗杆、房屋、玩具在太阳光下有影子。

(3)请幼儿讨论：没有阳光的地方能出现影子吗？阳光下没有东西能出现影子吗？那么影子是怎样出现的呢？

教师参与幼儿的讨论，并和幼儿一起小结：阳光被一个东西挡住时，就会产生影子，没有东西挡住阳光就没有影子。

3. 变影子。

(1)引导幼儿讨论：除了太阳光能照出影子，还有什么能照出影子？

(2)请幼儿将玩具从不同的角度放在灯光、烛光、手电光下进行操作实验，引导他们发现：玩具在这些光下都能产生影子。

4. 我和影子朋友做游戏。

(1)引导幼儿在有光的地方把影子变出来，看看自己的影子和别人的有什么不同，影子和身体的哪个部分相连。

(2)引导幼儿讨论：如何将自己和自己的影子分开？鼓励幼儿用多种方法进行尝试，得出结论：影子与人或物体紧密相连。

(3)请幼儿表达自己对影子的感情，如摸一摸、说说悄悄话等。

5. 画影子。

(1)请幼儿思考：如何将影子画下来？

(2)教师示范用粉笔画影子，将身体与影子相连的地方标出来。

(3)幼儿做出喜欢的动作，相互用粉笔画影子。

(4)幼儿相互参观“影子画像”，猜猜伙伴刚才做了什么动作。

活动延伸

领域内活动延伸：玩手影游戏。教师在灯光下做出鹰、狗、鸡等动物的手影，让幼儿猜猜是什么动物。

领域外活动延伸：做手影，讲故事。请幼儿自由组合，鼓励幼儿发挥想象，用做出的手影动物来编故事。

二、杯子编钟

设计意图

声音无处不有。对于幼儿来说，声音是熟悉的，又是奇妙的。通过有趣的小实验，让幼儿在他们感兴趣的活动中大胆探索、探究声音的奥秘并提高幼儿的动手操作能力。

活动目标

1. 在探索活动中大致了解声音的产生，并能用完整、清晰的语言表述实验的结果。

2. 激发好奇心的同时发展听觉分辨能力，调动幼儿对周围世界的探索兴趣。

3. 能在教师的鼓励和支持下，在与小组同伴交流、分享的过程中发表自己的看法，展示自己。

4. 训练幼儿有保护耳朵的意识。

活动准备

知识经验：能够分辨不同物体发出的声音。

物质准备：小鼓和鼓槌，几粒豆子，录音机一台，录有各种悦耳及刺耳声音的磁带一盘，一个盛有水的大桶，舀水的勺子，有关编钟演示的 VCD 或 DVD 一张，播放器材。

环境准备：将幼儿分组，每个小组桌面上摆放七个玻璃杯和若干根筷子。

活动过程

1. 感知声音。

(1)教师有节奏地敲击小鼓，并问幼儿听到了什么？(声音、鼓声……)

提问：为什么用鼓槌敲击小鼓能够使小鼓发出声音？(当鼓槌敲击小鼓时，由于鼓面的振动而产生鼓声。)

(2)教师将几粒豆子放在鼓面上，再敲击小鼓，让幼儿注意观察豆子的变化，并将观察的结果告诉老师(豆子在鼓面上跳动)，从而进一步使幼儿明白声音是由于鼓面的振动而产生的。

提问：为什么用手敲门或桌面有声音呢？(由于门或桌面的振动产生声音。)最后，引导小朋友说说声音的形成(声音由于物体的振动而产生)。

2. 探索声音。

(1)请幼儿试着让活动室里的物品发出声音。(幼儿可能会用筷子敲击面前的玻璃杯，可能会跺脚、推拉桌子和椅子、大声叫喊等。)

(2)教师鼓励幼儿的同时请幼儿分辨哪些声音好听，哪些声音不好听；好听和不好听的声音听起来有什么感觉。

3. 听辨声音。

(1)教师再播放两段录音(一段是优美的乐曲或好听的儿歌，一段是各种嘈杂的声音或大型机械发出的刺耳的声音)，请幼儿听一听，并谈谈感受(好听的声音让人感觉很舒服，不好听的声音让人感觉不舒服)。

(2)教师小结：生活中有好听的声音，也有不好听的声音。好听的声音使人心情愉快、身心健康；不好听的声音又叫噪音，小朋友听多了噪音，对身体有害。希望大家好好保护自己的耳朵，并教育幼儿在游戏活动中说悄悄话，避免产生噪音。

4. 制作杯子编钟。

(1)教师播放一段编钟演奏的节目。然后，问小朋友想不想用杯子来制作“杯子编钟”。

(2)小实验：把每个小组所发的玻璃杯摆成一排，请幼儿用筷子敲击玻璃杯，听听有什么不同(没有太大不同)。教师向每个杯子里倒入不同量的水，再请幼儿用筷子敲击每个杯子，听听声音有什么不同(每个杯子会发出不同的声音)。在教师帮助下让幼儿试着调整杯子里的水量，将杯子按音高顺序排列成do、re、mi、fa、so、la、xi，这样便完成了杯子编钟的制作。幼儿可用筷子在“杯子编钟”上敲击出简单的乐曲。对能够敲出好听乐曲的幼儿进行表扬并请他示范表演。

活动延伸

领域内活动延伸：比较倾听不同材质的物体敲击发出的声音有什么不同。

领域外活动延伸：尝试利用“杯子编钟”进行演奏。

亲子活动延伸：和爸爸妈妈一起制作“杯子编钟”，并互相配合一起创作出好听的乐曲。

三、可爱的小兔子

设计意图

幼儿的天性是喜欢小动物。教师找来几只小兔子在班上临时喂养，让幼儿与小兔子近距离接触，仔细观察、了解小兔子的外形特征、习惯动作、主要食性，培养幼儿对小动物的关爱之情，并训练做科学观察记录，逐渐养成认真、严谨的探究态度和习惯。

活动目标

1. 培养喜欢小动物的情感，乐于对小兔子基本特征和食性进行观察。

2. 学会正确的观察方式，训练认真做观察记录的好习惯。

活动准备

知识经验：知道小兔子喜欢吃的食物。

物质准备：灰、白小兔子各1只，玻璃盒1个，白纸若干(每个幼儿1张)；准备好小兔子的食物，以备实验用。

活动过程

1. 观察。

(1)教师出示灰、白两只小兔子(装在一个玻璃盒中)，请小朋友说一说小兔子的外形是什么样的。(提示幼儿按从头到尾的顺序讲述。)

(2)幼儿根据自己的观察交流表述，教师参与幼儿的讨论，并和幼儿一起小结：兔子的头部较小，耳朵却很长；灰兔的眼睛是灰色的，白兔的眼睛是红色的；鼻子扁扁的，嘴唇分成三瓣，总是不停地耸动着，嘴巴两边的小胡须也跟着一动一动的；身子圆滚滚的看上去挺肥；前腿又短又小，后腿又长又有力；尾部有一条又短又小的尾巴。

2. 模仿。

(1)教师提问：小朋友根据自己的观察，把小兔子的外形描述得很清楚。谁能说一说小兔子的动作是什么样的？

幼儿根据自己的观察交流表述，教师参与幼儿的讨论，并和幼儿一起小结：兔子只要听见一点轻微的声音，就会“唰”地一下竖起来，灵巧地四面转动，寻找声音发出的地方；有时把前腿抬起，两只后脚立起来；走路时一蹦一跳，尾巴有时还摇一摇。

(2)教师继续提问：谁能把小兔子的动作做一做？

邀请几位幼儿分别模仿小兔子耳朵竖起来、后脚站起来、走路蹦蹦跳跳以及摇尾巴的动作。

3. 猜想。

(1)提问：我们人有自己喜欢吃的东西，动物也有自己喜欢吃的东西。那么，小兔子喜欢吃什么东西呢？你们猜一猜。

(2)幼儿根据自己的想象进行推测，说出自认为小兔子喜欢吃的东西，并在一张白纸上用绘画或做记号的方式记录下来。

4. 验证。

(1)教师出示事先准备的食物，请大家拿自己猜测的东西喂一喂小兔子，看它吃不吃。

(2)幼儿分别轮流拿不同的东西喂小兔子，观察小兔子吃不吃，然后予以记录。

(3)幼儿根据记录交流讨论小兔子喜欢吃的东西，教师和幼儿一起小结：小兔子喜欢吃的东西主要有蔬菜嫩芽、青菜、青草、新鲜的豆荚、胡萝卜等。

活动延伸

领域外活动延伸：思考为什么灰兔的眼睛是灰的，而白兔的眼睛却是红色的。

亲子活动延伸：回家后和爸爸妈妈一起查资料，找到答案，然后来园和同伴一起分享。

四、有魔力的静电

设计意图

用魔术的形式激发幼儿的好奇心，在动手实验中了解静电现象，让幼儿建立联系的观念，把课堂上所学到的知识与现实生活中的现象联系起来，启发幼儿对自然现象和科学知识的探索欲望。

活动目标

1. 观察物体摩擦后产生静电的现象。
2. 初步了解静电，知道静电的存在。
3. 认识到生活中的静电及如何防止静电，减小其带来的危害。

活动准备

知识经验：每位幼儿自备一根塑料棒，一小张纸(不要太硬、太厚)。

物质准备：一根塑料棒，碎纸片，一个小气球，一把塑料梳子。

活动过程

1. 魔术表演。

教师出示“魔棒”——塑料棒，请小朋友先摸一摸是什么材料做的(塑料做的)，然后教师口中念到“魔力魔力快快来，魔力魔力快快来”。边念边在头上摩擦塑料棒，然后再用摩擦过的塑料棒去吸事先准备好的小纸片。小纸片像中了魔法似地，纷纷被吸到塑料棒上。幼儿一定十分惊奇，认为真的是这根塑料棒有魔力。

2. 魔术体验。

教师给每位幼儿发一根“魔棒”和一小张纸。请幼儿先将纸撕成碎纸片，然后亲自动手体验一下“魔棒”的魔力。大多数幼儿没有经过任何的“处理”，就会直接用塑料棒去吸小纸片，结果无法使“魔棒”吸住小纸片。此时，幼儿一定很奇怪，为什么老师的魔棒有魔力，我们的没有呢？

3. 魔术揭秘。

教师揭示魔力的真正原因：是塑料棒在头上的摩擦产生了静电。所以，“魔棒”不是有魔力，而是有静电。静电对小纸片有吸附作用，所以将小纸片吸了起来。

4. 小实验：认识静电。

(1)教师左手捏着一个气球(不要太大)，右手掌在气球下端来回摩擦20余次，直到手心发热，然后，迅速将右手掌贴着气球一起翻转，使右手掌心朝下，放开左手，观察有什么现象发生。幼儿可以看到：气球悬于右手掌心下而不下落，还可以随右手掌慢慢移动。(实验中注意必须保持气球和手掌干燥。)

(2)分析小实验的原因。(由于右手掌与气球来回摩擦，产生了静电，所以气球被吸在手掌下了。)

5. 了解静电。

(1)寻找生活中的静电现象。如：晚上熄灯脱衣服睡觉时，黑暗中常听到噼啪的声响，还会看到星星点点的火花；从滑梯上滑下后，摸铁杆子会被“电”到；秋冬干燥季节与人握手时，手指刚一接触到对方，会突然感到指尖有刺痛感；用梳子梳理干燥的头发时，头发会“飞”起来，怎么也梳不好……这些都是发生在我们身上的静电现象。教师可以用塑料梳子演示一下梳头，让幼儿看看头发“飞”起来的样子。

(2)告诉幼儿在秋冬季节如何防止静电。

(3)请幼儿用自己的方法将桌面上、地面上的碎纸片收拾干净，保护环境卫生。

活动延伸

领域内活动延伸：试着将一个塑料袋或小纸片靠近黑板，观察有什么现象发生。(塑料袋和小纸片吸附在黑板上了，这是由于黑板跟空气摩擦产生了静电。)

亲子活动延伸：告诉爸爸妈妈防止静电的方法。

五、不一样的树

设计意图

引导幼儿观察周围的树，利用收集、测量、拓画的方式培养幼儿多角度地看待问题，经过对比发现问题，从而提出问题，激发出幼儿解答问题的欲望，达到使其关注身边植物、感知季节变化的目的。

活动目标

1. 在观察与比较中，发现树在多方面的不同。
2. 通过观察树木，引导幼儿发现植物生长与季节变化的关系。
3. 初步培养观察与记录的意识。

活动准备

知识经验：仔细观察身边的树木，选择一棵树木，用绳子量一量树干的粗细，并将这个长度的绳子带回。收集不同树种的叶子，拓好树皮画，给树拍照。

物质准备：不同树种、不同形状的树叶。

环境准备：将幼儿所拍树木的照片按树种分类粘贴于墙上，布置成一面主题为“不一样的树”的墙饰。

活动过程

1. 参观主题墙。

(1)请幼儿参观主题墙饰“不一样的树”，引导幼儿观察“这些树一样吗”。

(2)进一步讨论“树都有哪些地方不一样”，鼓励幼儿大胆发表自己的看法。

2. 观察和比较树干、树皮。

(1)请幼儿拿出各自用来量树干粗细的绳子，比一比绳子的长度。观察这些绳子是否一样长。(不一样。)

由此说明，不同的树种树干的粗细不一样，甚至同一种树在不同生长时期粗细也不一样。请幼儿将比较结果对应记录下来。

(2)再请幼儿拿出自己所拓的树皮画，相互比较，仔细观察各自所拓的树皮画是否相同，并请幼儿发表意见。

得出结论：不同树种的树皮也不一样。

3. 观察和比较树叶。

请幼儿将自己所收集的多片树叶进行对比或与周围同伴收集的树叶相比较。观察有什么不同。(形状、大小、颜色等不同。)说明不同树种的树叶大小、形状不同，有的大，有的小，有的是心形，有的是五角星形，有的是针形，有的是线形等。

另外，幼儿一定注意到他们收集的树叶有的是绿色，很有生命力的样子，可有的黄色或红色的树叶枯枯的，稍微一用力树叶就会破裂。对于幼儿的质疑，教师不妨告诉大家，那是因为秋天空气干燥，树叶由于缺乏水分和营养，所以变干了，变干了的树叶会从树上飘落下来，当树叶落到地上后就会慢慢地枯死。所以在秋天我们经常会看到路边飘落许多树叶，尤其是长时间没下雨时，一场秋雨可以打落无数片树叶。当然，也有些树是常绿树，即使在冬天里树叶也是绿色的。

4. 儿歌欣赏。

教师先念一遍，再教幼儿念。

5. 户外活动。

将幼儿带到户外，观察幼儿园周围的树，感受季节的变化。

活动延伸

领域内活动延伸：留意季节交替给树木、花草等各种植物带来的变化。

领域外活动延伸：用树叶制作图画、卡片等。

区域活动延伸：将幼儿制作的优秀作品投放到活动区进行展览。

亲子活动延伸：和爸爸妈妈一起散步，说说“不一样的树”。

六、生豆芽

设计意图

通过幼儿实际参加探究活动“生豆芽”，让幼儿更直观、形象地了解豆子如何生根发芽，激发幼儿对豆子生根发芽、生长状况的探索兴趣，鼓励幼儿探索豆子生根发芽与水、阳光的关系，培养幼儿的观察力，帮助幼儿学习简单的植物实验的方法和技能，体验成功的乐趣。

活动目标

1. 激发幼儿对豆子生根发芽、生长状况的探索兴趣。
2. 了解植物的生长条件。
3. 感受植物顽强的生命力。

活动准备

知识经验：提前一天和幼儿一起将几粒黄豆放入两个一模一样的杯子里。向其中一个杯子里面倒入一定量的水，让水没过豆子，另一个杯子里没有水。

物质准备：一个空的大可乐瓶，将瓶底部截去，瓶盖上扎许多小洞；豆芽的图片，浇水的壶，纱布。

活动过程

1. 猜谜语。

谜语：生根不落地，有叶不开花，街上有人卖，园里不种它。

(打一植物：豆芽。)

2. 讲故事。

(1)给小朋友讲一个关于豆芽的小故事。

从前，乾隆皇帝在江南察访民情时，曾在一户农家吃到一种黄澄澄、金灿灿的菜肴。乾隆皇帝当时觉得这个菜脆嫩爽口、味道鲜美，就问主人家，这是什么菜？农民不认识皇帝，就开玩笑地说："这个菜的形状好像一个'如意'，所以我们把它叫做'如意菜'。"乾隆皇帝回到京城后，又想起了"如意菜"，就让御厨去做。可是，御厨没有听说过"如意菜"，不知道该怎么办，就到处去询问。过了好久，问了好多人，终于，问到了随行的官员，才知道，原来"如意菜"就是黄豆芽。

(2)教师提问：大家吃过豆芽菜没有？豆芽菜好不好吃？

(3)介绍豆芽菜的营养价值。

3. 生豆芽。

(1)问大家知不知道豆芽是怎么长出来的，小朋友各抒己见，争论不休，老师笑而不答，再问大家想不想一起做实验：生豆芽。亲眼看看豆芽的生长现象。

(2)教师拿出前一天与小朋友一起准备的两个杯子，请小朋友仔细观察杯子里豆子的变化(有水的杯子里，豆子涨大了；没水的杯子里，豆子没有任何变化)。鼓励幼儿大胆讨论并得出结论：豆子发芽需要水。

(3)教师拿出事先准备好的可乐瓶，倒放着，将涨大的豆子放入可乐瓶，浇水，然后用纱布盖住开口，每隔1~2小时浇一遍水。

(4)以后每天教师和幼儿一起观察豆芽的生长状况，并进行记录。

(5)几天后，教师将一部分豆芽放在阳光下继续观察，会发现豆芽变绿了。得出结论：豆芽继续生长需要阳光。

活动延伸

领域内活动延伸：进一步探究植物生长需要的条件，留意生活中随处可见的植物，观察它们的生长状况，感受大自然的神奇。

亲子活动延伸：鼓励幼儿和父母一起在家"生豆芽"。

七、会变的水

设计意图

自然界的一些事物真是变化多端，往往一种物质以不同的形态呈现在人们面前。水的三态变化就是一个典型的例子。“冰怎么变成了水，水一下怎么变没了呢？”“雨和雪是从哪里来的呢？”“草叶上哪来的水珠呢？”一个又一个的问题在幼儿头脑里产生。教师利用实验，引导幼儿探究水的三态变化，让幼儿自己从中寻找答案。

活动目标

1. 了解水由于温度的高低，会发生变化的物理现象。
2. 激发幼儿的兴趣和好奇心，能尝试通过实验验证水的三态变化。
3. 通过实验验证，发展幼儿的探究能力。

活动准备

知识经验：有过玩冰的体验，知道水在0℃以下会结冰。

物质准备：冰块，酒精炉，烧水的壶，玻璃片。

环境准备：将幼儿分组，每组一套盛水的容器。

活动过程

1. 欣赏散文诗《会变的水》。

2. 水的液态与固态变化。

(1)引导幼儿思考水是否真的会变，激发幼儿的好奇心，引发幼儿的探索兴趣。

(2)引导幼儿回忆“水变冰”的实验和生活经验(冬天室外路面上的水会结冰；室外河面或湖面上的冰层)，讲述“水是怎样变成冰的”，激发幼儿的兴趣。通过幼儿讲述自己是怎样把水变成冰的，回顾结论：水在0℃以下会结冰。

(3)教师在事先发放给每组幼儿的容器中加入冰块，先让幼儿自主观察常温下冰的变化。几分钟后，小朋友看到冰有些融化了，会争论：“这个冰块怎么越来越小了？”

“冰块怎么不见了?”“冰块怎么变成水了?”……在争论中大家对于这种现象会产生浓厚的兴趣，并渴望知道为什么。教师可以鼓励幼儿猜测原因并试着让小朋友用手捏捏冰块，从而得出结论：常温下冰会融化成水。

3. 水的液态与气态变化。

(1)教师出示实验器材，并演示将冰融化后的水加热，让幼儿观察水的变化。

①激发幼儿讨论水遇热会发生什么变化。

②提问：你们发现水烧热后有什么变化?水怎么越来越少了，水气是从哪里来的?(水变成水蒸气。)水变成水蒸气后到哪里去了?(飘散到空气中去了。)

(2)引导幼儿讨论“怎样把水蒸气变成水?”

①提问：我们能不能把水蒸气变成水?

②幼儿讨论，提出自己的想法。

③利用实验材料进行操作验证。教师在壶嘴处加盖玻璃片，引导幼儿观察水蒸气碰到玻璃片后发生了什么事情。是否会有水珠呢?

④进一步验证幼儿给出的办法，看能否让水蒸气变成水。(引导幼儿把冷的物体放在水蒸气上，观察水蒸气凝结成的小水珠，得出结论：水蒸气遇冷又会变成水。)

4. 水的三态变化。

(1)帮助幼儿梳理有关水的三态变化规律的经验：当水的温度在0℃以下时，水就变成冰，冰融化了又变成水，水加热后会变成水蒸气，水蒸气遇冷又会变成水。

(2)跟读散文诗《会变的水》，启发幼儿寻找日常生活中水的变化。如：空气中的水蒸气遇到冷空气变成雨水，形成降雨或降雪；在温暖季节的清晨，路边的小草、树叶上经常可以看到露珠。

活动延伸

领域内活动延伸：鼓励幼儿关注生活中的自然现象并大胆探究。

八、水的表面张力

设计意图

水在我们生活中寻常可见，可是水的表面存在着一种张力，幼儿却不一定了解。通过实验观察，让学生亲身经历科学探究的过程，从中获得科学知识，体会科学探究的乐趣。

活动目标

1. 初步了解水的表面张力。
2. 能够用表面张力解释一些现象。
3. 实验中亲身经历科学探究的过程，体会科学探究的乐趣。

活动准备

物质准备：玻璃杯，滴管，硬币，一桶水，舀水的瓢，一盆肥皂水，一根细铁丝；一朵鲜花或一片树叶；录有水黾的视频及播放器材。

活动过程

1. 认知实验。

(1)教师先拿出一个玻璃杯，放在桌面上，向玻璃杯里注满水(不要溢出)。然后请幼儿观察杯子里是否装满了水，并向幼儿提问：这个杯子里还能再加水吗？幼儿说装满了，不能加水了。此时，教师又拿出一个滴管，将里面吸满水，让幼儿明显地看到杯子里又加入了几滴水。然后请幼儿蹲下，让视线与玻璃杯口在同一水平线上，观看水面，说说看到了什么(水面鼓鼓地凸起，但水没有溢出杯子)。

(2)提问：如果将一枚硬币放入杯中，会发生什么现象？(幼儿说硬币会沉入杯底。)

教师拿出一枚硬币，慢慢地、小心地将硬币轻轻地平放在水面上(或从杯口小心地推入)，当硬币的下表面全部接触到水面后，请幼儿观看有什么神奇的现象发生。(硬币没有沉入杯底，而是浮在水面上了。)

(3)请幼儿思考：为什么硬币没有沉入杯底，而是浮在水面上了？

有的幼儿会猜想，是由于水的浮力。此时，教师再倒一杯水，将硬币斜插入水里，结果硬币沉下去了，说明并不是水的浮力使硬币浮在水面上的。

(4)教师解释这一现象的真正原因：是水的表面张力使硬币浮在水面上了(水的表面有一种收缩拉紧的力，叫表面张力)。而且，刚才杯子里装满了水，我们还能再加入几滴水，也是由于水的表面张力，使得水没有溢出。

2. 观看视频。

播放一段关于水黾的视频。说明水面滑行高手——水黾正是由于水的表面张力才不会沉入水里，而在水面上行走自如。

3. 感知实验。

(1)教师端出一盆肥皂水，拿出一段细铁丝，将铁丝的一头绕成一个圆(不要太小，小了不便于观看)，然后浸入肥皂水中，再提起，请幼儿观看有什么现象。并说说为什么。

(2)用滴管向树叶上或花瓣上挤几滴水，请幼儿观察树叶或花瓣上的水珠，解释这也是水的表面张力形成的。

活动延伸

领域内活动延伸：用滴管往一枚一元硬币上滴水，在水未漫出之前，观看硬币表面(水在硬币表面形成了一个鼓包)。

领域外活动延伸：清晨或雨后观察树叶、草上的小水珠。

亲子活动延伸：幼儿在家里和爸爸妈妈一起做关于水的表面张力的实验，可以将硬币换成针或回形针等物。

九、溶解的秘密

设计意图

通过实验操作，使幼儿了解溶解的含义，明白有些物质能溶解于水，有些物质不能溶解于水。初步认识“不饱和溶液”、“饱和溶液”与“过饱和溶液”。

活动目标

1. 了解溶解的含义，明白有些物质能溶解于水，有些物质不能溶解于水。

2. 初步认识“不饱和溶液”、“饱和溶液”与“过饱和溶液”。

3. 利用实验对比的方式，激发幼儿观察事物变化的兴趣，训练幼儿手脑并用的能力。

活动准备

物质准备：一壶冷开水；为每个幼儿准备一个透明塑料杯，里面装有小半杯冷开水。

环境准备：将幼儿分组，每组桌面上摆放有一碟白糖、一碟盐、一碟米粒和几颗石子(每个碟子里都有一把小勺子)，若干支筷子。

活动过程

1. 溶解现象。

(1)请每位幼儿在面前的白糖、盐、米粒和石子中挑选一样，用勺子舀一点，放入杯中，观察有什么结果，并说说各自的观察结果。(有的说，我放进去的白糖不见了；有的说，我的石子还在，等等。)

幼儿小结实验结果：放入杯中的白糖和盐都“不见”了，但米粒和石子还在杯子里。

(2)请放入白糖或盐的小朋友用筷子蘸一点杯中的水，尝一尝，发现有点甜或有点咸，证明白糖和盐不是“不见”了，而是“溶解”在水里了。教师适时介绍词语“溶解”。说明：白糖和盐是溶解在水里了，而米粒和石子不能溶解于水。将实验结果记录下来。

(3)请幼儿想一想并找出生活中的“溶解”现象。(如，妈妈用洗衣粉洗衣服时，洗衣粉溶解在水里了；冲牛奶时，奶粉溶解在水里了；炒菜时，盐和味精……)

归纳：有些物质能溶解于水，有些物质不能溶解于水。

2. 饱和现象。

(1)请幼儿用勺子再取一些刚才舀过的物质放入杯中，观察。(刚才放入米粒和石子的小朋友可以换一杯水重新用盐或白糖实验。)幼儿一定觉得奇怪：白糖和盐怎么不溶解在水里了？教师请幼儿用筷子将杯子里的水搅拌几下后，再观察。发现：它们又溶解了。对于幼儿的质疑，教师解释：再次加入白糖或盐后，它们不是不溶解于水了，而是溶解的速度变慢了，用筷子搅拌几下，可以加快它们溶解的速度。另外，也可以用加热的方法加快溶解。

(2)请幼儿反复取同一样物质加入杯中，并用筷子不断搅拌，直到这些物质不再溶解，出现沉淀为止。此时，教师可以告诉幼儿：物质在水中的溶解不是无止境的，它们都有个度，达到这个度的叫“饱和溶液”，没有达到这个度的叫“不饱和溶液”，而超过这个度的叫“过饱和溶液”。

(3)请幼儿思考用什么办法可以解除过饱和现象。即，使沉淀下来的白糖和盐又溶解在水中。教师适当引导：“过饱和”是由于白糖或盐的不断加入而产生的，而杯中水的总量不变，所以它们不能再溶解了。怎么办呢？(加水。)

(4)验证幼儿给出的加水的办法。教师请一位幼儿将出现了沉淀物的杯子端上来，教师一边往杯子里加水，一边请幼儿用筷子不断搅拌，其他幼儿观察。结果发现白糖或盐又溶解在水里了。

活动延伸

领域内活动延伸：将油滴入水中观察(发现油浮在水的上层，不能溶解于水)。再将油滴入汽油中进行观察(发现油溶解于汽油中)。

亲子活动延伸：和爸爸妈妈一起取盐水饱和溶液少许，滴在玻璃片上，将玻璃片放在太阳下晒干后，观察玻璃片上有什么。(有盐的晶体析出。)

十、轮子真有用

设计意图

生活中经常会看到各种各样的轮子，但幼儿并不一定了解轮子所起的作用，通过科学小实验的对比，让幼儿体会到轮子真的很有用。

活动目标

1. 在对比实验中，感受轮子的作用。
2. 利用给物品设计轮子，激发幼儿的想象力，培养创新精神。
3. 锻炼幼儿的口头表达能力。

活动准备

知识经验：体验过生活中省力的小办法。

物质准备：一块塑料砧板，一根橡皮筋(稍粗一点)，一双圆筷子，一袋大米(10公斤重)，一个纸箱，一个带轮子的整理箱。

活动过程

1. 小实验：皮筋拉砧板。

(1)教师拿出一块塑料砧板放在桌面上，前面套一根橡皮筋，演示橡皮筋拉砧板。提问：大家有没有更好、更省力的办法来拉砧板？(砧板下面垫两根筷子。)

请大家猜想哪种方式更省力。

(2)验证：

①不垫筷子。请一位幼儿用橡皮筋拉砧板，其他幼儿仔细观察拉动砧板时橡皮筋的长度(拉动砧板时，橡皮筋变长了许多)。

②砧板下垫两根筷子。还是请刚才那位小朋友演示，其他幼儿观察橡皮筋的变化(橡皮筋仍然拉动了砧板，只是拉动时橡皮筋没有刚才那么长了，而且拉动时，砧板下面的筷子也在滚动)。

③演示结束后，教师问幼儿从中发现了什么。(从拉动时橡皮筋的长短可以看出第二种方法更省力。)

④请那位做实验的小朋友说说，两种方式对比，哪种方式更容易拉动砧板、更省力。(第二种。)

(3)提问：为什么砧板下面垫筷子后更省力？(因为这两根筷子相当于给砧板装了两个轮子。)

2. 小实验：轮子真有用。

(1)教师搬出一袋10公斤重的大米，依次装入纸箱和有轮子的整理箱里，请幼儿分别试一试能不能推动它。对比两种方式，哪种更省力？

(2)幼儿小结：用有轮子的箱子运物要比用没有轮子的箱子运物更省力一些。

(3)请幼儿仔细观看轮子的形状。问，轮子是什么形状？可不可以用长方形或三角形做轮子？

(4)请小朋友给生活中的各种物品设计轮子。

活动延伸

领域内活动延伸：生活中还有哪些东西有轮子？

领域外活动延伸：比一比，看谁设计的轮子既实用又美观。

亲子活动延伸：试一试，和爸爸妈妈一起出门旅游时，用可拉动的行李箱和背着旅行袋，哪个更省力？

十一、磁铁找朋友

设计意图

日常生活中，幼儿经常看到同样两块磁铁，有时一碰就相互吸住，有时怎么都吸不住的现象，在教师的启发引导下，幼儿通过自身的操作活动，发现磁铁吸铁的特性并初步感知磁铁“同性相斥，异性相吸”的特性，建立有关磁性原理的粗浅概念。

活动目标

1. 在动手参与中感受磁铁吸铁的特性。
2. 探索活动中感知磁铁的两极，初步了解“同性相斥，异性相吸”的磁性原理。
3. 发展观察能力、逻辑思维能力和动手操作能力，并学习实验记录的方法。

活动准备

知识经验：认识磁铁。

物质准备：《找朋友》的磁带或 CD 及播放器材；磁悬浮列车、指南针等的图片。

环境准备：将幼儿分组，每个小组桌面上准备两块磁铁、若干枚回形针、若干小纸片、塑料小玩具、不锈钢杯子、铁勺子等。

活动过程

1. 儿歌欣赏。

(1)播放一段《找朋友》的儿歌，请小朋友一起唱。

(2)提问：小朋友，你们有没有好朋友呀？

(有。)请大家说说自己的好朋友有哪些？

2. 认识磁铁。

教师出示磁铁，介绍磁铁，告诉小朋友今天要玩一个“磁铁找朋友”的游戏。

3. 磁铁找朋友。

(1)请小朋友用磁铁去吸桌面上的东西，看看这些东西哪些是磁铁的“好朋友”，能被磁铁吸住。

幼儿以小组为单位，自由玩磁铁，教师巡回指导，鼓励幼儿每样都去吸一吸，每个幼儿都试一试。

(2)请幼儿仔细观察磁铁找到了哪些“好朋友”(吸住了哪些东西)，然后将磁铁能吸住的和不能吸住的东西分开摆放。

(3)请小朋友小结：磁铁的“好朋友”有哪些？它们都是什么做的？

观察这些“好朋友”有什么共同点，并得出结论。(铁制品能被磁铁吸住。)

(4)问问小朋友：大家在生活中有没有见过磁铁？它们都用来做什么了？

(门吸、冰箱门、冰箱贴、扬声器、磁悬浮列车等。)

4. 小实验。

(1)一人推一块磁铁，试着将两块磁铁的头慢慢靠拢，并说说实验结果。(有人说，两块磁铁吸在一起了；有人说，两块磁铁怎么也不能吸在一起。)

(2)再请幼儿将其中一块磁铁换头后试试，观察有什么结果。(刚才能吸在一起的两块磁铁现在怎么也不能吸在一起了，但刚才不能吸在一起的两块磁铁现在马上吸在一起了。)引导幼儿发现磁铁的两极，并说明“同性相斥，异性相吸”的特性。

(3)请幼儿观看磁悬浮列车的图片，简单介绍磁悬浮列车，了解“同性相斥，异性相吸”在生活中的运用，扩大幼儿的视野。观看指南针的图片，说明指南针的用途和原理，并介绍指南针是我国的四大发明之一，激发幼儿的自豪感。

(4)请幼儿用磁铁玩“找朋友”的游戏。看看教室里哪些东西是磁铁的“好朋友”。

活动延伸

领域内活动延伸：鼓励幼儿进一步探索，在生活中用磁铁寻找铁制品。试一试磁铁离铁制品多远时能吸住铁制品，探究磁力的范围有多大。

亲子活动延伸：和爸爸妈妈一起用磁铁摆搭建筑物。

十二、弹力运动会

设计意图

从最简单、最常见的小圈橡皮筋入手，发现物体的弹性。以召开“弹力运动会”的方式，一方面使幼儿进一步感受物体的弹力、加强团队合作意识；另一方面可以培养幼儿的动手能力和协调能力。

活动目标

1. 发现物体的弹性，感受不同物体的弹力。
2. 以比赛的方式，让幼儿积极参与活动、感受弹力，并加强幼儿的团队合作意识。
3. 简单了解弹性在生活中的运用，培养幼儿敏锐的观察力。

活动准备

知识经验：会用橡皮筋。

物质准备：给每个小朋友准备一个小圈橡皮筋，两根 50 厘米长的宽皮筋；两根木棍(不要太粗，以幼儿单手能握住为宜)；一个标靶。

环境准备：将幼儿分组，每组桌面上准备一段 30 厘米长的皮筋和一个篮子，篮子里装有海绵块、石块、小皮球、铁片和弹簧等物。

活动过程

1. 认识弹性。

(1)给每个小朋友发一个小圈橡皮筋，请大家玩一玩(注意不要对准自己或别人的眼睛)，说说橡皮筋有什么特点，大家发现了什么。幼儿会发现橡皮筋能拉长，松手后还能还原成原来的样子。

(2)教师在幼儿发现的基础上进行说明：有的东西在力的作用下，形状会发生变化，不用力时又恢复原样，这叫物体的弹性。

2. 感受弹性。

请幼儿从面前的篮子里找出哪些东西是有弹性的，哪些没有，分类放好。

先找出有弹性的物品，然后用手捏一捏、按一按、拉一拉，通过不同物体感受弹性物品的弹力。

3. 召开"弹力运动会"。

幼儿以小组为单位进行比赛。

(1)将30厘米长的皮筋的一端套在中指上，另一端系一只小球，并用同一只手拿着小球向下投，再用手掌收回小球。在规定时间内，看哪个小组的成员接得又准又多。(接准一次，计1分。)

(2)将30厘米长的皮筋的一端套在中指上，另一端系一只小球，然后用同一只手拿着球向面前的标靶上投，随后收回，重复投掷。在规定时间内，看哪个小组的成员投得又准又多。(投准一次，计1分。)

(3)教师和幼儿一起制作简易拉力器，用拉力器进行比赛。

将两根50厘米长的宽皮筋的两端分别绑在两根木棍上，两根皮筋大约相距5厘米，制作成一个简易拉力器。幼儿用手握紧木棍，向左右用力来回拉，边拉边数。在规定时间内，看哪个小组成员拉的次数多。(拉开一次，计1分。)

比赛结束后，对于得分最高的小组，每个组员奖励一颗"荣誉星"。

4. 户外活动。

将幼儿带到户外，寻找周围有弹性的物品。

如：将幼儿带到游乐设施处，请幼儿观察地面的泡沫垫子，用脚踩一踩，再在水泥地上踩一踩，说说有什么区别。(泡沫垫子有弹性、软软的，水泥地面硬硬的。)

问：为什么游乐设施下要用泡沫垫子呢？(原来有弹性的泡沫垫子可以保护我们的安全，以免跌伤。)

再问幼儿：席梦思上睡觉舒不舒服？为什么很舒服呢？(因为里面有弹簧，所以床很柔软。)但是，教师提醒幼儿：儿童不宜睡席梦思。长期睡在席梦思上不利于大家骨骼的生长发育。

活动延伸

领域内活动延伸：留意生活中有弹性的物品(如：文件夹、自动关门器、钟表发条、机械定时器、弹簧秤、车辆的减震器等)。

领域外活动延伸：制作弹簧纸偶。先把一张大的长方形纸卷成筒状，然后在上面画上眉毛、眼睛、鼻子、嘴巴、耳朵。用另一张小纸条来回折叠，折成弹簧状，要求折得整齐。然后把纸筒粘在弹簧状纸条上，用手轻轻一按，它一会儿变矮，一会儿变高。

十三、我是小小预报员

设计意图

幼儿每天都能够亲身感受到天气情况，对天气的种类也能略知一二，但还不能够把天气的种类与表示天气种类的图画符号联系起来。通过对不同天气的特征描述，引导幼儿加强对各种表示天气种类的图画符号的认识，激发幼儿主动观察、探究天气变化的兴趣以及热爱大自然的情感。

活动目标

1. 进一步熟悉常见的天气种类及特征。
2. 能够把天气的种类与表示天气的简单图画符号对应地联系起来。
3. 建立天气变化与人类生活的联系，激发幼儿主动观察、探究天气变化的兴趣以及热爱大自然的情感。

活动准备

知识经验：知道描述天气情况的词汇。

物质准备：多张画有天气符号的图画或卡片；有关天气预报的视频片段及播放器材。

活动过程

1. 熟悉描述天气情况的词汇。

(1)请幼儿观察今天的天气情况并向幼儿提问：今天天气怎么样？(好，不好……)

(2)引导幼儿回忆天气预报中描述天气情况的词汇。(晴、多云、阴、小雨、中雨、小雪、雾等。)

2. 了解各种天气特征，记住天气种类的符号。

(1)针对各种天气向幼儿提问。请幼儿说说各种天气的特征，如：阴天时，有没有太阳？天空中的云彩是什么颜色？晴天时，有没有太阳？雨天时，又有什么特征？

等等。

(2)教师出示画有天气种类符号的图画或卡片，请幼儿猜一猜各种符号分别表示什么天气。猜对的小朋友给予表扬。并将刚才所说的天气特征与图画符号对应联系，加深印象。如：晴天时太阳大大的，所以表示晴天的图画符号就是一个大大的太阳，等等。

3. 认识到天气预报的重要性。

(1)请各位小朋友说说周末想去哪里玩。

提问：明天的天气好不好呢？要是明天下雨了或刮大风了你们还能去吗？(不能。)那我们一起想想有什么好办法能早点知道明天天气是好还是坏，以便提前做好准备呢？(引导幼儿说出“看天气预报”。)

(2)观看一段天气预报的画面，说说天气预报中气象员叔叔都预报了些什么。(天气情况和气温，留意其中表示天气状况的符号。)

(3)请幼儿说说哪些人最关心天气预报。

比如：种庄稼的农民伯伯看了天气预报就知道明天是什么天气，气温多少，该给庄稼施肥还是浇水，如果明天要下雨就不用再浇水了。另外，天气预报对开飞机的空军叔叔更重要了，可以帮助他们了解未来的天气情况以便做好飞行准备。

4. 游戏：《小兔和大灰狼》，进一步熟悉天气的图画符号。

玩法：幼儿自由在活动场地边做动作边朗诵儿歌：“小兔小兔快出窝，山上的青草多又多，青草青草鲜又嫩，吃饱了肚子好干活。”幼儿蹲地做吃草的样子。老师扮演大灰狼，当老师喊“晴天”，幼儿就往贴着晴天的图片跑。喊哪一种就往贴着哪种图片的地方跑。

规则：跑慢的或跑错的就会被大灰狼吃掉。

活动延伸

领域内活动延伸：想一想，除了天气预报还有什么途径可以预测天气变化？(比如：观察动植物。)

亲子活动延伸：请小朋友和爸爸妈妈一起观看天气预报，注意各地的气温与天气情况。

十四、颜色变变变

设计意图

幼儿对色彩有一种天生的敏感，有浓厚的探究兴趣。教师根据幼儿的兴趣，以幼儿扮演“魔术师”变戏法的形式，通过“颜色变变变”的游戏，发现不同颜色混合后产生的色彩变化，初步了解三原色混合变化成间色的规律，激发幼儿探究色彩变化的兴趣。

活动目标

1. 发现两种或三种原色混合产生的变化，知道各种色彩都是三原色不同的组合及比例相混变化而成。

2. 培养认真观察、大胆尝试、敢于创新的探究精神，发展动手能力，体验发现和创造的乐趣。

3. 乐于和同伴交流和分享自己的发现，训练口头表达能力。

活动准备

知识经验：能够分辨不同的颜色。

物质准备：红、黄、蓝颜料和塑料杯若干；调色盘、排笔、白纸若干；录音机 1 台，舞蹈音乐磁带 1 盘；不同颜色的彩带若干。

活动过程

1. 教师表演，引入主题。

播放一段音乐，教师随着音乐跳一小段彩带舞，然后向幼儿提出以下问题：

(1) 老师跳的彩带舞好不好看？老师手上的彩带有哪些颜色？（红色、黄色、蓝色、绿色、橙色、紫色等。）

(2) 这些五颜六色的彩带还可以用来做什么呢？（装饰教室、舞台、渲染节日气氛等。）

(3) 大家知道这些彩带的颜色是怎么来的吗？（印染上去的。）

在幼儿回答问题之后教师讲述：印染厂的叔叔、阿姨真聪明，像魔术师一样能变出各种各样的颜色。今天，老师也来当一回魔术师，给大家表演一个“颜色变变变”的节目。

2. 教师演示，幼儿观察。

教师拿出红、黄、蓝三种颜色的颜料，将红色与黄色在调色盘中混合，然后请幼儿仔细观察自己的动作，看看“魔术师”是如何变变变——变出另一个颜色的。调好颜色后提问：老师用红色和黄色变出了什么颜色呀？（橙色。）我们可以用调好的这种颜色画一个橙子。

教师讲述并提问：那些画家们把红、黄、蓝这三种颜色称作三原色，把这三种颜色中任意两种颜色调和出的颜色称作三间色。这些颜色再通过不同的组合搭配，可以调出千变万化的色彩，真是神奇！小朋友，你们想不想也来当当“魔术师”，玩一玩“颜色变变变”的游戏？

3. 幼儿尝试，记录结果。

教师让幼儿以小组为单位，给每个小组用三个塑料杯分别装入红、黄、蓝三种颜色的颜料，每人发一个调色盘、一支排笔和一张白纸。接下来请幼儿自己当回“魔术师”，看看还能变出哪些颜色。

在幼儿做实验的时候，教师巡查，随机给以指导，并请幼儿将变色结果记录下来。

4. 幼儿交流，总结规律。

教师请幼儿互相交流，结合记录讲述自己“变魔术”（尝试）的过程和结果，说一说自己的发现，看看有什么规律。在幼儿交流表述的基础上，教师归纳：小“魔术师”的本领真大，红色与黄色混在一起变出了橙色，红色与蓝色混在一起变出了紫色，黄色与蓝色混在一起变出了绿色。另外，还有小朋友想到将三种颜色混合在一起，真聪明！他们有的变出了棕色，有的变出了黑色，这说明在混合时，所用各种颜色的多少使得变出来的颜色也不一样。

活动延伸

领域内活动延伸：用橡皮泥试一试是否也可以做出同样的颜色变化。

领域外活动延伸：鼓励幼儿发挥想象，大胆运用色彩，自己设计几种颜色混合的方案，调出自己喜欢的色彩并画画。

亲子活动延伸：回家告诉爸爸妈妈今天自己是怎么当“魔术师”变颜色的，并且演示给爸爸妈妈看。

十五、有趣的膨胀

设计意图

膨胀是生活中比较常见的现象。每位幼儿在生活中都会遇见，但幼儿一直不会用一个合适的词语来说明这一现象。通过观察不同物体的膨胀，使幼儿初步了解某些物体吸水膨胀，某些物体遇热膨胀。

活动目标

1. 感知物体的膨胀现象，初步了解物体膨胀的条件。
2. 懂得物体的膨胀现象和我们的生活有着密切的关系。
3. 学会用比较的方法观察事物，激发幼儿对科学活动的兴趣和探索欲望。

活动准备

知识经验：知道膨胀现象。

物质准备：黑木耳、海带若干；两个瘪的乒乓球；盛有冷水的盆子，一个空盆子；开水瓶。

活动过程

1. 认知实验。

(1)教师作神秘状说：今天老师给大家带来了一个很神奇的东西。

教师拿出“黑木耳”，并向幼儿一一展示，询问有谁认识。表扬认识的小朋友，鼓励大家多留意生活中的物品。

(2)将黑木耳放入水盆中，然后请幼儿观察黑木耳有什么变化。

(变大了。)教师告诉幼儿，这种现象叫做“膨胀”。黑木耳因为吸了水就膨胀了。

(3)教师再问：大家知道生活中还有哪些物品也像黑木耳一样遇水膨胀呢？(如：海带、银耳、紫菜、黄豆、茶叶等。)

(4)教师拿出海带，请一位幼儿操作，其他幼儿观察：海带是否遇水膨胀。

(5)教师又拿出一个瘪的乒乓球，请幼儿考虑怎样才能让它恢复原样。(有的说，用嘴吹；有的说，用水泡。不妨让幼儿一一实验，以证明不行。)

2. 对比实验。

(1)教师再端出一盆热水(注意幼儿安全)，请两个小朋友分别将两个瘪的乒乓球放入冷水和热水中。对比观察，发现：放入冷水中的乒乓球没有明显变化，但放入热水中的乒乓球很快就膨胀起来了。教师告诉大家，这种现象叫遇热膨胀。瘪的乒乓球受热后，内部的空气发生了膨胀，所以就鼓起来了。

(2)思考：生活中还有哪些物品或现象也是遇热膨胀的？(如：夏天自行车车胎打气过多会爆。烧开水时，壶里的水不能装得太满，防止水受热膨胀溢出来。爆米花就是玉米遇热膨胀后变成的，还有各种膨化食品。)

(3)最后请小朋友试着将黑木耳、海带放入热水中。结果发现，它们在热水中膨胀的速度比在冷水中快。说明温度可以影响膨胀的速度。

3. 教师小结。

膨胀是生活中常见的现象。有些物体吸水膨胀，有些物体遇热膨胀，鼓励幼儿留意生活中类似的有趣现象，并勇于提出问题，探索原因。

活动延伸

领域内活动延伸：继续寻找哪些物体遇水膨胀，哪些物体遇热膨胀。

亲子活动延伸：回家后，在爸爸妈妈指导下，试着将一个生鸡蛋放入冰箱的冷冻室，第二天一起观察鸡蛋的变化。(鸡蛋裂开了，这是遇冷膨胀的现象。)

十六、制作不倒翁

设计意图

不倒翁是深受幼儿喜爱的玩具之一。对于“不倒翁”怎么也不倒的现象，幼儿也十分好奇。通过引导幼儿亲手制作不倒翁，锻炼他们的动手能力，同时对不倒翁不倒的原理有初步的认识。

活动目标

1. 让小朋友对不倒翁的科学原理有一定的认识。
2. 在制作不倒翁的过程中，锻炼小朋友的动手操作能力和创新能力。
3. 在制作过程中享受科学带来的乐趣。

活动准备

知识经验：认识不倒翁。

物质准备：一个自制的不倒翁，鸡蛋一枚，卷纸，《健康歌》的伴奏带及播放器材。

环境准备：将幼儿分组，每组备有半个乒乓球、画有线条的白色硬纸、橡皮泥、彩笔、固体胶、剪刀等。

活动过程

1. 猜谜语。

一个老爷爷，别看年纪大，走路左右摆，就是不倒下。(打一玩具)

(谜底：不倒翁。)

2. 探究不倒翁。

(1)教师出示一个自制的不倒翁，并将不倒翁放在桌面上，请幼儿动手试试推动不倒翁，观察：不倒翁是否倒下？(前后或左右摆动，就是不倒。)

(2)提问：大家知道为什么不倒翁怎么也推不倒吗？

有的幼儿说，因为它的底部是圆的。

此时，教师可以拿出一个鸡蛋，在桌面上垫上一些卷纸(目的是为了方便鸡蛋能够快速立起来)，将鸡蛋立于卷纸上，请小朋友来推推看，结果一推就倒了，以此证明不倒翁不倒并不仅仅因为它的底部是圆的。鼓励幼儿开动脑筋多思考并听取他们的不同意见，根据他们的想法给予验证。

(3)探究不倒翁不倒的原因。

请一位幼儿上前并鼓励他动手拆开这个自制的不倒翁。去掉上部分后，露出下面的乒乓球，从乒乓球的开口处可以看到在里面塞有一团橡皮泥。幼儿一定很惊奇，不明白为什么里面要塞一团橡皮泥，此时，教师可以简单解释不倒翁不倒的原理：在乒乓球里塞橡皮泥是为了让不倒翁脚重头轻，重心下移，这样不倒翁就推不倒了。

3. 制作不倒翁。

(1)引导并鼓励幼儿自己动手制作不倒翁。(制作过程中，教师进行及时、适时的指导，对能力差的幼儿进行示范，发现有创意的幼儿进行表扬)。

①将橡皮泥捏成团填在半个乒乓球内。

②把白色硬纸沿线条剪成一扇形(扇形的弧长应稍大于乒乓球的圆周长)，并将扇形两边对接做成一圆锥形。

③将纸圆锥与乒乓球粘接起来，用彩笔在乒乓球上画出眉毛、眼睛、鼻子、嘴巴，白色的锥形帽子也可用孩子熟悉的图案或花纹进行装饰。

这样一个可爱的不倒翁就制作完成了。

(2)比一比看哪个小组做得又快又好。教师进行讲评，对于动手能力稍差的幼儿，应注意发现他们的优点，及时表扬，以激发其自信心。

(3)让幼儿为自己制作的不倒翁取名字，并说说是如何制作的。(锻炼幼儿的口头表达能力，并起到回顾熟悉的作用。)

4. 音乐游戏。

音乐声中模仿不倒翁的摆动动作，一起跳舞结束课程。(不妨用《健康歌》的曲子进行伴奏，教师将歌词改为：左摇摇，右摇摇，头儿小小，脚儿圆圆，头轻脚重一起来做运动，左推不倒，右推不倒，左右摇晃真呀么真可爱!)

活动延伸

领域内活动延伸：想一想，为什么轮滑时将身体蹲低就不容易摔跤?

区域活动延伸：将小朋友们制作的不倒翁放到活动区进行展示。

亲子活动延伸：和爸爸妈妈一起制作一个不倒翁，过节时作为礼物送给自己的爷爷奶奶或外公外婆。

十七、冬天里的昆虫

设计意图

通过饲养、收集资料和户外观察昆虫，初步了解昆虫过冬的多种方式，激发幼儿探究昆虫的兴趣，提高他们对大自然的认识与热爱。

活动目标

1. 了解昆虫小常识。

2. 利用多种渠道观察、探究昆虫，初步了解昆虫过冬的多种方式。

3. 乐于将自己的发现和同伴交流、讲述，体验分享经验的乐趣，加强对大自然的认识与热爱。

活动准备

知识经验：请幼儿在家长的帮助下收集各种昆虫过冬的资料。

物质准备：各种昆虫的图片，放大镜，挖土的铲子。

环境准备：做成一面“冬天里的昆虫”的主题墙；在活动室的饲养角里，为各种昆虫的过冬创造适宜的生存环境。如：为金龟子、蚂蚁放厚一些、潮湿的土，为玉米螟放置玉米茎秆，为避债蛾放置干燥的树叶等(这些准备工作必须在秋末冬初完成)。

活动过程

1. 辨认昆虫。

教师出示各种昆虫的图片(金龟子、蜻蜓、蝴蝶、玉米螟、蟑螂、苍蝇、蚊子、蚂蚁等)，请幼儿一一辨认。

对于认识五种以上昆虫的小朋友给予表扬，对于幼儿不认识或见过但不知道名字的昆虫，教师介绍昆虫的名字并进行简单介绍。

2. 了解昆虫。

引导幼儿观察这些昆虫，找出共同点，认识昆虫的主要特征。

虽然这些昆虫外形各异，但都有头、胸、腹三个体段及三对足(相对应的两只脚就是一对足)。

3. 冬天里的昆虫。

(1)请幼儿留意冬天里的昆虫，发现好多昆虫都不见了。问大家：冬天里昆虫都去哪里了？有的说，都死了；有的说，都躲起来了；还有的说，都冬眠了……

(2)教师引导：想不想知道冬天里昆虫都去哪了？

请幼儿参观主题墙，根据收集的资料，教师简单介绍昆虫过冬的方式，也可以让幼儿自己介绍，分享经验。如：蝴蝶以蛹的形式度过冬天。大多数苍蝇、蚊子、蟑螂一到冬天就死了，但也有一部分躲在室内较温暖、较隐蔽的角落里过冬，它们大多以成虫的方式过冬，也有些蚊子、蜻蜓将卵产在水里，以卵的方式过冬，等等。

(3)将幼儿带到饲养角，仔细观察：饲养角中的昆虫是怎样过冬的？

幼儿在饲养角没有看见昆虫，但教师小心地翻开土壤后，幼儿发现原来金龟子、蚂蚁躲进了潮湿温暖的泥土深处，它们以成虫或幼虫的方式过冬。教师再请幼儿观看玉米茎杆上的小洞眼，掰开可以发现一个小虫子，那就是玉米螟的幼虫，原来玉米螟是以幼虫的方式过冬。而避债蛾用干燥的树叶和黏液做了一个结实的树叶袋，把自己藏在里面，以蛹的形式过冬。

(4)教师总结昆虫不同的过冬方式，并请幼儿将学习和观察的结果记录下来。

4. 户外活动。

在教师带领下，幼儿到户外的草地上、大树下、墙角边利用铲子和放大镜，寻找、观察昆虫如何过冬。

活动延伸

领域内活动延伸：收集一些死亡的昆虫制作成昆虫标本。

区域活动延伸：幼儿可以长期观察饲养角里过冬的昆虫。

亲子活动延伸：和爸爸妈妈一起到户外继续寻找冬天里的昆虫，逐步深入了解昆虫过冬的多种方式。

十八、动物怎样睡觉

设计意图

通过观察，了解动物的睡眠方式，明白睡眠方式的重要性，帮助幼儿树立养成良好睡眠习惯的观念，纠正一些不健康、不卫生的睡眠方式。

活动目标

1. 了解一些常见动物的睡眠方式。
2. 知道动物们采取不同的睡眠方式，是为了适应环境、保护自己。
3. 了解人睡觉的一些卫生常识，懂得养成良好睡眠习惯的重要性和关心他人。

活动准备

知识经验：收集有关动物睡觉的资料。

物质准备：多于幼儿人数的各种动物头饰；录像带（录有班级幼儿午睡的情况，如：侧卧、仰卧、趴卧、被子蒙着头、揉眼睛、打呼噜等）；音乐磁带及播放器材。

环境准备：将收集到的资料以图片的形式分组布置在墙上。

活动过程

1. 观察与分享。

（1）组织幼儿观察墙上布置的有关动物睡觉的图片资料。

（2）请小朋友介绍各自收集到的动物睡觉的相关资料，分享经验。

（在收集资料的过程中，幼儿已了解、掌握了相关信息，图片也是幼儿亲自剪贴和绘制的，让幼儿讲述，既满足了幼儿乐于交流、表现的欲望，又实现了信息共享的目的。）

2. 讨论与探究。

（1）教师提问：这些动物为什么要这样睡觉呢？

问题一提出来，幼儿尝试从自己收集的信息中寻找答案，如“因为小鱼没有眼睑，所以要睁着眼睛睡觉”等。找不到答案的，教师引导幼儿去思考、去想象。如：“马、非洲象为什么要站着睡觉?”有的说，如果敌人来了，便于很快逃跑；有的说，它们的身体太大了，躺下去，再爬起来，不方便；还有的说，能够马上醒来，随时准备出发。

(2)在收集资料和观察的过程中，幼儿对动物的冬眠产生了进一步探究的欲望。

他们会问：“青蛙、蛇躲在洞里就不冷了吗?”“它们是不是大懒虫、胆小鬼，特别喜欢睡觉呀?”“它们睡那么长时间，要是饿死了怎么办?”在幼儿的质疑和疑问中，教师给幼儿讲解动物冬眠的有趣现象，并告诉幼儿有些动物是要“冬眠”的。(如：熊、刺猬、蝙蝠、青蛙、松鼠、鳄鱼等。)

(3)教师引导幼儿明白：动物的睡眠方式是和它们的外形特征、生活习惯以及生活环境有着密切联系的，目的是为了更好地生存、更好地保护自己。

3. 游戏活动：“睡觉了”。

幼儿任意选一种动物头饰戴在头上，教师播放不同性质的音乐引导幼儿根据音乐情绪，自由地模仿小动物。如：音乐很欢快，“动物们”跳舞；当音乐变成轻柔的摇篮曲时，就模仿该动物睡觉的姿势。

4. 我们的睡姿。

(1)播放录有幼儿午睡画面的录像带，引导幼儿观看“人”是怎么睡觉的。

看到自己和同伴的录像，幼儿一定感到特别高兴和新奇。看到教师帮自己盖被子的画面一定会谢谢教师，增进师生情谊。

(2)引导幼儿观察哪些小朋友睡觉的姿势不好，不利于健康。引出话题“我们应该改掉哪些不良睡姿?”并讨论。

如：“睡觉时挖鼻孔、用被子蒙着头，是不卫生、不安全的”，“趴着睡觉不舒服，还会打呼噜”，“正确的睡觉姿势应该向右侧卧，头枕枕头，小手放好，腿微蜷”等。

(3)组织幼儿讨论：“我们为什么要午睡?”

有的孩子说：“因为我们是小孩子”，有的说：“午睡可以帮我们长个子”。

教师告诉幼儿：由于大家年龄小，每天需要睡眠的时间很多，只靠晚上的睡眠时间是不够的，因此中午还要再睡一会，这样，大脑才能休息好，大家就会少生病，身体更健康。还有，在午睡时，就算实在睡不着，也应该保持安静，不影响他人午睡。

活动延伸

亲子活动延伸：在爸爸妈妈的帮助下，记录自己晚上睡觉的时间和早上起床的时间，督促自己养成良好的生活作息习惯。

学前班（下）

一、藏在滑梯里的秘密

设计意图

滑梯是幼儿园里最常见的游乐器材，幼儿都有过滑滑梯的体验。教师从幼儿经常接触到的事物入手，引导幼儿去发现、去探索、去思考藏在滑梯里的秘密，感受生活中的科学现象，培养幼儿用心留意身边事，时时做个“有心人”。

活动目标

1. 能初步运用体验、观察、比较的方法找出藏在滑梯里的秘密。
2. 能积极参与问题讨论并表达自己的观点。
3. 增强对周围事物的观察力和探索欲。

活动准备

知识经验：会玩滑滑梯。

物质准备：滑梯。

环境准备：教师清理滑梯场地，排除安全隐患。

活动过程

1. 想一想。

(1)教师带领幼儿来到滑滑梯的场地，告诉小朋友们：今天我们来玩滑滑梯的游戏。

(2)教师请幼儿按序自行滑滑梯，并想一想：为什么坐在滑梯上会往下滑，而在地上坐着却不会滑动呢？(幼儿带着问题，边游戏边思考。)

(3)教师先请幼儿发表自己的看法。有的幼儿可能说：因为滑梯有个斜坡，所以滑梯能滑。有的幼儿可能说：因为地面是平的，所以在地上坐着不会滑。

(4)教师表扬勤思考、敢于发表自己看法的幼儿，并指出：坐在滑梯上会往下滑是因为滑梯有个高度，人坐在上面就会有一种“力量”(重力势能转化为动能)，使自己沿滑梯坡面向下滑，而在地面上坐着就没有这种力量。

2. 试一试。

(1)教师请同一幼儿试一试从滑梯的不同高度滑下后说出自己两次滑下的感受(注意两次实验的高度差适当大点，但不要太大)，引导幼儿观察：他(她)哪一次滑下的速度快?

(2)教师请每个幼儿试一试从滑梯的不同高度滑下，然后说出自己两次滑下的感受。

(3)教师引导幼儿分析，得出结论：高度越高，滑下的速度越大。

(因为幼儿所在的高度越高，他的重力势能就越大，转化成动能的量也越大，因此滑下时的速度就越大。)

3. 比一比。

(1)教师将幼儿按体重大小分成两组(一组轻，一组稍重)，然后让两组幼儿分别在两个同一高度和坡度的滑梯同时滑下，比一比谁滑得快。(体重较轻的幼儿先滑下。)

注意：如果幼儿园只有一架滑梯，可以让体重差别比较大的两名幼儿先后滑下，也能明显看出体重轻的幼儿滑得快。

(2)教师和幼儿一起讨论：为什么体重较轻的小朋友先滑下?

幼儿根据自己的体验和理解各自发表自己的看法。

(3)教师讲解：因为在下滑的过程中，每个小朋友都会受到一个阻碍他们下滑的摩擦力，体重越小的小朋友受到的摩擦力越小，滑下的速度就越快，反之，体重越大的小朋友受到的摩擦力越大，滑下的速度就越慢。

4. 说一说。

(1)教师请幼儿再次体验这些“藏在滑梯里的秘密”。

(2)教师请幼儿说一说在这次活动中有什么收获。

(3)教师小结：我们每天都会玩滑梯，可今天才发现原来滑梯里还藏着这么多科学知识呀，所以以后一定要多留意生活中的各种现象，学会分析、比较、探究。

活动延伸

领域内活动延伸：无需称重，用滑滑梯的方式，比较幼儿体重大小。

领域外活动延伸：继续寻找还有哪些秘密藏在滑梯里。

二、风车转转转

设计意图

风车是幼儿日常生活中较常见的玩具之一，但幼儿的风车一般都是购买的，此次科学活动从幼儿常见的、感兴趣的事物入手，旨在鼓励幼儿自己动手制作风车，体会动手的快乐和成功的喜悦，并让幼儿在活动中通过探索发现风的大小与风车转动快慢的关系，提高幼儿的动手操作能力和分析问题的能力。

活动目标

1. 了解并尝试制作风车。

2. 能探索并感知风的大小与风车转动快慢的关系，在交流、分享的过程中大胆地发表自己的看法。

3. 激发幼儿对制作玩具的兴趣，体验创造的乐趣。

活动准备

知识经验：会玩风车。

物质准备：为每组幼儿准备若干张正方形的卡纸、钢丝、剪刀、记号笔、一次性木制筷子等。

环境准备：将幼儿分组，按动手能力强弱搭配。

活动过程

1. 展示风车。

（1）教师手持一个漂亮的、颜色鲜艳的风车（为了引起幼儿注意和幼儿兴趣）走进教室。问：你们认识老师手上的东西吗？（风车。）

又问：你们平时玩过吗？

（2）教师请个别小朋友演示玩法。（有的小朋友用嘴吹，有的小朋友原地转圈，还有的小朋友在教室里跑起来了……）

(3)教师问幼儿是否觉得好玩，其他小朋友想不想玩？可是老师只有一个风车，大家都想玩怎么办呢？有幼儿说，自己家里有；有幼儿说，回家要爸爸妈妈给自己买一个……教师引导并提议：平时都是爸爸妈妈给我们买玩具，今天大家想不想自己动手制作一个漂亮的风车，送给自己的爸爸妈妈呢？（激发幼儿自己动手制作风车的积极性。）

2. 制作风车。

(1)教师分发材料，并提出要求：

①按步骤制作玩具——风车。

②在使用剪刀、钢丝的时候要特别注意安全。

(2)指导幼儿制作风车。

①每位幼儿从分发的材料中拿出一张正方形的卡纸。

②将正方形的纸沿对角线(教师注意示范)先折成一个大三角形，再折成一个小三角形。

③将折纸展开还原成正方形，可以看到四条折痕，请小朋友用剪刀沿四条折痕向中心剪，距离中心的地方要预留一点空位，不能完全剪开。(教师巡视、检查，指导幼儿完成并提醒幼儿小心使用剪刀。)

④请小朋友们将剪开的四个三角形隔角向中心点折叠。(教师示范。)

⑤在教师或同伴的帮助下，用钢丝从中心折叠处穿过，将它固定在筷子的一端上。(注意不要太紧。)

⑥风车制作完毕，小朋友们可以在风车上画上自己的记号。同时，请小朋友们检验自己的风车是否制作成功，如果不成功，分析原因，进一步改进。(制作过程中教师鼓励幼儿多与同伴交流，分享自己的成功经验。)

3. 演示风车。

(1)所有幼儿都制作完毕后，带领幼儿来到操场。教师提议：请大家试试自己的风车，观察是否所有的风车转得一样快呢？风车什么时候转得快，什么时候转得慢呢？(玩的时候要注意安全，同伴之间不要相互碰撞。)

(2)教师请幼儿发表自己的看法和探索结果：风车转动的快慢与风的大小有关系。风大的时候，风车转得快；风小的时候，风车转得慢。

(3)游戏：比一比看谁的风车转得快。

活动延伸

领域内活动延伸：了解现实生活中的风车及有关风车的知识。

领域外活动延伸：收集世界上各种风车的图片，了解风车的用途。

亲子活动延伸：将自己制作的风车带回家，作为礼物送给父母。

三、各种各样的布料

设计意图

有时，幼儿园里某位小朋友穿了很特别或很漂亮的衣服来，总会引起幼儿的关注和议论。此时，教师可以将幼儿从议论新衣服可能产生的攀比心理中引导到关注服装材质、关注布料上来。本次科学活动通过和幼儿一起收集布料，认识、触摸、比较和感受各种布料的不同，简单了解各种布料的特点、用途，体会生活中的科学。

活动目标

1. 初步认识和区分各种布料。
2. 简单了解各种布料的用途，明白布料与人们的生活有着密切的关系。
3. 培养幼儿的探索兴趣，发展幼儿的观察、比较、发现和思维能力。

活动准备

知识经验：前期，教师和幼儿一起收集各种布料小片。

物质准备：每种材质的布料准备若干块；若干个盆子；自来水。

环境准备：在教室中间布置一个“布料小展厅”。

活动过程

1. 参观“布料小展厅”。

教师引导幼儿参观“布料小展厅”。同时，感谢为小展厅提供了布料的幼儿，鼓励其他幼儿以后多参与准备活动。

2. 感受各种布料的不同。

(1)教师请幼儿仔细观察各种布料，发现有什么不同，并鼓励幼儿大胆说出自己的观察结果。

(如：有的布料是透明的；有的布料不透明；有的看起来很厚；有的又看起来很薄……)

(2)教师再请幼儿用手摸一摸各种布料，又有什么发现呢？

(如：有的布料摸起来滑滑的、软软的，很轻；有的布料摸起来很磨手，一点也不舒服；还有的布料表面上有一层小绒毛……)

(3)教师请幼儿拿起布料，用手揉一揉、搓一搓，又发现了什么？

(如：有的布料一搓就要破了似的；有的布料一搓就变长了，有弹性；有的布料搓揉后，再展开，皱巴巴的了……)

(4)教师将部分布料浸入水中一会儿，揉搓后再拿出，让幼儿观察变化。

(如：有的布料褪色了；有的布料变小了，缩水了；有的布料起了皱；有的布料防水……)

3. 认识各种布料，了解其用途。

(1)教师逐一介绍各种布料，并结合幼儿感受情况简单说明各种布料的特点。也可以根据实际情况，让参与收集布料的幼儿介绍。

(2)教师简单说说各种布料的用途。

(如：轻薄的布料可以用来做夏天的衣服；厚重的布料可以用来做冬季服装；防水的布料可以做箱包的外部材料；有弹性的布料可以做游泳服……)

(3)请幼儿看看自己所穿衣服，辨别是什么材质的布料做成的。

4. 了解各种布料的洗涤方式。

(1)根据有些布料褪色、缩水、起皱的特点，告诉幼儿：如果是这种布料做成的衣服，在洗涤时一定要格外小心，注意洗涤方式。

(如：有的衣服只能干洗；有的衣服要手洗；有的衣服不能拧干；深色衣物和浅色衣物要分开洗……)

(2)教师请幼儿转告爸爸妈妈：有些衣物商品的吊牌上注明了洗涤方式，买衣物时要先看清吊牌上的说明，在洗涤时一定要格外小心，注意洗涤方式。

活动延伸

领域内活动延伸：继续为“布料小展厅”收集材料，进行补充，细心观察生活中还有哪些东西与布有关。

领域外活动延伸：认识各种衣物洗涤方式的图标。

亲子活动延伸：

(1)和爸爸妈妈一起，尝试用各种布料制作手工艺品。

(2)仔细观察妈妈是如何洗衣服的，鼓励幼儿给妈妈帮忙，学洗衣服。

区域活动延伸：将制作完成的手工艺品投放到活动区进行展示、欣赏。

四、观察蚯蚓

设计意图

蚯蚓是日常生活中较常见的一种环节动物。特别是雨后，幼儿经常会在地面上看到许多蚯蚓，但由于蚯蚓的外形使得幼儿并不喜欢蚯蚓。本次科学活动希望通过幼儿对蚯蚓的观察、了解和接触，使幼儿明白蚯蚓与土壤的关系，知道它是农民的好帮手，从而激发幼儿关心、爱护蚯蚓的情感。

活动目标

1. 了解蚯蚓的生活环境，观察蚯蚓的外形，知道蚯蚓和土壤的关系，激发幼儿探究蚯蚓的兴趣。
2. 能将自己的发现向同伴讲述和介绍，体验分享经验的乐趣。
3. 知道蚯蚓是农民的好帮手，能关心爱护蚯蚓。

活动准备

知识经验：见过蚯蚓。

物质准备：手电筒，鼓铃，植物的茎叶，玻璃缸，泥土，记号笔。

环境准备：将幼儿挖到的蚯蚓放入饲养角的玻璃缸里。

活动过程

1. 猜谜游戏导入。

细细长长一条虫，天天躲在泥土中，没手没脚爱劳动，钻来钻去把土松。（打一动物）

（谜底：蚯蚓。）

2. 蚯蚓的生活环境。

请幼儿说说自己挖蚯蚓的情形，并说明是在哪里挖到了蚯蚓，挖出多少条。在比较中引导幼儿发现：在阴暗、潮湿的地方比在光亮、干燥的地方挖到的蚯蚓多，说明蚯蚓喜欢生活在潮湿、松软的泥土里。

3. 蚯蚓的外形特征。

（1）教师提问：蚯蚓有手有脚吗？有眼睛、鼻子、耳朵吗？在幼儿的争论声中，教师拿出饲养角里的玻璃缸，请幼儿仔细观察蚯蚓的外形。

（2）幼儿首先发现蚯蚓没有手也没有脚，然后教师通过用手电筒照、制造声音、用食物诱惑等方式引导幼儿发现蚯蚓没有眼睛、耳朵和鼻子。

（3）教师又提问：蚯蚓没有手没有脚怎么“走路”呢？

首先引导幼儿纠正：蚯蚓不会走路，它是一种环节动物。然后请幼儿观察蚯蚓的爬行，发现蚯蚓的身体一节一节的，它是靠肌肉的收缩，身体由前向后逐渐传递这种收缩而蠕动的。

4. 蚯蚓的特殊本领。

（1）教师再取一个玻璃缸，里面放入泥土，并压实，在玻璃缸的外面画上记号，记录泥土的高度。

（2）取若干条蚯蚓放入这个玻璃缸，请幼儿仔细观察蚯蚓的行为。

（3）幼儿可以看到：蚯蚓会用它的头部旋转着向土里钻，当它们都钻入泥土里时，再观察土的高度，并与之前的记号作比较，幼儿能明显发现土的高度增加了，也就是说土变松了。

（4）教师小结：这个实验告诉我们，蚯蚓能够松土。

接着教师向幼儿讲解蚯蚓对土壤的作用，说明蚯蚓是农民伯伯的好帮手，请小朋友们关心爱护蚯蚓。

活动延伸

领域内活动延伸：观察饲养角里的蚯蚓喜欢吃什么。

领域外活动延伸：观察挖蚯蚓时受伤蚯蚓的再生过程，了解蚯蚓再生的特殊本领。

区域活动延伸：将装有蚯蚓的玻璃缸放置到活动区域，供幼儿进行观察。

五、种大蒜

设计意图

大蒜是我们日常生活烹饪中不可缺少的一种作料，幼儿几乎每天食用，却很少去了解，甚至不认识。本次科学活动通过幼儿亲历一次大蒜的种植，知道大蒜的种植方法，了解大蒜的生长过程及大蒜的用处。

活动目标

1. 知道大蒜的种植方法。
2. 了解大蒜的生长过程。
3. 了解大蒜的用处。

活动准备

知识经验：认识大蒜，并有一定的了解。

物质准备：幼儿自备一个大蒜头；教师准备铲子、洒水壶等工具。

环境准备：教师在室外开辟一块“自然角”。（最好选用沙土，事先施好肥。）

活动过程

1. 感知大蒜特征。

（1）请幼儿拿出自备的大蒜头，观察其外形。

（大蒜头呈扁球形，外观呈灰白色。）

（2）请幼儿将大蒜头掰开，再观察。

（大蒜头被一层层灰白色的较干燥的薄膜包裹着，去除外面的膜，掰开，里面有6~10个蒜瓣。）

（3）请幼儿闻一闻这些蒜瓣，有没有气味？

（有，也许有的幼儿闻不到。）

（4）请幼儿将其中一瓣大蒜再掰开，发现什么？（有汁。）

用舌尖舔一下，有什么感觉?(有点辣辣的感觉。)

2. 尝试种大蒜。

(1)教师请幼儿从蒜瓣中挑出2~4个比较肥厚的作为种子。

(2)教师请幼儿分组将所选蒜瓣插入“自然角”中事先准备好的沙土里，然后再在外面撒一层沙土覆盖住蒜瓣。

注意：

①插入蒜瓣时应将蒜瓣的尖尖头朝上。

②蒜瓣之间注意间距，不要靠得太近，以免影响大蒜的生长。

③幼儿可以在所种蒜瓣外面做上记号，以便将来能分辨出哪个是自己种的。

(3)幼儿种完后，教师给所有蒜瓣洒一遍水。

(4)请幼儿5~10天后观察“自然角”的变化，并做记录。

(大蒜发芽了，从土里长出了两个小绿芽。)

(5)此后幼儿定期浇水、除草、施肥，观察大蒜的生长过程，并记录下来。

(大蒜的生长过程大致为：大蒜发芽—长出蒜叶—变成绿油油的蒜苗—抽出蒜薹—长成大蒜头。)

3. 了解大蒜的用处。

教师给幼儿讲解大蒜的用处。

活动延伸

领域内活动延伸：当“自然角”里长出蒜薹时，可以让幼儿采摘一次，体验收获的喜悦。

区域活动延伸：观察“自然角”的变化。

亲子活动延伸：请幼儿跟爸爸妈妈讲述自己种大蒜的经历。

六、报纸也好玩

设计意图

现代社会是个信息社会，为获取信息，人们的生活自然离不开报纸，因此，报纸随处可见。可看过的废旧报纸该如何处置，又有哪些用途呢？为了发挥这些旧报纸的作用，进一步提高幼儿的节约意识和环保意识，组织开展本次科学活动，通过各种报纸游戏，帮助幼儿在探索、实践中了解废旧报纸的多种玩法。

活动目标

1. 探索废旧报纸的多种玩法，培养幼儿的创新能力和探索欲望。
2. 游戏活动中，进一步发展幼儿的各种运动能力。
3. 鼓励废物利用，减少浪费，节约资源，培养幼儿的节约意识和环保意识。

活动准备

知识经验：将报纸卷成纸棒。

物质准备：若干根报纸卷成的纸棒；若干张废旧报纸；音乐带及播放器材。

活动过程

1. 游戏引导。

(1)教师将纸棒分发给大家，同时大声对幼儿说："我们一起来玩纸棒吧！"

(2)在音乐伴奏下，教师引导幼儿一起活动身体，用纸棒做热身操。

(3)教师问幼儿：纸棒是用什么做成的？(报纸。)

(4)教师鼓励幼儿思考：报纸还有哪些玩法？同时给每个幼儿分发废旧报纸，请幼儿相互讨论并自由玩报纸。

2. 创意展示。

教师请有创意的小朋友展示他们的报纸游戏，并带领大家一起玩。如：

(1)纸棒游戏：将纸棒横摆在地面上，当作小河跳着玩。

将若干个纸棒纵连成两排，当作小路或小桥，走着玩。等等。

(2)踢球运动：将报纸揉成团，当作小球踢着玩。

(3)折纸游戏：将报纸折成各种小动物或飞机玩。

(4)踢毽子：将报纸撕成条状，并扎成一个毽子，玩踢毽子的游戏。

3. 启发与总结。

(1)教师问幼儿：你们家里有没有废旧报纸?(有。)

请幼儿回忆家长是如何处置这些废旧报纸的?(有的幼儿说卖钱了，有的说拿来垫桌子了，有的说用来包书、擦玻璃了，还有的说直接扔了等。)

(2)教师总结。

原来报纸看完以后还能做出这么多有趣的东西，报纸的用处可真多呀，所以以后我们应该合理地利用废旧报纸，这样，不仅可以用它们做出很多好玩的玩具，可以解决生活上的一些小麻烦，还可以减少垃圾、废物利用、节约资源，为社会做贡献呢！以后如果我们看见有人看完了报纸就把它扔掉，我们应该告诉他要学会废物利用，减少浪费，做一个节约又环保的好公民。

(3)活动结束后，请小朋友们收拾好报纸，保护环境，并将小手洗干净。

活动延伸

领域内活动延伸：用报纸制作其他玩具。

领域外活动延伸：用报纸设计做成各式各样的服装。

区域活动延伸：将幼儿制作的报纸服装投放到活动区，供幼儿欣赏。

亲子活动延伸：和爸爸妈妈一起，在他们的帮助下了解报纸的制作与发行。

七、物体间的空隙

设计意图

本次科学活动利用生活中常见的材料，通过幼儿亲手操作，发现同一容器内的物体与物体间是有空隙的。在探索过程中鼓励幼儿不怕失败，并学会总结经验，获取成功，培养幼儿团结合作的精神和合理安排空间的思维方式。

活动目标

1. 探索发现同一容器内的物体与物体间是有空隙的。
2. 能在共同合作中完成实验，并学会总结失败经验以获取成功。
3. 培养幼儿科学、有序、合理安排空间的思维方式。

活动准备

物质准备：儿歌《乌鸦喝水》的音频及播放器材。

环境准备：教师将幼儿分组，为每组幼儿准备一个一次性杯子、几颗大石头、几粒小石子、一小杯沙子、一杯水和一根筷子。（注意：课前教师应预先操作几遍，掌握好材料提供的量，以装满至杯口为准。另外，教师还需另外准备几份相同的材料，以备幼儿再次探索时使用。）

活动过程

1. 观察与比较。

（1）请幼儿观察、比较桌面上摆放的实验用品，说一说，大石头、小石子、沙子和水有什么不同。

（2）幼儿通过观察、比较发现：

①大石头比小石子大。

②大石头和小石子摸起来比较硬，但沙子很柔软。

③大石头、小石子、沙子用手都能抓得住，但水用手是抓不住的。

2. 探索与实验。

（1）探索问题：你能按照自己的方法将桌面上所有的大石头、小石子、沙子和水装到一个杯子里去吗？

（2）请幼儿动手试一试。

要求：倒沙子时应小心，以防散落一地。

（3）每组幼儿使用的方法可能不一样。教师巡视并适时帮助指导幼儿。

某组幼儿若先装水，再装沙，最后装大石头和小石子，结果是大石头装不下，水也漫出来了。此时教师帮忙擦干桌面，重新发放一套实验材料，鼓励幼儿再试一试，同时说明，要考虑清楚了再试。

（4）所有小组实验完毕后，教师根据实验情况表扬实验成功的幼儿小组，鼓励失败的小组向他们学习。

①先请一次成功的幼儿小组说说他们是如何做到的。（应先装大石头，再依次装小石子、沙子和水。）

②再请第一次失败了，第二次成功的幼儿小组说说，他们是如何从失败中发现问题并获取成功的。

3. 总结与思考。

（1）请幼儿共同总结：要想将所有东西装入一个杯子，应该注意所装物体的先后顺序，只有合理地安排才能装得下、装得满、装得多。

（2）教师再请幼儿思考：为什么杯中要先装大石头，再依次装小石子、沙子和水才能全部装下呢？

教师边演示边引导幼儿发现，先装大石头，是因为大石头所占的地方最大，再装小石子时，小石子能把大石头间的空隙填上。后来又倒入沙子，沙子又把石子间的空隙填上了。最后倒水，水把更小的空隙也给填上了。

4. 儿歌欣赏：《乌鸦喝水》

说说聪明的乌鸦是怎样喝到水的？为什么水会随着石子的增加而升高呢？（因为石子间有空隙，水会充满石子间的空隙，石子增高了，水位也就上升了。）

活动延伸

领域内活动延伸：可以尝试更换材料进行再次实验。

领域外活动延伸：请幼儿回家后整理自己的玩具箱。

八、神奇的指纹

设计意图

幼儿都知道自己的手上有指纹，但对指纹也没有特别关注过，只是仅仅停留在“有”的层面上。本次科学活动利用幼儿对动画片《神探柯南》中“指纹断案”的好奇心，引导幼儿通过仔细的观察和比较发现每个人的指纹都不同，并大致了解指纹的三种类型，让幼儿在活动中体验探究的快乐，在观察、交流中培养幼儿乐于合作、实事求是的科学态度。

活动目标

1. 观察自己或他人的指纹，认识到每个人的指纹都是不同的。
2. 了解指纹大致有三种类型(斗形纹、箕形纹、弓形纹)。
3. 激发幼儿探究的积极性，体验发现的乐趣，并培养幼儿仔细观察的良好习惯。

活动准备

知识经验：知道指纹。

物质准备：动画片《神探柯南》中柯南根据“指纹”破案的视频片段及播放器材；三幅放大的斗形纹、箕形纹、弓形纹的指纹图画。

环境准备：教师将幼儿分组，并为每组幼儿准备印泥、纸张、放大镜等。

活动过程

1. 导入：观看动画片。

(1)教师播放动画片《神探柯南》。播放之前，教师请幼儿带着问题观看：神探柯南是根据什么抓到了罪犯？

(2)播放完毕后，教师请幼儿根据自己的观看分析原因。

(柯南是因为发现了罪犯留下的指纹，并通过这一线索破了案。)

(3)教师再请幼儿思考并讨论：为什么柯南仅仅通过一枚小小的指纹就能锁定罪犯

呢？幼儿展开讨论并猜想：也许是因为罪犯的指纹和别人的不一样吧。

2. 观察：大家的指纹都一样吗？

（1）教师引导幼儿观察自己和其他小朋友的指纹，看看是否相同？

（幼儿伸出指头，可怎么也看不清。）

（2）教师请幼儿先用印泥在纸上印出一个指头的指纹，再用放大镜观察。

注意：手指只需轻轻地按印泥，再在纸上印出，这样印出的指纹就很清晰；如果太重，反而看不清。

（3）请幼儿观察自己的指纹，并与同组其他小朋友的指纹进行对比，结果发现：每个人的指纹都不相同。

（4）教师总结：我们的指纹都是独一无二的，因此，指纹可以用来鉴别每个人的身份。这也是神探柯南仅凭一枚指纹锁定罪犯的原因。

（5）教师出示三幅放大的斗形纹、箕形纹、弓形纹的指纹图画，并向幼儿简单介绍指纹的大致分类及它们各自特有的形状和特征。

（6）请幼儿将自己的十个指纹印下来，并按形状将其分类。

3. 游戏：警察抓小偷。

（1）请每组幼儿自行选出两人扮演警察，一人扮演小偷，其余幼儿扮演法官。

（2）首先请小偷假装偷走了某件物品，并偷偷在纸上留下了一个指纹印。

（3）请各组警察交换抓小偷。即，A 组警察抓 B 组小偷。

（4）警察根据指纹对比的方式来判定谁是小偷。

（5）法官做出裁决：警察是否抓对了人。

（6）比一比：哪组的警察最厉害。

活动延伸

领域内活动延伸：探究动物是否有指纹；了解指纹在生活中的用途。

领域外活动延伸：利用指纹制作手指画。

亲子活动延伸：回家后观察父母的指纹，并归类。

九、向下落的物体

设计意图

物体的下落现象是幼儿在日常生活中经常遇见的。本次科学活动通过幼儿对生活中较熟悉的物体的下落进行观察、尝试、比较和探索，使幼儿理解物体自然下落的现象及其原因，感知不同物体下落的速度和方式不同，在亲自动手、亲身经历中获取科学知识。

活动目标

1. 发现物体都有自然下落的现象。
2. 比较感知不同物体下落的速度、方式不同。
3. 能清楚地记录和表达自己的发现。

活动准备

物质准备：教师自备一套材料及同样大小的两张纸。

环境准备：教师将幼儿分组，并为每组幼儿准备小纸片、沙包、棉花、木块、小塑料袋、小球等物品。

活动过程

1. 情景导入。

教师手抱一堆材料走进教室，故意在幼儿面前拿不住掉了几样。有幼儿帮教师捡起，教师适时表扬这些幼儿，感谢他们对别人的关心和帮助。

同时，教师故作奇怪地提问：“咦，这些东西为什么会往下掉而不是飞到天上去呢？”（幼儿会大笑。）教师镇定地说：“不信你们也试试，看看有没有不往下掉的东西？”

2. 实验观察。

（1）教师鼓励幼儿拿起桌面上的东西试一试。

注意：提醒幼儿是捏紧再松手或向上抛，而不是到处乱丢乱砸。另外，要求大家把落下的东西捡起来，保持教室清洁。

（2）幼儿动手实验之后，他们开始思考、讨论。教师鼓励幼儿把自己的想法说出来，大家一起分享探讨。

在师生的共同探讨下，引导幼儿明白：物体都有自然下落的现象。物体下落是因为受到地球的吸引而产生了重力。

（3）教师要求同组两名幼儿，一人手持一张小纸片，一人手持一个沙包，举一样高，在第三名幼儿的号令下同时松手，并与同组其他幼儿一起仔细观察小纸片和沙包是否同时落地？（不是同时落地，沙包先落地。）

（4）实验结束后，教师请幼儿小结：所有的物体都会下落的，不同物体下落的速度有快有慢。

3. 思维延伸。

（1）教师问幼儿："刚才大家观看了这么多物体的下落，请问它们下落的方式相同吗？（不同。如：小纸片是不断地翻滚着曲折落下；沙包是直直地落下。）

（2）请幼儿仔细观察它们的下落方式，并尝试用自己的方法记录下来。

（注释：由于纸片各部分凸凹不同、形状各异，在下落过程中，其表面各处的气流速度不同，致使纸片各处受空气作用力不均匀，且随纸片运动情况的变化而变化，最后导致纸片不断翻滚、曲折下落。）

（3）教师出示大小形状相同的两张纸，将其中一张纸折起，使两张纸的形状不一致，然后请幼儿观察它们下落的情形。

（4）引导幼儿发现：同样的东西形状不同，下落的速度、方式也不同。

活动延伸

领域内活动延伸：做实验，看看有什么办法能使物体下落的速度慢一些。

领域外活动延伸：引导幼儿简单了解失重状态下物体的下落。

十、气球动力小车

设计意图

反冲力是我国科学技术从八九百年前爆竹的发明到现在火箭成功升空的基本原理。本次科学活动从幼儿制作“气球动力小车”入手，使幼儿初步了解反冲运动及反冲力的作用和方向，在制作和游戏比赛中获取知识，体验学习科学的乐趣，增强幼儿的动手能力和科学探究能力。

活动目标

1. 初步了解反冲运动。
2. 明白反冲力的方向及反冲力的作用。
3. 能动手制作“气球动力小车”。
4. 激发幼儿的探究欲望，增强幼儿的动手能力。

活动准备

知识经验：玩过玩具小车。

物质准备：若干个气球、吸管、胶带等；神舟飞船点火升天的视频及播放器材。

环境准备：教师将幼儿分组，按动手能力强弱搭配。

活动过程

1. 情景演示，导入活动。

教师问幼儿：大家玩过气球吗？（玩过。）老师今天也来玩玩气球。教师边说边拿出一个气球，将它吹大，用手捏住气球口，然后在幼儿的面前松手放掉气球，结果气球没有掉在地上而是向上飞走了。

教师问：前面我们学习过“向下落的物体”，知道所有的物体受到重力作用都会向下落，可为什么气球会向上飞呢？幼儿也十分好奇。

2. 实验观察，获得认知。

(1)教师给每位幼儿发一个气球，请大家自己试一试，并仔细观察气球的变化。

(松手后气球会从手中飞出去，之后气球变瘪了掉在地上。)

教师引导幼儿再将气球吹大，一只手捏住气球口，松手时另一只手放在气球口下，体验有什么感觉?(明显感到有一股气流从气球口冲出。)

(2)教师介绍，正是这股气流使得气球从手中飞了出去，当气球中的气跑完了，气球也就掉了下来。这种气球从手中飞走的现象叫做反冲运动，而这股推动气球飞走的气流所产生的作用力叫做反冲力。

(3)请幼儿合作实验，观察气球飞走的方向和反冲力的方向有什么关系。(它们方向相反。)

3. 动手制作，体验乐趣。

(1)利用气球反冲力制作"气球动力小车"。

①教师将幼儿自备的玩具小车发给大家。

②请幼儿将气球口套在吸管的一头上，并用胶带缠绕紧，再用胶带将吸管固定在小车上。(注意：吸管口露出小车尾部，以便吹气。)

③请幼儿对准吸管口吹气，将气球吹大后，用手按住吸管口，然后将小车放在地面上，松手，观察小车的运动。

④如果不成功，请幼儿调试，并相互帮助，寻找原因。

注意：在小车上固定吸管时，要分辨清楚反冲力的方向，不要让小车跑反了方向。

(2)比一比：看谁的小车跑得远。

①先在小组内部比，选出其中两名跑得快的小车。

②在教师的口令下，每小组选出的小车一起比。

③表扬并奖励跑得最远的前三辆小车车主。

(3)教师提问：

①是什么力量推动小车运动起来的呢?(气球的反冲力。)

②什么情况下小车跑得最远?(气球吹得越大，小车跑得越远；小车越小越轻，跑得越远。)

4. 观看视频，知识延伸。

教师给幼儿播放神舟飞船点火升天的片段，并告诉幼儿火箭发射升空就是运用了反冲力原理。

活动延伸

领域内活动延伸：改良自己的"气球动力小车"，使之跑得更远。

领域外活动延伸：继续在生活中寻找反冲力的运用。(如：烟花的燃放和喷气式飞机。)

亲子活动延伸：和爸爸妈妈一起制作，一起比赛。

十一、彩虹出来了

设计意图

彩虹是一种并不常见的自然现象，也许有的幼儿亲眼见过，有的幼儿只是知道，却从未见过。本次科学活动利用各种小实验让孩子们亲眼看到彩虹，对彩虹有个直观认识，并感受到科学活动的知识性和趣味性，激发幼儿对科学活动的兴趣，培养幼儿动手操作的能力，同时，通过“彩虹”让幼儿懂得欣赏大自然的美，从小在内心产生一种向往大自然、热爱大自然的愿望。

活动目标

1. 利用各种小实验，使幼儿看到“彩虹”，感受彩虹的色彩。
2. 了解“彩虹”这一自然现象产生的原因。
3. 懂得欣赏大自然的美，热爱大自然，并乐于感受大自然的奇妙。

活动准备

知识经验：知道彩虹。

物质准备：三棱镜，彩笔，一盘水，机油，玻璃镜子，一盆水，若干瓶肥皂水和若干吹泡泡的工具。

环境准备：找一个有阳光的日子开展此次活动。

活动过程

1. 活动导入。

(1)猜谜游戏：半天空中一座桥，太阳对面你去找，红黄蓝紫多好看，人马未过桥没了。(打一自然现象)

(谜底：彩虹。)

(2)教师提问：大家看到过彩虹吗？

若有幼儿看到过彩虹，请他们说说当时的情景，描绘彩虹的样子以及看到彩虹时的感受。

(3)教师询问：想不想看到彩虹？引起幼儿兴趣。

2. 进行实验。

教师和幼儿一起做几个小实验，引导幼儿用各种方法寻找并观察“彩虹”。

实验 1：教师拿出一个三棱镜，阳光下，通过三棱镜看彩虹。

实验 2：阳光下，往盛水的盘子里滴入几滴机油，请幼儿观察水面泛起的彩虹。

实验 3：教师将玻璃镜子放入盛水的脸盆中，使镜面与水面大概呈 30 度倾斜，让镜面对着阳光，同时用手不断调试镜面在水中的角度，使镜面反射的光投射到白色墙壁上，这样墙上就会映出一条“彩虹”来。

实验 4：教师和幼儿一起在阳光下吹泡泡，寻找彩虹。

3. 谈论彩虹。

(1)请小朋友们根据实验中观察到的彩虹，说一说彩虹是由哪几种颜色组成的。

(2)教师给幼儿讲解“彩虹”这一自然现象产生的原因。

4. 描绘彩虹。

请小朋友们拿起手中的彩笔，画出美丽的彩虹。

活动延伸

领域内活动延伸：鼓励幼儿利用其他方法寻找“彩虹”。(如：在晴朗的天气下，背对着阳光向空中洒水。)

区域活动延伸：用彩色皱纹纸扎出一条“彩虹”，装饰活动区域。

十二、奇妙的小细管

设计意图

教师从观察自然角里花的颜色变化引出此次科学活动。活动中教师没有直接给出“毛细现象”这一概念，而是利用不同材料的实验结果找到它们的相同性，从而让幼儿去发现、去归纳、去解释，以此激发幼儿探究的兴趣，并使其在玩乐中获得相关知识，提高动手动脑的能力。

活动目标

1. 感知生活中随处可见的毛细现象，初步了解毛细现象。

2. 边操作边观察，能深入探究，发现其中的奥秘，培养探究精神。

3. 能积极主动地参与实验，培养合作意识，并能与同伴交流和分享自己的发现或观点。

活动准备

知识经验：若干天前，教师和幼儿一起将一支白色的花插入一个瓶子，瓶子里装有滴入了红色墨水的水，放入“自然角”，以待观察。

物质准备：纸巾，毛巾，海绵，小细管（医用采血管），红、黑、蓝三种颜色的墨水以及若干个小盆子。

活动过程

1. 导入活动。

（1）教师拿出自然角里的花，请幼儿观察有什么变化。（花瓣的颜色由白色变成了红色。）

（2）幼儿一定十分好奇，急于知道为什么，教师故意卖关子，说：小朋友们一定很想知道为什么花瓣的颜色变了吧？现在老师不说，我们一起再做一个实验，之后大家就明白为什么了。

2. 实验观察。

(1)教师拿出一些物品放在桌面上，请幼儿一一辨认。(海绵、纸巾、毛巾、小细管等。)

(2)将这些物品分发给每组幼儿(每组所发材料不一样)，然后给每组幼儿准备一小盆水。请幼儿把所发材料(海绵、纸巾、毛巾、小细管等)的一半放入水中，一半拿在手上，观察有什么现象发生。(放入水中的一半打湿了，没有放入水中拿在手里的一半也都吸进了水。)

(3)请不同组幼儿相互观看，并探讨为什么会有这种现象。

(4)教师鼓励幼儿大胆猜想，积极发表个人的看法，并对参与探讨、勇于表达个人观点的幼儿进行表扬。最后，在教师的引导下，幼儿了解到：海绵、纸巾、毛巾、小细管等能吸水是因为这些物体中有许多细小的孔道，当它们的一半浸入水中时，水会沿着这些孔道上升，这样另一半就吸进了水。这种现象就叫做“毛细现象”。

(5)教师又在水中滴入几滴红墨水，然后拿出一张纸巾，像刚才那样试一试，结果发现纸巾变红了。请幼儿自己解释此现象。

3. 制作实践。

教师请各小组幼儿利用毛细现象，用纸巾和红、黑、蓝三种颜色的墨水制作一朵“三色花”。

活动延伸

领域外活动延伸：留意生活，继续寻找生活中还有哪些毛细现象。

亲子活动延伸：教爸爸妈妈制作“三色花”或彩花。

十三、认识雷电

设计意图

夏季是雷雨多发季节，天空中常会出现强烈的光和声，也就是我们常说的雷电。雷电是一种自然现象，但很多幼儿都害怕打雷闪电。本次科学活动向幼儿介绍雷电的形成、产生，使幼儿正确认识这种自然现象，知道雷电的危害，并进行防雷电知识的宣传，增强幼儿的安全意识和自我保护意识。

活动目标

1. 了解雷电的形成与产生。
2. 简单了解雷电的危害。
3. 初步了解如何防雷电，增强安全意识和自我保护意识。

活动准备

知识经验：见过打雷闪电。

物质准备：将雷电的形成过程用几幅图表现出来，另外准备一个脉冲电子打火器以及有关雷电危害的视频及播放器材。

活动过程

1. 导入活动内容。

(1) 教师请幼儿当一回气象员，说说当天的天气情况。(如：晴天。)

(2) 教师问幼儿除了晴天还有哪些天气。(如：多云、阴天、小雨、雷阵雨等。)

(3) 请幼儿说说雷阵雨时的天气特征。(如：电闪雷鸣，狂风大作，天空阴沉，雨点很大很急等。)

(4) 教师问幼儿害怕打雷闪电吗？知道天空中为什么会打雷闪电呢？

教师引导幼儿不要害怕打雷闪电，因为它们是自然现象。

空中的尘埃、冰晶等物质在云层中翻滚运动，使得这些物质分别带上了正电荷与负电荷，当正、负电荷撞击中和时，就会产生放电打雷现象。教师可以一边解释一边用事先准备好的图画展示雷电的形成。

2. 认识打雷闪电。

(1)教师拿出一个脉冲电子打火器，打开开关，问幼儿看到了什么，听到了什么。(看到了电火花，听到了噼里啪啦的声音。)

教师告诉幼儿把这种现象放大无数倍，就像打雷闪电了，它们的原理类似。

(2)教师提问：

①打雷和闪电是同时出现还是有先有后？(同时出现。)

②为什么我们先看到闪电后听到雷声呢？(因为声音在空中传播的速度比光慢。)

(3)教师播放有关雷电危害的视频，告诉幼儿许多危害是可以事先避免的，强调防雷电知识的重要性。

(4)请幼儿根据短片或自己的生活经验总结如何防雷电。

(5)教师最后总结各种防雷电办法，鼓励幼儿增强自我保护意识和安全意识。

活动延伸

领域内活动延伸：正确认识雷电现象，努力克服害怕心理，做一个勇敢的有知识的孩子。

亲子活动延伸：和爸爸妈妈一起，制作有关防雷电知识的宣传画。

区域活动延伸：将幼儿制作的宣传画作品投放到活动区域，供大家欣赏和学习。

十四、什么东西能导电

设计意图

电在我们的生活中应用十分普遍，它既是幼儿常见的，也让幼儿有所畏惧。对于电的神奇力量，幼儿感到很新奇，也很有趣，他们喜欢去探究电的各种秘密。本次科学活动通过各种小实验，使幼儿初步获得有关物体导电的经验，知道哪些材料能导电，哪些材料不导电，能进行简单的区分，并了解一些安全用电的常识。

活动目标

1. 简单了解电路回路。
2. 知道金属类的材料能导电，塑料、纸、木块等材料不导电，并能进行简单区分。
3. 了解电的用途，以及安全用电的常识。
4. 学会记录实验结果，并培养幼儿的科学探究能力。

活动准备

知识经验：能够区别金属类材料。

物质准备：幼儿自备一套实验材料，包括：一节干电池、一个小灯泡，三段电线(一段是两头都剥掉了塑料皮的，一段是两头都没有剥掉塑料皮的，一段是只有一头剥掉了塑料皮的)。

环境准备：教师将幼儿分组，为每组幼儿准备一盒材料，包括一些纸片、塑料纽扣、硬币、棉布、木块、铁勺等。

活动过程

1. 实验探究。

(1)教师将幼儿自备材料(一节干电池、一个小灯泡和一段两头都剥掉了塑料皮的电线)分发给大家，并请幼儿实验怎样让小灯泡变亮。

有的幼儿直接将灯泡搁在电池的一头上，结果灯泡不亮，换一头还是不亮；有的幼儿尝试用电线连接，可手忙脚乱地拿不住。

(2)教师在巡视中观察幼儿的表现，适时指导幼儿，并请实验成功的幼儿展示其成果，和大家一起分享他是怎么做到的。

先将电线的一头缠绕在小灯泡的下部铁圈上，再用电池压住电线的另一头，最后将小灯泡搁在电池的另一头上即可。

请没有成功的幼儿再试试，并思考为什么灯泡亮了？如果灯泡不搁在电池上还亮吗？

(3)请幼儿发表各自的意见。教师根据幼儿的发言小结：灯泡变亮是因为电线将电池和灯泡连接起来了，形成一个电路回路，而且电线导电，才使灯泡变亮了。

(4)教师为每组幼儿分发一盒材料。请幼儿用盒中的材料试一试：将它们搁在灯泡和电池的中间，灯泡还亮不亮？(有的亮，有的不亮。)

(5)请幼儿将这些材料按导电和不导电分类，并记录下来。

(6)幼儿小结：金属类的材料能导电，所以灯泡能变亮，而塑料、纸、木块、棉布等东西不能导电，所以灯泡不亮。电线里的芯是用金属材料做的，所以导电。

2. 实验对比。

(1)教师又给幼儿分发自备的另外两根电线，换掉刚才的那根电线，请幼儿再试试灯泡亮不亮。(不亮。)为什么呢？

(2)请幼儿比较三根电线，发现使灯泡变亮的电线两头都露出了里面的金属材料，而另外两根都有塑料皮包着，所以灯泡不能变亮。

教师引导幼儿明白：电线的外面包了一层塑料的外衣，由于塑料是不导电的，所以灯泡不亮，但若把电线外面的塑料去掉，露出里面的金属丝，它就能导电了。教师提醒幼儿注意平时不要随便去摸电线以免破损漏电。

3. 实验延伸。

(1)请幼儿说说生活中电的用途。

电对人们的用处很大。我们生活中的电灯、电扇、电视、电脑、电冰箱等都离不开电。

(2)教师向幼儿讲述安全用电常识。

活动延伸

领域内活动延伸：查看家中各类电器说明书中的注意事项。

亲子活动延伸：回家后和爸爸妈妈一起用若干节电池、电线、灯泡、胶带加一个外壳、开关制作一个简易手电筒。

十五、讨厌的沙尘暴

设计意图

沙尘暴是影响我国北方的主要灾害性天气之一。这种灾害虽不像台风、地震那样给人类带来突发性和毁灭性的灾难，但其常年季节性的侵扰对国民经济建设造成的损失较大，尤其是大气沙尘气溶胶突发性增多和远距离输送，对生态环境的破坏、空气污染以及对人类健康的危害更是不容忽视。从小让孩子们科学地认识沙尘暴，有助于他们树立良好的环保意识，减少灾害天气的危害。

活动目标

1. 简单了解沙尘暴的成因，树立环保意识。
2. 初步了解沙尘暴的危害。
3. 初步了解根治沙尘暴的措施。

活动准备

知识经验：简单了解有关沙尘暴的危害。

物质准备：有关沙尘暴危害的图片或录像。

活动过程

1. 引出沙尘暴的话题。

(1)教师导语：小朋友都喜欢玩沙，而且能用湿沙堆出漂亮的沙堡来。你们知道沙的好处和坏处吗？(幼儿根据自己的已有经验自由表述。)

(2)在幼儿自由表述的基础上，教师归纳：沙是我们不可缺少的建筑材料。我们现在住的房屋的顶面、墙面、地面都是沙和水泥混合构成的。有些运动场上的沙坑里面都是沙，在跳远、跳高时落在沙坑里，可以使我们免于和坚硬的地面碰撞，防止受伤。海边和湖边的沙滩可以供我们进行阳光浴和沙浴，帮助我们保持健康的身体。但是，沙也给我们带来严重的害处。如大面积的沙厚厚地覆盖着土地，形成沙漠，使我们失去了许多农业耕地。如果强风卷起沙尘，在空中漫天飞舞，就形成沙尘暴，给我们的生产和生活造成严重的危害。

2. 感知沙尘暴的危害。

(1)教师提问：你们见过沙尘暴吗？说说你的体验。

引导幼儿从风沙的声音、风沙的速度、风沙吹在人脸上的感觉、当时空气中的味道等多方面进行交流表述。

(2)教师请幼儿观看几个沙尘暴的画面，教师简单介绍沙尘暴的危害。

①图 1：沙尘暴风蚀土壤、破坏植被、掩埋农田，毁坏了我们的家园，恶化了生态环境。

②图 2：沙尘暴能够摧毁建筑物及公用设施，造成人畜伤亡，危害人民生命财产的安全。

③图 3：沙尘暴致使我们看不清事物，影响汽车的行驶和飞机的起降，致使火车途中受阻，甚至造成严重的交通事故。

④图 4：沙尘暴严重污染空气，让人的皮肤、眼睛、鼻子、喉部和肺部受到严重的侵害，损害身体健康。

3. 了解沙尘暴的控制。

(1)教师提问：你们知道沙尘暴是怎么形成的吗？(引导幼儿从植被的破坏、森林的大量砍伐等方面进行讨论。)

在幼儿讨论的基础上，教师小结：近年来，沙尘暴波及的范围之广、危害之大，越来越引起人们对它的关注。沙尘暴主要是由人们乱砍滥伐树木、无计划开荒，造成植被的破坏，水土流失、土地沙化严重所致。

(2)教师提问：我们用什么方法才能减少和控制沙尘暴呢？(引导幼儿根据沙尘暴的成因进行讨论。)

在幼儿讨论的基础上，教师小结：只有加强环保意识、退耕还草、种植大量的树木花草、建造更多的防护林，才能减少和控制沙尘暴。

活动延伸

领域内活动延伸：引导幼儿一起制作控制沙尘暴、宣传环保的墙饰。

领域外活动延伸：组织幼儿参加简单的种植活动。

十六、季节的变化

设计意图

秋来夏往，冬去春回，年复一年，四季变化周而复始。本次科学活动鼓励幼儿通过自己的观察和感受去理解季节的变化，明白季节变化对动植物及人类生活的影响，培养幼儿对大自然的热爱，并乐于感受大自然的奇妙。

活动目标

1. 感受四季更替的变化。
2. 发现季节变化对植物及人类生活的影响。
3. 乐于感受大自然的奇妙，培养热爱大自然的情感。

活动准备

知识经验：了解一年分为春、夏、秋、冬四季。

物质准备：有关春、夏、秋、冬的四幅图片。

环境准备：教室门口悬挂一个温度计(不要太高，以便幼儿观察)，请幼儿将每月固定的一天的气温记录下来。在室外选择一棵容易观察的树作为幼儿长期观察的对象。

活动过程

1. 四季的景象变化。

(1)教师向幼儿提问：一年分为几个季节？分别是哪些季节？(四季，春、夏、秋、冬。)

(2)教师出示四幅图片，请幼儿分辨分别代表什么季节。

再请幼儿根据图片说说春、夏、秋、冬这四季分别有什么特点。

(如：春天冰雪融化，柳树发芽，桃花开花等；夏天天气炎热，太阳光强烈等；秋天树叶变黄，落叶满地，瓜果丰收等；冬天雪花飘落，气温很低，部分动物冬眠等。)

(3)教师请幼儿根据自己对室外的那棵树的观察，说说它的变化。

（如：春天它会发芽，长出新的树叶；夏天它的树叶长得更大、更茂盛；秋天有的树叶变黄了，刮风下雨时会落下来；冬天树皮干干的，树叶也很少。）

2. 四季的气温变化。

（1）请幼儿查看每月记录的气温，并读出所记温度。（告诉幼儿“摄氏度”的读法。）

（2）请幼儿根据表中数据说说3月至6月的气温变化。（气温逐渐升高了。）

（3）帮助幼儿总结：气温随着季节的变化而变化，从冬季到夏季气温逐渐升高，从夏季到冬季气温逐渐下降，这种变化随着四季的变化周而复始。

3. 四季的形成原因。

教师提问：你们知道为什么一年分成四季？它们是怎么形成的呢？

教师可以先让幼儿发表自己的意见，然后给幼儿简单讲解四季的形成。

4. 季节变化带给人们的影响。

春天气温上升，人们可以脱下厚厚的棉袄了；春天万物苏醒，一片生机盎然，小朋友可以和父母一起出去春游；春天农民开始播种。

夏天随着气温的逐渐上升，天气开始变得炎热，易出汗，人们的衣服穿得越来越薄，正午时分会尽量减少室外活动，出门也要打太阳伞或涂防晒霜。

秋天是收获的季节，瓜果成熟，气温适宜，适合秋游。

冬天气温较低，寒风凛冽，冰天雪地，人们会换上厚厚的棉袄，并会用各种方式取暖御寒。

5. 欣赏有关四季的古诗句。

教师朗诵，请幼儿欣赏有关描写春、夏、秋、冬的古诗句。

如：竹外桃花三两枝，春江水暖鸭先知。（春天）

接天莲叶无穷碧，映日荷花别样红。（夏天）

一年好景君须记，最是橙黄橘绿时。（秋天）

梅须逊雪三分白，雪却输梅一段香。（冬天）

活动延伸

领域内活动延伸：观察小动物在四季的变化。

领域外活动延伸：了解二十四节气。

亲子活动延伸：和爸爸妈妈一起感受四季的变化。

十七、食物的包装与储存

设计意图

孩子们在日常生活中常常会看到各种食物，有的储存在真空包装袋中，有的浸泡在各类瓶瓶罐罐中，还有的放在冰柜里，等等。孩子们也常常会吃到这些经过特殊储存或加工的食物，然而，他们对于为什么要储存食物、怎么来储存食物却知之甚少。本次科学活动旨在让孩子们在观察、谈论、比较中，简单了解各种食物的储存方法，知道错误的储存方法会导致食物变质，从而培养他们对生活小科学的探索兴趣，满足他们的好奇心。

活动目标

1. 简单了解各种食物的储存方法。
2. 知道错误的储存方法会导致食物变质，不能食用。
3. 学会查看食物的保质期，注意食品卫生。

活动准备

知识经验：有过逛超市的经历。

物质准备：准备各种包装的食物，包括充气袋装的、真空包装的、瓶装的等；袋装盐；一小块发臭的肉。

活动过程

1. 导入活动内容。

(1)教师问幼儿：“小朋友们，请问你们逛过超市吗？(逛过。)

(2)请大家说说：超市里都有些什么东西呢？

(水果、零食、蔬菜、饮料、玩具……)

(3)教师一边拿出一袋食物，一边说：“老师昨天也逛了一趟超市，还买了不少食物呢，今天我带给大家看一看。”

教师将食物一一拿出并摆放在桌面上。幼儿十分好奇，教师可以请幼儿走近观看，并要求大家仔细观察这些食物是怎么保存的。

（4）观看完毕后，请幼儿发表意见。（有的是袋装的，有的是瓶装的，有的是盒装的，还有的什么也没用……）

2. 比较食品的不同包装。

教师引导幼儿了解到袋装的又分为充气袋装和真空包装，有的是纸袋包装，有的是塑料袋包装，食物品种不同所使用的保存方式也不同。（如：膨化食品一般充气袋装，可以防止食物在运输过程中被挤压粉碎；熟食半成品一般真空包装，以防变质串味；盐不能用纸袋装，纸袋吸水，盐会受潮变质……）

3. 注意食品的保质期。

（1）教师拿出一小块肉，请幼儿闻一闻，有什么味道？（臭了。）

为什么会臭？（肉应低温保存，长时间放置在室温下会变质发臭。）

还能吃吗？（不能。）

吃了会什么样？（拉肚子、生病。）

（2）教师可以请幼儿谈谈自身经验或间接经验，强调变质食品的危害。

（3）教师小结：平时我们逛超市都没有注意原来食物的储存方法各种各样，有的充填气体，有的真空包装，有的低温保存，有的常温保存，有的用盐腌制等。错误的储存方式会导致食物变质，不能食用。

（4）教师又问：选择了正确的储存方式，食物是不是可以无限期地储存下去呢？（不是。）教师引导幼儿学会看保质期。（教师可以将某些食物拿起，和幼儿一起看保质期，辨别食物是否过期，强调过期食物会变质，不能食用。所有食物必须在保质期内食用。）

（5）教师总结：在食用食物前首先要检查食物是否在保质期内，如果过期不得食用，要注意食品卫生。另外，食物经过加工保存后，虽然具有不易腐败变质或方便食用的优点，但也易流失部分的营养，因此大家仍应多吃新鲜食物。

活动延伸

领域外活动延伸：请幼儿自制加工一些食物，如：糖水番茄、腌咸蛋等。

亲子活动延伸：回家后帮妈妈检查家里是否存在过期食物。

十八、让热水快点变冷

设计意图

事实上，平平常常的生活往往蕴涵着丰富的科学知识。本次科学活动就是引导幼儿运用生活经验，寻找各种让热水快点变冷的方法，大胆尝试，并用实验的方法加以验证，鼓励幼儿关注和探究身边的科学现象。

活动目标

1. 知道有很多方法可以使热水快点变冷。
2. 乐意在活动中提出自己的设想，并通过实验加以验证。
3. 进一步探究热水变冷的原因。

活动准备

物质准备：一杯热水，若干个带柄的不锈钢杯子，一瓶热水(水不要太烫)，一个小台扇，若干冰块，一盆冷水，一块毛巾。

环境准备：活动前，教师将幼儿分组。

活动过程

1. 提出问题。

(1)教师端一杯热水走进教室，放在桌面上，故作很着急的样子，问幼儿：小朋友们，老师现在口渴想喝水，可这里只有一杯热水，很烫，不能马上喝，你们能帮帮老师，想办法让热水快点变冷吗？

(以帮助教师解决问题的方式，调动和鼓励幼儿积极思考，并培养幼儿助人为乐的品质。)

(2)请幼儿大胆说出自己的想法。

有的幼儿说：用嘴吹一吹，热水就会变冷了。有的幼儿说：不用吹，放在那儿，它自己会变冷的。此时，教师强调：可是老师很着急呀！我想让它快点变冷，怎么办呢？

(着重强调“快点”。)

2. 共同讨论。

(1)教师鼓励同组幼儿相互讨论，每组给出一个大家共同认为的最快的办法。

(2)幼儿开始讨论。教师巡视并倾听幼儿们讨论的办法，针对组内不同意见，适时帮助统一意见或调整。

(3)讨论之后，请每组幼儿依次发表意见，说说共同讨论的结果。

甲组幼儿说：用电风扇吹。

乙组幼儿说：用两个杯子来回地倒热水。

丙组幼儿说：将装有热水的杯子放入一盆冷水中凉一凉。

丁组幼儿说：把热水放入冰箱。

……

大家都认为自己小组想出的办法最好，争执不下。教师引导大家用实验的方式比一比，看到底哪个小组的办法让热水最快变冷。

3. 分组实验。

(1)教师先给每组幼儿一杯热水。

(2)再按每组的办法给出相应的实验材料。如：给甲组幼儿一个小台扇，给乙组幼儿两个空杯子，给丙组幼儿备一盆冷水。本来应该让丁组幼儿将热水放入冰箱，但由于教室里没有冰箱，所以给他们若干冰块，同时给出一个建议：请幼儿回家试试到底是加入冰块后热水冷得快，还是放进冰箱热水冷得快。

(3)在教师的指令下，幼儿同时开始实验。

(4)教师巡回指导，并提醒幼儿注意安全。(尤其注意电风扇的使用安全。)

(5)一段时间后，教师请每组派出一名小朋友，用手比较感觉哪组的热水冷得更快些。(如果不好区分就借助温度计。)

最后，教师端着自己那杯没有使用任何方法，自然冷却的热水与每组小朋友的比一比。(教师杯里的水最热。)

4. 总结思考。

(1)教师总结：实验表明，每个小组的方法都可以让热水快点变冷，只是有的方法能更快些。

(2)请大家思考：为什么这些方法可以让热水快点变冷呢？(先让幼儿说出自己的想法，教师再一一解释作答。)

如：用电风扇吹是为了加快空气流动，快速吹走杯口上方的热空气，使热水快点变冷。

两个杯子来回倒是为了增加热水与冷空气的接触面积。

放入冷水中是为了用冷水降温。

加入冰块是为了放进更冷的东西，使水温下降得更快。

活动延伸

领域内活动延伸：请幼儿观察生活中还有哪些方法可以让热水快点变冷。（如：搅拌、将小容器中的热水倒入大容器中、用冷毛巾包住杯子等。）

亲子活动延伸：回家后和爸爸妈妈一起试试到底是加入冰块后热水冷得快，还是放进冰箱热水冷得快。